公安部2015年新公安理论及软科学研究计划项目
命案取证实证样态与错案防控新机制研究
2015LLYJXJXY028）

命案口供治理与错案预防的证据学对策研究

王　峥　主　编
许　昆　副主编

东北大学出版社
·沈　阳·

图书在版编目（CIP）数据

命案口供治理与错案预防的证据学对策研究 / 王峥
主编. -- 沈阳：东北大学出版社，2018.4
  ISBN 978-7-5517-1861-5

  Ⅰ. ①命… Ⅱ. ①王… Ⅲ. ①刑事诉讼—司法制度—
研究—中国 Ⅳ. ①D925.204

  中国版本图书馆 CIP 数据核字（2018）第 073745 号

出 版 者：东北大学出版社
　　　　　地址：沈阳市和平区文化路三号巷 11 号
　　　　　邮编：110819
　　　　　电话：024-83687331（市场部）　83680267（社务部）
　　　　　传真：024-83680180（市场部）　83687332（社务部）
　　　　　网址：http://www.neupress.com
　　　　　E-mail：neuph@neupress.com
印 刷 者：沈阳航空发动机研究所印刷厂
发 行 者：东北大学出版社
幅面尺寸：185mm×260mm
印　　张：15
字　　数：286 千字
出版时间：2018 年 4 月第 1 版
印刷时间：2018 年 4 月第 1 次印刷
责任编辑：孙　锋
责任校对：图　图
封面设计：潘正一
责任出版：唐敏志

ISBN 978-7-5517-1861-5　　　　　　　　　　定　价：55.00 元

序 言

在人类社会刑事司法发展的千年历史长河中，刑事错案始终如影随形。从古代的"杨乃武与小白菜案"到今天的佘祥林案、赵作海案，冤假错案不仅严重侵害了当事人的合法权益，更是对整个社会法治信仰的侵蚀。2006年，全国公安机关首届"剖析命案讲教训"活动在中国刑事警察学院举行，对检察机关做不起诉处理与法院做无罪判决的案件进行剖析。笔者作为主办单位的会务成员，深刻地感受到"错案"造成的社会负面影响。在此基础上，连续创作了《刑事证据收集与运用》《命案证据收集》《审判中心主义证据理论与实践》等。然而，在创作这些作品的过程中，并未完全走出自己心中关于错案形成原因的困惑。进而从侦查学转向法律与政治学理论思考相关问题。基于此，开始了相关课题研究与本书的创作。

本书分为六章，运用"实践出真知"理念确立核心内容。在研究了大量的命案实例的基础上，对命案口供搜集过程存在的问题进行分析，同时对如何依法、有效地获取口供提出了见解。同时，对刑事错案与口供之间的关系进行了探究，并基于此，对如何防范刑事错案的发生提出"中国化"解决路径。

本书由王峥任主编，许昆任副主编，确定框架，开展研究工作。具体参加编写人员及分工如下：王峥编写了第一章第一节、第二节，第三章，附录中案例一、案例二、案例三；刘洋编写了第一章第三节、第二章、第五章；盖贝宁编写了第四章；刘文强编写了第六章；许昆编写了附录中案例四；许静文编写了附录中案例五。

　　"文章千古事，得失寸心知"，此乃本书的旨意所在。

编　者

二〇一七年十二月八日于刑警学院侦查楼

目　录

第一章　绪　论 ……………………………………………………… **001**

第一节　研究背景 …………………………………………………… 001

第二节　研究方法 …………………………………………………… 004

第三节　刑事错案的界定 …………………………………………… 006

第二章　我国刑事错案现状 ……………………………………… **022**

第一节　我国刑事错案的现状与特点 …………………………… 022

第二节　刑事错案的成因 …………………………………………… 026

第三章　命案口供 …………………………………………………… **055**

第一节　口供的功能及与刑事错案的关系 ……………………… 055

第二节　命案口供存在的主要问题 ……………………………… 059

第四章　口供在刑事错案形成中的作用 ……………………… **071**

第一节　口供观念与刑事错案 …………………………………… 071

第二节　口供获取程序缺陷与刑事错案 ………………………… 085

第三节　非规范化口供获取行为与刑事错案 …………………… 091

第五章　错案预防的证据学对策 ……………………………… **103**

第一节　错案预防之制度因素——完善证据制度 …………… 103

第二节　错案预防之主观因素——强化证据意识 ……………… 137

第三节　错案预防之客观要素——规范取证行为 ……………… 157

第六章　口供收集规范 …………………………………………… **176**

第一节　讯问的法律规范 ………………………………………… 176

第二节　讯问前的准备工作 ……………………………………… 183

第三节　讯问笔录制作与口供固定 ……………………………… 187

附　录 ……………………………………………………………… **200**

后　记 ……………………………………………………………… **234**

第一章 绪 论

>>>> 第一节 研究背景

2006年7月25日，全国公安机关首届"剖析命案讲教训"活动在中国刑事警察学院举行，根据公安部领导批示，从全国抽调100起命案进行剖析，其中43起被检察院做不起诉处理，57起被法院做无罪判决，案件最终裁决生效时间均为2004年之后。该活动是在全国公安机关持续开展"命案攻坚"专项行动，一些学者质疑公安机关为实现"命案必破"而无法保障办案质量，进而实施刑讯逼供，引发冤假错案的背景下举行的，专家经过20余天评阅，发现公安机关当时在办理严重暴力犯罪案件中确实存在着程序违法、证据不足甚至错误追诉当事人的情况。同时，还发现，由于程序违法与证据缺陷，导致一些本应被依法追诉的犯罪嫌疑人被无罪释放。而无论何种情形，最终的社会影响均极为恶劣，相关当事人上访告状，人民群众质疑司法公正，国家司法公信力受到挑战。

作为此次活动的全程参与者，笔者在会议期间陷入沉思，如何建立有效的机制预防冤假错案，健全有效的纠错机制对于维护国家司法权威，保障刑事诉讼顺利进行绝非空言。同时，如何提高侦查人员素质，减少刑讯逼供等违法行为的发生，保障案件质量也是亟待解决的问题。由此，笔者根据会议材料，耗费两年时间对案件进行深入剖析，同时联系办案人员进行座谈，撰写了《刑事证据收集与运用》一书，并在此基础上，撰写了《命案证据收集》一书，陆续发表了《从侦查讯问的任务看如何防止犯罪嫌疑人"恶意翻供"》《新形势下侦查讯问应当统筹兼顾的工作关系》《当前讯问工作存在的主要问题、成因与对策》《无罪判决命案的侦查成因分析与防范对策探讨》《我国侦查措施运行情况实证研究》《命案发案特点与侦防对策》等论文，对命案、错案、讯问、证据收集及这些因素之间的相互关系进行了系统研究。2015年，"命案口供治理与错案预防的证据学对策研究"被教育部确定为人文社会科学年度科研立项，研究团队集中深入地研究了讯问与刑事错案的内在关系，研究成果既为地方公安提高侦查办案水平提供了参考，也为国家错案预防纠正机制提供了建议；既

第一章 绪 论

1

具有十分明显的现实应用性，也具有很强的理论价值。主要体现为以下四方面。

一、现实应用意义

就现实而言，对于冤假错案的研究并不鲜见，但是对于犯罪嫌疑人真正实施了犯罪却由于证据不足而没有被及时追诉情况的研究似乎关注不足。在法学家看来，出现这些情况是法治的体现，是无罪推定诉讼原则的彰显。但是，对于公安机关、侦查人员来说，这是必须给予重视的问题，因为他们不仅担负着保障人权的责任，更肩负着打击犯罪的重任。近年来，随着我国法治建设的不断完善，刑事诉讼证明制度日趋成熟，案件程序规范、证据规范基本完备。但是也应当看到，侦查机关的整体工作水平与这些要求之间尚存在较大差距，如人员素质、警力配置、经费保障、工作意识距离规范要求均有较大差距。

我国是中央集权国家，全国31个省、自治区、直辖市的具体情况千差万别，案件情况也各不相同，但执法标准与证明标准系全国统一，这就决定了从国家整体层面提高侦查水平需要漫长的过程，目前存在的很多犯罪隐患与此均有十分密切的关系。这些问题的处理对于保障国家安危、维护社会稳定无疑具有十分重要的意义，显然也不能从简单的法学角度进行研究，而这恰恰是课题研究乃至本书的立意所在。

二、理论研究意义

就理论而言，侦查是刑事诉讼的起点，侦查制度的构建必须置身于刑事诉讼的过程之中，小到讯问活动的开展，大到刑事错案的预防，均有深厚的理论土壤。长期以来，由于侦查工作存在强烈的现实应用性与保密性，侦查队伍自身理论研究严重不足，相关研究大多集中在技术研发、技战法总结等应用层面，缺乏有效的理论指导。而相关的理论研究大多为法学家从诉讼法学角度对侦查工作的认知，实事求是而言，与侦查活动结合不够紧密，未能引起侦查机关的重视。久而久之，造成了侦查理论与实践严重脱节，理论不能有效指导实践，实践缺乏理论总结，这与检察、审判活动形成了鲜明的对比。

就讯问而言，法学家大多从人权保障的角度出发，多以限制作为研究结论。殊不知，讯问工作对于侦查工作具有十分重要的意义，即使在人权保障"标杆"的美国，为了获取犯罪嫌疑人口供，也不惜牺牲实体正义而确立"辩诉交易"制度。因此，一般的法学理论很难深入到这种微观侦查活动中，这也会使侦查人员感到茫然。就冤假错案的预防纠正机制而言，法学理论大多从制度构建的宏观角度，"高屋建瓴"地描绘科学的诉讼体制。殊不知侦查工作的特殊性，很多冤假错案从基层派出所受理案件就已埋下"伏笔"，而宏观机制对此却无能为力，毫无察觉。因此，必须紧密结合公安侦查工作实际，针对侦查活动的特定规律，开展相关理论研究。否则，很难研究出行之有效的理论内容，而此项内容正是本书努力探索之处。

三、制度建设意义

就制度而言，自1979年我国颁布《中华人民共和国刑事诉讼法》（以下简称《刑事诉讼法》）开始，预防冤假错案、规范讯问程序就是法律、法规、规章的重要内容，几十年来不可谓不完备、无法可依。尤其是近年来，国家通过修改《中华人民共和国刑事诉讼法》《中华人民共和国国家赔偿法》等一系列法律规范，同时在公安机关内部建立严格的"责任倒查""错案追究"制度。但是进入20世纪，仍有如此多重特大刑事案件出现"错误"，制度建设存在的问题不可不引起思考。

目前，由于受到严格的审查考核标准与责任追究机制的限制，引发侦查机关出现推诿、消极回避的现象，而且有愈演愈烈的态势，甚至出现"工作越多、问题越多、责任越大"的负面现象，虽然有效地防止了冤案、假案，但也出现了对有罪嫌疑人不能有效追诉的现象，案件发生甚至在认定犯罪嫌疑人后不能予以追诉，从诉讼活动本质而言，这也是一种"错误"。讯问活动也存在类似的问题，由于受到严格的制度规范的约束，导致一些侦查人员不再有效地开展追讯工作，仅是简单履行程序，没有依法落实人民警察的职责。因此，侦查阶段在这一方面的制度建设要综合全面，不仅要有错误惩罚纠正机制，更要有无过错的免责豁免机制，真正将打击犯罪与保障人权有机结合，这也正是本书研究的主旨。

四、政治法治意义

中共十八届四中全会通过的《中共中央关于全面推进依法治国若干重大问题的决定》中提出："公正是法治的生命线。司法公正对社会公正具有重要引领作用，司法不公对社会公正具有致命破坏作用。"党的决定将司法公正提升到了前所未有的重要地位，并开展多项重大司法改革，以保障司法公正的实现。习近平总书记引用过英国哲学家培根的一段话："一次不公正的审判，其恶果甚至超过十次犯罪。因为犯罪虽是无视法律——好比污染了水流，而不公正的审判则毁坏法律——好比污染了水源。"可见，当前我国已经把法治建设的重要性提到了前所未有的高度，建设以审判为中心的刑事诉讼构造模式势在必行。

冤假错案与刑事诉讼相生相伴，有司法就会有错案存在，并无国别之分。但世界各国人民对不公正及对于不公正的感知却惊人的相似，这无论是对于案件当事人，还是对于国家公信力都是严重损害。审判中心主义是现代刑事诉讼的一项基本原则，也是刑事诉讼法治化的主要标志，其要求在刑事诉讼构造中，审判程序，尤其是一审程序居于侦查、公诉与审判三个环节的中心，而侦查与审查起诉等审前程序则仅作为审判程序开启的准备，被告人刑事责任的认定必须在审判阶段确定。从国外长期经验来看，这对于防止冤假错案、规范侦查行为具有十分重要的意义。但是，侦查机关如何顺应司法体制改革的趋势，在工作理念、侦查模式、人员素质、管理体制等方面进行全方位探索，确保案件诉讼顺利进行显得十分迫切，这也是本书研究的重点内容。

▶▶▶▶ 第二节　研究方法

本书主要按照理论研究与实证分析两条途径开展研究。刑事错案与讯问活动都是刑事诉讼过程中的具体行为，具有明显的实际应用特质。同时，刑事错案及讯问活动中出现的各种问题又与制度疏漏存在紧密联系，其预防与完善急需理论指导。因此，如何将理论紧密联系实际对于本书相关问题的解决具有十分重要的意义。

一、个案分析法

个案分析法，就是有针对性地选择确定典型案例，对案件侦办全过程或者某一个片段进行分析，对其经验与教训进行总结，发现其原因、演变规律及社会意义。笔者从公安部近年来开展的"命案卷宗评比""剖析命案讲教训"活动抽调的几百起案件卷宗中，选取了80余起社会影响大、代表性强的案件卷宗，逐起进行分析，对办案程序、证据收集、讯问开展、证明标准乃至侦查指挥等方面进行深入细致的研究，发现问题，总结经验。在对阎某慧、张某军等典型案件的研究过程中，通过"公安部刑事犯罪对策研究中心"找到案件主办侦查人员，对办案细节进行深入挖掘，同时与其交换对案件剖析的相关意见，对其建议进行归纳、整理与分析，力求结论准确。

通过个案研究，保证研究对象具有典型性，使研究结论有理有据。

二、类案总结法

类案总结法，就是针对不同类型的刑事案件进行归纳总结，针对案件发案特征、侦查过程、证据体系构建、潜在风险防控及法律文书制作等方面，对此类案件存在异同的规律性进行探索，研究各类案件讯问活动与案件质量控制的最佳方法。笔者根据公安侦查实际情况，按照公安机关严重暴力犯罪的界定，分类研究了故意杀人案、故意伤害案、抢劫案、强奸案、纵火案、投放危险物质案、绑架案。对七类命案的证据规格、证据收集规范、口供获取重点与难点、诉讼风险及常见问题进行了深入细致的总结研究，发现此类案件侦办过程中具有普遍适用性的影响因素。通过类案研究，保证研究对象具有集中性，使研究结论具有普遍适用性。

三、比较研究法

比较研究法，就是将不同时期、不同地区乃至不同国家刑事错案预防、纠正机制进行对比分析、研究。各取所长，进而优化我国办案质量，防止错案发生。与此同时，对国外口供获取程序及相关方法进行分析研究，提高刑事诉讼口供获取程序的规范性与有效性。应当特别注意的是，由于我国幅员辽阔，各地区差异很大，各地公安机关又归口由各级地方政府管理，因此，应当特别注意研究我国不同地区之间案件侦办过程控制的经验，尤其是一些发达地区的先进经验。由于具有同源性，这些经验往往可以直接予以利用，快速提高刑事案件的整体质量与讯问水平。

在研究过程中，笔者研究了美国、日本、新加坡及中国香港、台湾地区的相关制度与程序，对于得出最终结论奠定了坚实的基础。

四、统计法

统计法，就是对某一地区在某一时间段内的刑事案件按照案件类型进行数据统计、分析，归纳整理，进行对比研究与定性分析。当前社会已经进入大数据时代，大数据对公安机关刑侦工作的影响尤为明显。应当充分利用当前高科技技术支撑，有针对性地对案件特点与办案经验进行统计分析，发现问题，完善机制。

在研究过程中，区分为七类案件，共统计各类刑事案件670宗。在错案预防与救济方面，针对错案形成原因、错案与口供的关系、错案预防机制完善程度、错案救济制度有效性进行统计分析；在讯问方面，针对讯问程序的规范化程度、侦查人员讯问实际操作水平、法律与相关规章的衔接状况、讯问笔录制作情况等进行统计分析。相关统计数据对于相关制度完善提供了重要的实证数据支撑。

五、座谈法

座谈法，就是与案件当事人、公安机关侦查人员面对面交流，对案件中的具体问题进行深入探讨，交换意见。在课题研究与书撰写过程中，笔者利用所在单位的独特优势，在个案研究过程中对典型案件的办案人员进行了面对面的深入探讨，对案件侦办过程、证据收集程序、诉讼风险排除、律师介入影响等诸方面进行了全面研究。通过座谈，解决了单纯依靠案件卷宗材料作出研究结论的弊端，对刑事错案的形成原因有了更为现实的了解，对口供获取过程存在的问题有了更为直观的感受。在实际工作中，座谈过程往往给研究人员带来很大触动，甚至有很多意想不到的"收获"，侦查人员提供的信息十分丰富，大多较为隐秘，没有体现在卷宗内，而如何将这些重要"信息"转化为认定案件的依据，具有十分重要的现实意义，这也为预防错案提供了很好的启示。

六、逻辑分析法

逻辑分析法，是把研究客体的发展进程在思维中以逻辑的形式表现出来，从而制订研究方案的方法。用这种方法考察研究客体，就是从对象的、纯粹的、概括的状态考察客体发展的必然性，在揭示其内部逻辑的基础上，再现其发展。口供获取过程与刑事错案防范均属于刑事诉讼范畴，从宏观而言，受到刑事诉讼法的调整与规范。而法律是逻辑的学问，运用逻辑分析法可以进一步厘清相关概念的内部结构与逻辑。在研究过程中，笔者主要对法律概念与法律事实之间的逻辑关系，以及法律规则之间的逻辑关系进行了分析，以此分析刑事错案认定标准、标准与实际案例相互关系、口供与错案相互关系、口供获取过程规范性与获取效果相互关系等内容。在此基础上，对现行法律刑事错案预防救济机制进行分析，对口供获取过程与结果的运用进行了分析，明确了问题根源，并加以完善。

>>>> 第三节 刑事错案的界定

刑事错案的屡屡曝光是人们必须面对的残酷现实。错案的不断发生警醒着人们，对于刑事错案的研究还是很不够的。几乎在每个典型错案发生后，都会有这样或那样的反思，而归纳总结出来的经验教训却没有成为防止类似问题发生的灵丹妙药。因此，显然需要重新思考和审视刑事错案的一系列问题。以往由于对什么是错案并没有清晰、肯定的认识，导致对于错案的界定不科学，很多认识陷入误区，甚至造成司法混乱。因此，先要明确刑事错案的概念。

一、刑事错案的认定标准

刑事错案的认定需要一定的标准，中国古代就有了错案的认定标准。《尚书·吕刑》记载，我国西周时期就有"五过"制度，即法官在审判过程中，如有"五过之疵"而出入人罪的，要以同样的罪惩治法官。"五过"的具体内容是："惟官"，指法官依仗权势或官官相护而出入人罪；"惟反"，指法官因个人恩怨而出入人罪；"惟内"，指法官照顾亲戚关系而出入人罪；"惟货"，指法官贪赃枉法而出入人罪；"惟来"，指法官受人请托或偏袒故旧而出入人罪。这是中国法律史上关于法官责任的最早、最系统的规定。这一制度包括了最容易出现故意出入人罪的几种情形，并实行主观要件、客观要件相统一的责任追究原则，在几千年前，这显然是一种十分先进的制度。可以说《尚书·吕刑》中的"五过"制度是从执法者的角度对可能导致错案发生的因素通过立法的行使加以确定，即从规范执法者行为的角度进行的厘定，是对错误主体性原则的认同与坚守。在法治不断发展的今天，这一标准显然存在明显的局限性。

（一）我国刑事错案认定标准

我国理论界、实务界都提出了刑事错案的认定标准，归纳起来，主要有以下八种。

1. 客观说

这种观点强调某一案件是否属于错案，要看案件的处理结果情况，即案件的处理结果是否与客观事实相符，是否存在错误。此观点的理论根据是：任何案件正确的处理结果只有一个，司法人员可以并且应当发现案件的客观真实并据此作出正确判断。客观标准注意到基本案件事实与客观案件事实真相不相符和适用法律错误两个方面，是理论界的主流观点。但也有人认为这一标准忽视了程序违法严重侵害他人合法权益的情形认定。

2. 主观说

主观说观点所强调的是，判断案件是不是错案不是根据案件的处理结果是否与客观事实相符，而是司法人员主观上是否存在过错。此观点认为：法律条文的不确定性、事实认定的不确定性和法律以外的其他社会和个人因素的不确定性决定了案件处理结果的不确定性，导致判断实体处理结果正确与否处于不确定状态。因此，只能从司法人员主观上寻求错案的标准，即只要主观上存在过错，即使案件处理结果与客观事实相符，也应当认定为错案。质疑者认为，主观过错标准把司法人员主观过错之外的原因造成的错案排除在外，缩小了错案的范围，并且可操作性不强，因为办案人员主观上的因素往往具有隐秘性，很难证明。而且，单纯以办案人员主观上有过错为认定标准不具有现实性，因为当案件处理结果与客观事实相符时，人们一般也不会提出异议，故实践中一般不存在认定这种错案的可能性。

3. 主客观统一说

该观点认为，确定错案的标准应把主观过错与客观结果结合起来，即所谓错案是指司法人员在立案、侦查、批捕、起诉、审理、执行案件过程中，故意或过失违反程序法或实体法，导致处理结果错误并依法应当追究责任的案件。主客观统一标准实际上只是错案责任追究层面上评判错案的标准，它把错案认定同追究办案人员的纪律、法律责任等同起来，被认为不恰当地缩小了错案的范围。

4. 程序违法说

该观点认为严重违反诉讼程序的案件，即使实体结论正确，也应认定为错案；相反，如果司法人员的诉讼活动没有违反法律规定，没有徇私舞弊、枉法裁判，即使得出的案件结论与客观事实不符，也不认定其为错案。程序违法标准与主观标准在认定刑事错案问题上采取的立场有相似性，主观标准把刑事错案的认定立足在司法人员是否有主观过错，程序违法标准则把刑事错案的认定立足在司法人员是否严重违反诉讼程序，同样存在片面的缺陷。

5. 三重标准说

该观点认为错案标准应分为错案纠正、错案赔偿和错案追究三重标准。在错案纠正方面，以启动再审的标准为错案标准；在错案赔偿方面，以国家作出刑事赔偿的标准为错案标准；在错案追究方面，对司法人员进行错案追究必须以司法人员违反法律规定为前提。"三重标准说"的提出是想调和刑事错案认定标准上的分歧，将客观说、主观说和主客观统一说合而为一。但质疑者认为，错案，顾名思义，就是"错误"的案件，是相对于"正确"而言的。错案认定标准应是界定正误的标准。"三重标准说"只是将错案分了类。而且，"三重标准说"在纠正、追究责任和赔偿三种不同语境下对错案认定标准进行研究，而不是在同一语境下进行研究，会引起认定标准的混乱。况且，错案就是错案，它有独立于其他事物的自身独特的含义，可以而且应该在同一语境下进行研究。

6. 法治标准说

该观点认为要区分不同的语境来研究刑事错案的认定标准。如果是在生活语境下讨论刑事错案，就应该遵循普通人的思维逻辑，无疑，普通人判断一个刑事案件是否正确的标准是案件认定的事实是否符合客观真实。而在司法语境下讨论刑事错案的认定标准，就应该遵循法律人的思维。作为法律人来讲，应该知道一个刑事案件查明的是法律真实，而法律真实与客观真实并非同一概念。在法律人的思维中，案件事实根本不存在客观真实。因此，在法律人与法律人的对话中，尊重司法的既判力应该是一种思维前提。哪一个刑事判决是有效力的，那么哪一个判决所认定的案件事实就是真实的；哪一个判决被更高效力的判决否定，哪一个判决所认定的案件事实就是错误的。概括来说，刑事错案研究的对象是在刑事案件纠错程序中被新的生效判决否定的原生效判决的刑事案件。

7. 程序标准说

该观点认为，与客观事实不符并非错案的标准，证明标准才是错案的标准。侦查、起诉、审判每一个阶段的证明标准是不一样的，案件是不是错案，要看办案时的证据能否得出办案时的结论，即那些证据是否符合该阶段的证明标准。

8. 赔偿法标准说

有学者认为，一旦发生刑事错案，刑事错案的受害人必然应当根据《中华人民共和国国家赔偿法》的有关规定获得赔偿，因此，对刑事错案的认定标准可以依据国家赔偿法的有关规定加以确定。《中华人民共和国国家赔偿法》第二条规定："国家机关和国家机关工作人员行使职权，有本法规定的侵犯公民、法人和其他组织合法权益的情形，造成损害的，受害人有依照本法取得国家赔偿的权利。"第十七条规定：行使侦查、检察、审判职权的机关以及看守所、监狱管理机关及其工作人员在行使职权时有下列侵犯人身权情形之一的，受害人有取得赔偿的权利：（一）违反刑事诉讼法的规定对公民采取拘留措施的，或者依照刑事诉讼法规定的条件和程序对公民采取拘留措施，但是拘留时间超过刑事诉讼法规定的时限，其后决定撤销案件、不起诉或者判决宣告无罪终止追究刑事责任的；（二）对公民采取逮捕措施后，决定撤销案件、不起诉或者判决宣告无罪终止追究刑事责任的；（三）依照审判监督程序再审改判无罪，原判刑罚已经执行的；（四）刑讯逼供或者以殴打、虐待等行为或者唆使、放纵他人以殴打、虐待等行为造成公民身体伤害或者死亡的；（五）违法使用武器、警械造成公民身体伤害或者死亡的。第十八条规定：行使侦查、检察、审判职权的机关以及看守所、监狱管理机关及其工作人员在行使职权时有下列侵犯财产权情形之一的，受害人有取得赔偿的权利：（一）违法对财产采取查封、扣押、冻结、追缴等措施的；（二）依照审判监督程序再审改判无罪，原判罚金、没收财产已经执行的。据此，需要国家赔偿的错案必须符合以下三个条件：一是国家机关和国家机关工作人员违法行使职权；二是侵犯公民和其他组织的合法权益；三是造成损害。值得注意的是，依据《中华人民共和国国家赔偿法》的规定，赔偿并不以办案人员主观上的故意和重大过失为条件，而是以事实上的损害为标准。

从本质上说，上述各种关于"刑事错案认定标准"的观点，都是把界定刑事错案的外延而不是内涵作为研究的出发点。从建立概念的要求上讲，外延、内涵的明确都是不可或缺的。从建立标准的角度上讲，标准是评价对象的参照物，要客观化而不能主观化。所谓标准的客观化是指标准既是国家的、社会的，也是大众的，任何组织和个人都可以用此标准来评判；标准的主观化是指标准是特定主体制定并使用的，无法防止标准的制定和使用上的主观随意性。用这些要求来评价上述各种"刑事错案认定标准"，都存在内涵不明的不足，部分标准还存在主观化的缺陷。

（二）国外刑事错案认定标准

1. 英美法系国家的刑事错案认定标准

在英美法律体系中，错案的概念基本上是不存在的。根据英美法系证据法的规定，刑事案件有罪判决采取"排除一切合理怀疑"的证明标准。英美法系国家将证明标准的程度分为九等，第一等是绝对确定，由于受到认识能力的限制，认为这一标准无法达到，因此无论出于任何法律目的均无这样的要求；第二等是排除合理怀疑，为刑事案件作出定罪裁决所要求，也是诉讼证明方面的最高标准；第三等是清楚和有说服力的证明，在某些司法区，在死刑案件中拒绝保释时，以及作出某些民事判决有这样的要求；第四等是优势证据，作出民事判决及肯定刑事辩护时的要求；第五等是合理根据，适用于签发令状、无证逮捕、搜查和扣押，提起大陪审团起诉书和检察官起诉书，撤销缓刑和假释，以及公民扭送等情况；第六等是有理由的相信，适用于"拦截和搜身"；第七等是有理由的怀疑，足以将被告人宣布无罪；第八等是怀疑，可以开始侦查；第九等是无线索，不足以采取任何法律行为。有罪判决的证明标准为"排除合理怀疑"，这也是最高的证明标准。关于"合理怀疑"的解释，大多数法官都拒绝向陪审团给出"合理怀疑"的定义，而将这一证明标准视为不言而喻的。正如一名法官所指出的："对'合理怀疑'一词来说，没有比其本身更清楚明确的定义了。"人们一直认为这个词的含义是要把能阻止一个合理且公正的人得出有罪结论的怀疑作为衡量的标准。要想使陪审员们认定被告人犯有指控的罪名，就必须说服他们相信该犯罪的全部要素都已经得到了超出合理怀疑的证明。如果任何要素未得到这种令陪审团满意的证明，或者如果任何辩护意见未得到公诉方的这种反证，那么被告人就必须被判无罪。当有合理的怀疑不能排除时，即应将被告人宣布无罪，这是法律上的无罪。而刑事侦查完结必须要达到如此标准，由此可见，英美国家主要是从证明标准方面来判定刑事侦查中的错案。

2. 大陆法系国家的刑事错案认定标准

在大陆法系国家，则实行自由心证的证据制度，将心证划分为四个等级：微弱的心证，盖然的心证，盖然的确实心证，必然的确实心证。有罪判决证明标准为"必然的确实心证"。法官须以"提交庭审辩论并经各方当事人自由争论的材料"作为形成内心确认的依据。自由心证原则并不是由法官任意证明，而是"要求法官根据他个人的自由确信而确定证据。法官的个人确信，是指他的个人确认。这种确认，必须依据明智推理，建立在对证据之完全、充分、无相互矛盾地使用之上"；"调查证据后，法院未确认被告人有罪时，必须宣告他无罪"。这表明，大陆法系国家刑事诉讼的证明标准，是排除了任何疑问的内心确信。在证据法理论中，常将其概括为"高度盖然性"，这与英美法系的"排除一切合理怀疑"的证明标准在实质上是一致的，体现了共同的价值追求。这无疑是人类认识活动的规律在刑事诉讼中的体现，是现实刑事证明活动经验的总结。不可否认，刑事诉讼中有主体的主观判断。任何诉讼活动都是人的认识活动，离开了作为人的刑事侦查人员这一载体，诉讼是不存在的。无论是"内心确信"，还是"排除合理怀疑"，都毫无例外地是由刑事侦查人员来判断的。过于强调诉讼的客观性，无疑会导致不可捉摸的客观论。刑侦人员作为一名刑事司法裁判者，其刑事侦查活动是以主体法律知识、司法经验为基础的，是以刑侦人员的职业规范及惩戒措施为保障的。提高刑侦人员对案件侦判的准确性，绝不是简单地规定"证据完全、充分"就能实现的。除却主观故意、徇私枉法的情形，刑侦人员素质方面的原因及保护机制对侦判结果的影响是至关重要的。不像我国，将证据标准规定为"证据确实、充分"及以"客观真实"为标准就能保障裁判结果的公正性，就能发现客观真实。即使是从正面表述的证据确实、充分，也包含了反证的要求，即排除了无罪的怀疑与可能性。

（三）本书对刑事错案的认定标准

对于刑事错案认定标准的确定不能简单地以主观故意，或者以国家赔偿法的赔偿范围为标准，而是要在综合考量刑事错案的认定标准所具有的规范作用及社会作用后确定。任何一项法律制度的确立，都希望通过该法律的确立来实现一定的法律目标。法律目标的实现是法本身所应当具有的作用。刑事错案如何认定原则上应当通过法律的形式予以确定，并通过这种确定发挥法律的作用、实现法律的目标。从法律的作用及目标的角度讲，刑事错案的认定应具有规范作用。规范作用是法作用于社会的特殊形式；法的规范作用可以分为指引、评价、教育、预测和强制五种。法的这五种规范作用是法律必备的，任何社会的法律都具有。但是，在不同的社会制度下，在不同的法律制度中，由于法律的性质和价值不同，法的规范作用的实现程度是有所不同的。指引作用是指法对本人的行为具有引导作用。在这里，行为的主体是每个人自己。对人的行为的指引有两种形式：一种是个别性指引，即通过一个具体的指示形成对具体的人的具体情况的指引；另一种是规范性指引，是通过一般的规则对同类的人或行为的指引。个别指引尽管是非常重要的，但就建立和维护稳定的社会关系和社会秩序而言，规范性指引具有更大的意义。从立法技术上看，法律对人的行为的指引通常采用两种方式：一种是确定的指引，即通过设置法律义务，要求人们作出或抑制一定行为，使社会成员明确自己必须从事或不得从事的行为界限；另一种是不确定的指引，又称选择的指引，是指通过宣告法律权利，给人们一定的选择范围。评价作用是指，法律作为一种行为标准，具有判断、衡量他人行为合法与否的评判作用。这里，行为的对象是他人。在现代社会，法律已经成为评价人的行为的基本标准。教育作用是指通过法的实施使法律对一般人的行为产生影响，这种作用又具体表现为示警作用和示范作用。法的教育作用对于提高公民法律意识、促使公民自觉遵守法律具有重要意义。预测作用是指凭借法律的存在，可以预先估计到人们相互之间会如何行为。法的预测作用的对象是人们相互之间的行为，包括公民之间、社会组织之间、国家、企事业单位之间及它们相互之间行为的预测。社会是由人们的交往行为构成的，社会规范的存在意味着行为预期的存在。而行为的预期是社会秩序的基础，也是社会能够存在下去的主要原因。强制作用是指法可以通过制裁违法犯罪行为来强制人们遵守法律。这里，强制作用的对象是违法者的行为。制定法律的目的是让人们遵守，是希望法律的规定能够转化为社会现实。在此，法律必须具有一定的权威性。离开了强制性，法律就失去了权威；而加强法律的强制性，则有助于提高法律的权威。社会作用是从法的本质和目的这一角度出发确定法的作用，如果说法的规范作用取决于法的特征，那么，法的社会作用就是由法的内容、目的所决定的。那么，刑事错案的认定标准也应当具有规范性，具有规范性所要求的指引、评价、教育、预测和强制的基本作用。这既是对刑事错案认定标准作用的一般性要求，也是刑事错案认定机制的本质性要求，同时是构建刑事错案防范机制的内在要求。

其次，刑事错案认定应具有社会作用。法的社会作用是法律为实现一定的社会目的，尤其是维护一定阶级的社会关系和社会秩序而发挥的作用。如果说法的规范作用是从法律自身来分析法律的作用，那么法的社会作用则是从法律的目的和本质的角度来考察法律的作用问题。法的社会作用的基本方式有确认、调节、制约、引导、制裁等。因此，从本质和目的看，法的社会作用是法规制和调整社会关系的目的。因此，可以说法的社会作用在很大程度上所关注的是法的实践性及目的的实现性。刑事错案标准的认定，应当注意认定标准的可行性，既应当注意标准的可操作性，又应当注意标准所应当具有的制约、制裁与引导的作用。

根据上述关于在刑事错案认定标准中应当注意的问题的阐释，刑事错案应以客观事实真相和现行的法律为依据，以诉讼结果为标准，关注诉讼过程，基于考察刑事司法体制的内在效率出发，将刑事错案的标准确定为形式标准。具体而言，只要符合以下任何一项的，均构成刑事错案，即具体区分为三种情形：①刑事错案指的是原审被判有罪而后被改判无罪的案件；②原审定罪正确、量刑有误而后被改判的案件；③也包括原审定罪、量刑均有误，而后被改判的案件。

从结果形式的角度认定刑事错案出于以下三方面的考虑。第一，该标准的确定具有统计学的意义，不仅有利于摸清我国刑事错案的现状，而且有利于揭示刑事上诉的成本。第二，从这种相对广义的错案观的角度确定刑事错案，有助于从根本上发现侦查制度自身存在的问题。第三，虽然相对于无辜者被误判为有罪才是刑事错案的狭义标准观，从形式标准的角度来确定刑事错案具有更强的高度保护人权、纠错防错、遏制刑事错案发生的社会作用，同时也能更好地发挥其应有的规范作用；但不可否认的是，因错判无辜者而形成的刑事错案，尽管在绝对数量上不是太多，但它们却无可争议地成为法学研究的重心。在此类刑事错案中，无论是制度还是体制又或者执行法律的人存在的问题都能比较集中地反映于其中。值得一提的是，该标准的确立表明并非发生了刑事错案，参与办理案件的有关司法人员就必然会受到惩罚。倘若刑事错案的发生源于非人为的、非主观性的因素，即在办理案件过程中，司法人员没有违反有关规定办案的行为并且认真履职，那么即便是发生了刑事错案，办理案件的司法人员也不会因错案的发生而受到否定性评价或处罚。

二、刑事错案的概念

（一）理论研究中的刑事错案

准确界定错案是研究错案问题的逻辑起点，目前理论研究中关于刑事错案的表述及对其内涵和外延的理解不尽一致。由于从不同的研究目的和研究内容出发，选取不同的角度，采取不同的刑事错案评判标准，理论界对刑事错案的概念形成了不同的观点。

其中一种观点认为，对错案的认定既要考察处理案件的过程，还要考量案件的实际处理结果。也就是说，在认定错案时，既要考量办案人员是否具有主观上的故意或者过失，又要考察案件的处理结果是否符合客观事实。综合来讲，这种观点认为对于错案的认定不仅要以案件的客观事实作为判断的标准，而且要求以办案人员具有主观过错的情况下造成的案件处理结果不符合客观事实作为判断错案的标准，即只有办案人员的主观过错与不符合客观事实的案件处理结果，这两个要件兼具时才能被认定为错案。这种认定标准在某种意义上讲是较为苛刻的。

还有一种观点认为，错案是指办案人员在立案、审理、执行案件过程中，故意或者过失违反程序法或者实体法，导致处理结果错误并依法应当追究责任的案件。该表述对刑事错案的界定表明，对于刑事错案的认定不仅仅要以案件的客观事实为标准，还要求导致案件不符合客观事实的处理结果的原因是办案人员的违法行为，并且该违法行为应当依法被追究责任，即在办理案件过程中的违法行为被追究责任是认定刑事错案的一个必备要件。

再有一种观点认为，刑事错案须依照法律规定通过法定程序予以认定，否则就不是刑事错案。原判认定主要事实失实，适用法律错误，判决明显不当，按审判程序改判了的属于错案。所谓"按审判程序改判了的"，指二审、再审、提审、复核等程序改判了的案件。适用法律错误，包括实体法和程序法。综合来讲，这种观点认为对于错案的认定不仅仅要以案件客观事实的处理结果为标准，还必须被审判程序改判之后才能称其为错案。

从以上观点中不难看出，很多学者选择从实体层面的角度对刑事错案加以厘定，也有个别学者从完全程序的角度进行界定，然而，也有相当多的学者力图从程序与实体相结合的层面来界定刑事错案。要界定出一种相对符合我国当前社会文化环境与法环境的刑事错案的概念，不仅需要综合考量多种社会因素与法律因素，而且需要与自身的研究目的相结合。因此，对于各种关于刑事错案的界定也就无所谓孰优孰劣了。

（二）法律界定中的刑事错案

鉴于刑事错案对司法公信力的严重破坏，以及对公民权益侵害的严重性，从20世纪90年代，我国一方面开始着手制定相关的错案追究规定；另一方面开始有意识地规范执法行为，提高执法能力。在党的十五大报告中明确指出"建立冤案、错案责任追究制度"，由此，国家立法和司法解释及各地法院、检察院、公安机关大都出台了错案追究的办法、制度或规则。这些与刑事错案相关的法律规定都在不同层面与角度反映了社会对刑事错案的内涵与外延的理解与认识。

首先从《刑事诉讼法》等相关规定来看，应区分审判监督程序、国家赔偿及错案责任追究等不同层面的刑事错案。

我国审判监督程序的启动理由体现了立法者对错案认定的态度。《刑事诉讼法》第二百四十二条规定了人民法院需要重新审判的错案：（一）有新的证据证明原判决、裁定认定的事实确有错误，可能影响定罪量刑的；（二）据以定罪量刑的证据不确实、不充分、依法应当予以排除，或者证明案件事实的主要证据之间存在矛盾的；（三）原判决、裁定适用法律确有错误的；（四）违反法律规定的诉讼程序，可能影响公正审判的；（五）审判人员在审理该案件时，有贪污受贿、徇私舞弊、枉法裁判行为的。可见，纳入审判监督程序救济的错案包含事实认定错误和法律适用错误，几乎涵盖了所有的刑事司法错误。

通过审判监督程序得以纠正的冤案，要得到国家赔偿，但国家刑事赔偿的范围不限于冤案。根据《中华人民共和国国家赔偿法》的规定，刑事赔偿包括侵犯人身权和侵犯财产权的赔偿。侵犯人身权的赔偿包括错误拘留、采取逮捕措施后，决定撤销案件、不起诉或者判决宣告无罪终止追究刑事责任的；以及依照审判监督程序再审改判无罪，原判刑罚已经执行的。侵犯财产权的赔偿包括错误扣押财产的案件。据此，依照审判监督程序再审改判无罪，原判刑罚已经执行的情形属于对冤案的国家赔偿内容。

关于责任追究意义上的错案。在中央政法委公布的《关于切实防止冤假错案的指导意见》，要求法官、检察官、人民警察在职责范围内对办案质量终身负责，建立健全冤假错案的责任追究机制。2013年最高人民法院出台了《关于建立健全防范刑事冤假错案工作机制的意见》，强调要建立健全审判人员权责一致的办案责任制。审判人依法履行职责，不受追究。审判人员办理案件违反审判工作纪律或徇私枉法，应依照有关审判工作纪律和法律的规定追究责任。以上规定仅强调建立健全冤假错案的责任追究机制，并未明确界定何为冤假错案。但结合相关规定出台的背景分析，冤假错案的责任追究机制重点针对的是冤案，对于使用法律错误、重罪轻判、轻罪重判、有罪判无罪的并不是其追究责任的重点。

最高人民检察院在1998年7月1日颁布的《人民检察院错案追究条例》第二条规定：其所称错案是指检察官在行使职权、办理案件中故意或者重大过失造成认定事实或者适用法律确有错误的案件，或者再办理案件中违反法定诉讼程序而造成处理错误的案件。2007年3月29日修正的《江西省司法机关错案责任追究条例》第三条规定：其所称错案，是指司法机关办结的，认定事实错误，或者适用法律错误，或者违反法定程序的案件。2007年9月26日，最高人民检察院印发得《检察人员执法过错责任追究条例》第三条规定：其所称执法过错，是指检察人员在执法办案活动中故意违反法律和有关规定，或者工作严重不负责任，导致案件实体错误、程序违法以及其他严重后果或者恶劣影响的行为。河南省高级人民法院于2012年4月5日出台的《错案责任终身追究办法（试行）》具有代表性，其所称的错案一般是指人民法院工作人员在办案中故意违反与审判执行工作有关的法律法规致使裁判、执行结果错误，或者因重大过失违反与审判执行工作有关的法律法规致使裁判、执行结果错误，造成严重后果的案件。以上界定的错案主要指裁判结果出现错误，包括事实认定错误和适用法律错误，还包括错误采取强制措施等诉讼的中间环节出现处理上的错误，以及减刑、假释错误等。在《公安机关人民警察执法过错责任追究规定》《检察人员执法过错责任追究条例》中，没有再对错案做出具体的界定，但是却明确规定了哪些行为属于过错行为，以及如何追究过错。

上述关于错案的法律法规对"错案"给出了不同的定义，从某种角度可以说，是学界对错案若干理解的一种演绎。但是，根据上述错案规定中对错案的厘定，可以发现被司法机关一致认可的刑事错案是裁判、裁决、决定、处理错误的刑事案件，造成错误的原因是事实认定错误、或者是适用法律错误、或者是违反法定程序。也就是说，法律法规对刑事错案的认定是从实体层面所做的要求。在某种意义上讲，这种从实体层面的界定在一定程度上反映了我国重实体的一种法制理念。

（三）本书刑事错案的界定

我国相关法律规避了对刑事错案概念的界定，事实上，这在某种角度上反映着当前学界及实务界对刑事错案潜在的一种认识，即"刑事错案"这一概念提法的本身是存有诸多疑义的。陈兴良教授指出："错案可以分为两种：一是法律适用上的错误，一是证据适用上的错误。也就是说，错案形成有两个方面的原因：一是由于对法律的错误理解而导致的错案，这是一种刑法上的错案。二是由于违反证据规则而导致的错误，这是一种事实上的错误。从司法实践的情况看，这两类错误均有发生。"那么，究竟什么样的案件才算是刑事错案，鉴于划定刑事错案范畴的需要，有必要对刑事错案的概念加以确定。

所谓刑事错案是指公安机关、检察机关、审判机关在办理刑事案件过程中，故意或者过失违反法定程序，或者错误运用证据，对案件事实认定、证据认定或者法律适用错误，进而导致错误定罪量刑的案件。即办理的刑事案件出现认定事实错误，或者认定证据错误，或者适用法律错误的情形，并且依照法定程序形成了确定的判决或裁定的案件，即本书所指的刑事错案。由于受到笔者专业领域所限，本书着重论述侦查阶段案件事实认定、证据认定与适用法律等方面的问题。

对于刑事错案概念的把握要注意以下三个方面的问题。

1. 关于接受错案评价的问题

只有通过法定程序、具有法律结果的刑事案件才能接受错案评价。具有依法定程序产生的法律结果是刑事案件接受错案评价的前提。也就是说，刑事案件是只有通过作出刑事决定并产生法律结果，才能接受是否为错案的评价。

2. 关于认定事实错误的问题

对于刑事错案而言，认定事实错误是相对于刑事案件的客观事实真相而言的。认定事实错误是从实体角度对刑事错案作的规定，就是说，以案件的事实真相作为判断刑事案件的处理决定是正确或错误。只要据以作出刑事案件处理决定的事实不符合事实真相，就构成刑事错案。在此，"事实真相"是指真实的客观情况，指案件实际发生的本来面目，而"据以作出刑事案件处理决定的事实"，是指法律所确定或认可的事实，是在具体的刑事司法活动中达到证明标准的事实。以实体标准来判断刑事错案，必须有客观事实作为参照，无客观事实则无法认定刑事错案的存在。也就是说，在刑事案件被作出特定的处理决定之后，只有根据后来重新发现的客观事实不应对案件作出原来的处理决定的情况下才成立错案。

3. 关于适用法律错误的问题

在我国刑事司法实践中，法律适用错误是上级法院对下级法院在审判活动中适用法律情况所做出的法律评价。同时，法律适用错误也构成了第二审程序和审判监督程序提起的理由。所谓适用法律确有错误，是指原审判决、裁定所依据的法律条文不正确，包括严重违反诉讼程序的规定进行审判的情形。出现法律适用错误，一般有两种情况：一种是因为认定事实错误而导致的适用法律错误；另一种是在查明的案件事实与客观事实一致的情况下出现的适用法律错误。通常情况下，适用法律错误有三种表现形式：一是定性错误，即对所认定的案件事实的法律属性判断错误，如将此种犯罪认定为彼种犯罪、将数罪认定为一罪、将主犯认定为从犯等；二是适用实体法上的错误，即根据案件事实，本应该适用的法律、法令却没有适用，不应该适用的法律、法令却适用了，包括判决、裁定时仍适用已宣布废止的法律条款，以及司法解释和有特别法的情况下仍适用普通法等情形；三是量刑上的错误，主要反映在对被告人所判处的刑罚畸轻畸重，发生重罪轻判或者轻罪重判的现象，具体包括超幅度的量刑，该适用附加刑的不适用，不应该适用附加刑的适用，依法该从重或加重、从轻或减轻处罚的，不加重或从重、不减轻或从轻，甚至应该从轻的作了从重处罚，应该免除刑罚的却作了从轻处罚等情形。

三、刑事错案的表现形式

刑事错案产生于刑事诉讼过程中，所以，在刑事诉讼程序的每一个环节都可能发生刑事错案，据此，刑事错案有下列六种表现形式。一是立案无据或立案不实，对无辜者展开错误的追诉，或者对依法应当追诉的案件不予立案。二是侦查阶段的错拘、错捕。三是审查起诉阶段把关不严，导致对无辜者错误起诉，或者对依法必须追究刑事责任的人决定不起诉。四是审判阶段一审、二审、死刑复核中的错案。这又包括三种情形：一审判决将无罪的人错判有罪，或者因对证据认定错误或者案件的定性错误而将轻罪错定为重罪，或者故意包庇，将有罪者裁判为无罪或将重罪判处轻刑；二审法院把关不严，对一审作出的错误判决维持原判，导致当事人最终被错误处理；在死刑复核程序中不负责任，导致对无辜者核准死刑，或者将犯有轻罪者错杀。五是刑罚执行中，有些执法人员收受贿赂，编造假证据，将不具备减刑、假释条件的罪犯私自释放。六是无论在任何诉讼阶段，办案人员因吃请受贿等原因，制造伪证故意陷害他人，使有罪者逃避法律制裁，或者陷害他人，对犯有轻罪者量刑畸重，或者故意包庇犯罪，对有罪者不予追诉或对犯有重罪者量刑畸轻，均属于错案。

在刑事司法实践中，要区分哪些不属于刑事错案的错误情形，这包括以下六点。

第一，办案人员非故意的漏罪、漏人情形不宜认定为刑事错案。在刑事诉讼过程中，由于各种客观情况导致的漏罪、漏人情形不属于刑事错案范围。由于主客观原因，司法机关对被告人犯数项同种罪行或不同种罪行，只发现了其中一项或几项，而没有全部发现，司法机关仅对所发现的并且得以证实的罪行，对被告人依法作出了定罪量刑。对于这种情况，不能认为司法机关的定罪量刑属于错案，因为司法机关对犯罪事实认定、法律适用、程序适用都是正确的，因而不属于错案。再有某项犯罪行为系数人所为，但司法机关当时只发现了部分犯罪分子，并没有发现所有的犯罪分子，因而对已发现的犯罪分子依法进行了定罪量刑。事后发现还遗漏了一名或数名犯罪分子，此种情况下，如果司法工作人员主观上没有放纵犯罪分子的故意或重大过失，客观上根据犯罪分子的供述和其他证据追究了部分犯罪分子的刑事责任，此案的前期认定就不是错案。但是由于办案人员为了犯罪嫌疑人或被告人的利益而故意漏罪、漏人的，则属于放纵犯罪，是对本来有罪的人不予追诉或者不完全追诉，这就属于刑事错案。

第二，量刑偏轻偏重不宜认定为刑事错案。由于刑事司法人员对案件的认识、判断不一致，导致对案件事实认识上的差异，从而对犯罪分子量刑上存在区别，但这种量刑上的不同只要是在犯罪分子应受刑罚的上下幅度之内，就不应认定为错案。例如，法定的量刑幅度为有期徒刑3年至7年，假定对同样的罪行，甲地法院判处有期徒刑3年，乙地法院则判处有期徒刑7年，3年可视为"偏轻"，7年则可视为"偏重"，但都是在法定的量刑幅度之内，因而不能说某一法院的判决就是错案。如何适度量刑，避免偏轻或偏重，这属于总结经验的问题，但不能认为原来的某一判决是办了错案。要求所有司法人员达到一致认识水平是不现实的。

第三，存疑案件不宜认定为刑事错案。存疑案件，是指犯罪嫌疑人被逮捕后，因事实不清、证据不足，不能认定犯罪嫌疑人有罪而作出撤案、不起诉或宣告无罪决定的案件。存疑不起诉的诉讼结果不是对"没有犯罪事实"的确认，而是因为案件事实不清、证据不足，仅是一种暂时、存疑的阶段结论，而不等于实际无罪，不能作为被羁押人最终无罪的最终结论。疑罪从无一般认为是程序法规定特有的内容，其立法目的在于防止无限制地追查或案件久拖不决。这种立法规定是以牺牲制裁某些真正罪犯为代价的。至于对存疑案件认定之前的逮捕是否属于错误逮捕，则应按照当时法律规定的要求来判断是否为错误逮捕。

第四，一般性违反刑事诉讼程序的行为不宜认定为刑事错案。刑事诉讼程序是保证刑事案件得到正确处理的程序保障，从某种意义上说，没有合法的诉讼程序，则不可能有刑事案件的公正合理的解决。由此可见，刑事诉讼程序在刑事案件处理过程中发挥了重要作用。严重违反刑事诉讼程序，其结果必然导致刑事案件的处理错误，或者损害诉讼参与人的合法权益，因而是刑事错案的表现形式之一，如违反程序法的规定，对犯罪嫌疑人错误拘留、逮捕的，即使犯罪嫌疑人最终被判有罪的，拘留、逮捕的行为本身也构成刑事错案。当然，违反程序法的规定，错误拘留、逮捕的人最终被判无罪的，则是错上加错，是最严重的违反诉讼程序的刑事错案。严重违反诉讼程序构成的刑事错案与违反刑事诉讼程序的一般行为要有所区别。在司法实践中，常常存在违反刑事诉讼程序的情况，但由于这些违反刑事诉讼程序的行为本身不会直接导致案件错误处理或者直接侵害有关诉讼参与人的人身、财产权益，因而不属于刑事错案。例如，同级管辖机关错误，应由甲市司法机关管辖，却违法让同级别的乙市司法机关管辖；对不应公开审理的案件公开审理；未依法为被告人指定辩护人；对采取拘留、逮捕强制措施的刑事案件，未依法在24小时内通知被拘留人、被逮捕人的家属或者其所在单位；等等。

第五，未进入下一诉讼程序的案件不宜认定为刑事错案。比如，依据法定程序立案后，发现依法不应追诉的情形，及时做撤案处理的，一般不应认定为错案；在发现重大犯罪嫌疑的现场将犯罪嫌疑人拘留，但由于某种情形，其后未能被批准逮捕的，一般不能认为原来的拘留就是错拘；被依法批准逮捕后，由于某种情形，未能进入起诉程序，由公安机关依法做其他处理，或者被人民检察院决定不起诉的，一般不能认为原来的逮捕就是错捕；人民检察院依法提起公诉后，经人民法院开庭审判，认为起诉书认定的犯罪事实存在疑问或证据不足，最终以证据不足、指控的犯罪不能成立作出无罪判决的，一般不能界定为人民检察院办了错案，但应对当事人做好善后工作；第一审人民法院判决后，被告人提出上诉或者人民检察院提出抗诉，经上级人民法院第二审改判或者发回重审的案件，只要第一审判决是依法审理和依法裁判的，不能认为一审法院是办了错案。

第六，法律的变化导致刑罚变化的案件不宜认定为刑事错案。随着法律规定的变化，过去有些案件依据旧法的规定判处了重刑，而新法对同样的犯罪减轻了处罚，则不能认为过去判处了重刑的案件属于错案。

另外，对于司法文书中出现错别字的情况，尽管也是诉讼过程中的错误，但是不能将其当作错案。

四、刑事错案的分类

刑事错案可谓千奇百怪、各式各样，研究刑事错案，有必要对各种各样的刑事错案进行分类，这样才能有针对性地预防错案、纠正错案。

（一）根据错误发生的诉讼环节分类

根据错误发生的诉讼环节不同，可将刑事错案分为侦查中的刑事错案，审查批捕、审查起诉中的刑事错案，审判中的刑事错案和混合错案。除了错误立案之外，其他环节的错案都具有重复性错案的性质。后续的诉讼环节具有审核、检验、评价前面诉讼环节上司法决定的任务，同时具有启动下一诉讼环节的功能。

1. 侦查中的错案

侦查中的刑事错案主要表现为该立案的不立案，不该立案的却立了案，以及错误采取强制措施等。错误拘留是侦查阶段较容易出现的错案，是指犯罪嫌疑人没有犯罪事实或没有相当确实、可靠的证据证明行为人可能实施了某种犯罪行为而被拘留的。

2. 审查批捕、审查起诉中的错案

审查批捕、审查起诉中的错案，是指检察院在审查批捕、审查起诉过程中发生的错案。主要表现为该批捕的不批捕、不该批捕的却批捕，应当作出起诉决定的不起诉、不应起诉的却作出起诉的决定。审查批准逮捕权是法律赋予检察机关的神圣职权，然而，实践中却存在不严格按照逮捕条件执行逮捕的情况，对应该逮捕的犯罪嫌疑人不予逮捕，不该作出逮捕决定的却批准逮捕。提起公诉是检察机关的一项重要任务，在实践中，就有检察机关不严格按照国家法律规定，滥用起诉条件，使得该起诉的案件不起诉、不该起诉的案件却起诉了，造成了错案。

3. 审判中的错案

审判中的刑事错案，主要表现为对案件的基本事实认定错误、法律适用错误，从而导致罪与非罪的认定错误、此罪与彼罪的判决错误、重罪与轻罪的量刑错误。

4. 多个诉讼环节导致的错案

多个诉讼环节导致的错案，是指在侦查、起诉、审判过程中，由两个以上司法机关共同造成的错案。例如，侦查机关将没有犯罪事实认定为有犯罪发生，检察机关在审查时未能发现，而批准予以逮捕。侦查机关侦查终结又将案件移送检察院，要求追究其刑事责任，而检察院经审查作出起诉决定又向人民法院提起公诉。人民法院作了有罪判决，这就是典型的多个诉讼环节导致的错案。这类错案有时是两个机关造成的，有时则是公、检、法三个机关造成的，即一错到底的错案。

（二）根据错误的内容分类

按照错误的内容划分，可将刑事错案分为实体性刑事错案和程序性刑事错案。实体性刑事错案，是指在实体性问题上出现错误的刑事案件，即在罪与非罪、此罪与彼罪、重罪与轻罪的认定上出现错误的案件。程序性刑事错案，是指违反刑事诉讼程序的有关规定而产生的错案。例如，该立案的不立案、该批捕的不批捕等情形。一般来说，实体性刑事错案所产生的消极后果和影响要重于程序性刑事错案。司法机关对刑事案件的基本事实和基本证据认定错误，必然会导致案件的最终错误，侵害相关当事人合法的人身财产权利甚至生命权，同时是对真正犯罪分子的放纵，使其逍遥法外，真正损害了司法的严肃性。而程序性刑事错案的发生妨碍了司法机关准确、及时地查明犯罪事实，错误地适用法律，侵害了公民的人身权利、民主权利和其他权利。

（三）根据错案的表现形式分类

按照刑事错案的表现形式不同，可将刑事错案分为对犯罪的基本事实认定错误，对证明案件主要情况的基本证据认定错误，适用法律错误和严重违反诉讼程序、严重侵犯他人合法权益的刑事错案。错误认定证据或根据不确实、不充分的证据作出错误的事实推论，导致对案件事实的错误认定，这是最为常见的错案。适用法律错误包括错误定罪和错误量刑，表现为将非罪认定为犯罪、轻罪误定为重罪或者轻罪重判。以错误认定的案件事实为根据适用法律，表面上看可能适用法律并无错误，但事实是根据错了，适用法律在本质上必然产生错误。所以，从某种程度上也可以说，认定事实错误的错案同时适用法律错误的错案。

（四）根据办案人员是否具有主观过错分类

根据办案人员是否具有主观过错，可以分为故意错案、过失错案和无过错错案。故意错案，是指案件承办人员对错案的形成持故意的态度，即在明知的情况下故意促成或者放任错案的形成。过失错案，是指承办人对形成错案持过失态度。具体表现为因疏忽而对案件事实认定错误，抑或是对法律的理解不准确而造成的错案。无过错错案，是指案件承办人对错案的形成在主观上无过错。其最典型的表现是犯罪嫌疑人或被告人故意作虚伪陈述，或者伪造其他有罪证据而被判处刑罚的案件。在这种情况下，案件承办人主观上是无过错的。

第二章　我国刑事错案现状

>>>> 第一节　我国刑事错案的现状与特点

刑事错案在我国屡有发生，根据相关报道，最高人民法院在2005年召开了"刑事重大冤错案件座谈会"，共讨论了14起刑事错案，2013—2015年，最高人民法院监督指导各级法院通过审判监督程序纠正重大刑事冤假错案达23起。这从侧面反映了刑事错案的发生从未间断。通过对最高人民法院重点提及的刑事错案进行分析，总结出我国刑事错案的现状和特点。

一、大部分刑事错案是对案件事实认定错误

任何刑事案件的存在，都是以犯罪事实客观存在为前提的。没有犯罪事实，就没有刑事案件。所谓犯罪事实，是指那些得以确定某人是否构成犯罪、构成何罪、犯罪形态等的客观根据。一般包括犯罪起因、过程、后果、情节、数额等。例如，指控某人犯杀人罪，就必须列举出该嫌疑人杀人的起因、过程、后果、情节等事实，以便划分罪与非罪、此罪与彼罪、重罪与轻罪的界限。例如，杀人的起因就有图财害命与正当防卫致人死亡的不同。两者的区别就是罪与非罪的根本区别；杀人的过程往往还表明行为人是故意杀人还是故意伤害致人死亡，关系到此罪与彼罪的界限；杀人的后果是将人已杀死还是未杀死，关系到故意杀人既遂还是未遂，从而关系到刑罚轻重的问题；在未将人杀死的情况下，是行为人意志原因造成的，还是行为人意志以外的违背行为人主观愿望的因素造成的，这关系到对未遂和中止的界定。司法实践中，对案件基本事实认定错误，包括把存在的事实认定为不存在，导致应予立案查处的而未立案，造成放纵犯罪分子的结果；或者相反，把根本不存在的"犯罪"事实认定为确实发生过，从而本不应该立案追究的却予以立案，导致追究无辜的情形。

二、刑事错案常发生在严重罪案中

近年来曝光的一些错案，被害人均以严重犯罪被起诉，并被判以重刑。例

命案口供治理与错案预防的证据学对策研究

如：佘某林于1998年6月15日被湖北省京山县人民法院以故意杀人罪判处有期徒刑15年，剥夺政治权利5年；2005年4月13日，湖北省京山县人民法院宣布佘某林无罪，当庭将他释放。1999年2月5日，昆明市中级人民法院以故意杀人罪判处杜某武死刑；同年10月20日，他被云南省高级人民法院改判为死缓；2000年7月6日，云南省高级人民法院再审宣告杜某武无罪。1996年9月20日，孙某刚因涉嫌强奸、杀害女友陈某会，被昭通市中级人民法院判处死刑；1998年11月，云南省高级人民法院终审判决认为，"原审判决定罪准确，审判程序合法"，但同时却根据本案的具体情节而撤销原判，改判孙某刚死刑，缓期二年执行；2004年1月15日，云南省高级人民法院认为原判"证据不足"，最终认定孙某刚无罪。2002年12月5日，商丘中院作出一审判决，以故意杀人罪判处被告人赵某海死刑，缓期二年执行，剥夺政治权利终身；河南省法院经复核，于2003年2月13日作出裁定，核准商丘中院上述判决；河南省高院于2010年5月8日作出再审判决：撤销河南省法院复核裁定和商丘中院判决，宣告赵某海无罪。张氏叔侄于2004年4月21日被杭州市中级人民法院以强奸罪判处，张某被判死刑、张某平被判无期徒刑；2004年10月19日，浙江省高院终审改判张某死缓、张某平有期徒刑15年；2013年3月26日，经浙江省高级人民法院依法再审公开宣判，认定原判定罪、适用法律错误，宣告张某、张某平无罪。

上述错案都是重罪案件，全部涉嫌故意杀人罪。对于这些重罪案件，原本是更为慎重，特别是涉及死刑的案件，应当比普通刑事案件采取更为严格的证明标准和司法程序。然而，却更容易出现错案。由于此类案件造成被害人死亡的严重后果，案发后会引起极高的社会关注度，甚至会引起案发地群众的恐慌，被害人的家属更有将犯罪分子绳之以法的强烈愿望。因此，公安机关面临必须尽快侦破案件的压力和任务。为了尽快恢复被犯罪分子破坏的社会秩序，平息案发地群众的民愤，侦查部门一般都被要求命案必破、限期破案。我国侦查机关的侦查技术和侦查水平有限，而犯罪分子越来越专业化的犯罪行为给侦查机关侦破案件带来极大的困难。命案发生后，侦查人员面临上级领导、被害人及当地群众等多重压力，一旦侦查机关确定某人有犯罪嫌疑，侦查人员就会千方百计地寻找证据来印证自己最初的判断，如果嫌疑人不承认实施了犯罪行为，侦查人员会通过各种手段获取嫌疑人的口供，获取口供后，再补充收集其他证据来印证口供，这种"由供到证"的取证模式极易造成错案。

三、错案的受害人多居十社会的中下层，并多与被害人有某种关系

被错误追诉的对象不确定，每个人都可能成为错案的受害者。勒内·弗洛里奥在《错案》中说："请不要以为您是一位行为端正的好父亲、好丈夫、好

公民，就一辈子不会与当地的法官打交道。实际上，即使是最诚实、最受尊敬的人，也有可能成为司法部门的受害者。"这种错误不分青红皂白地打击着各种人，既有权贵，也有平民。一些实业家、医生、工程师、教授甚至警察本身也是某些骇人听闻的错案的受害者。在我国近年来暴露的刑事错案中，也发现错案的受害者有农民、大学生、警察等，可以说，每个人都可能成为错案的受害者。

但被误判的被告人大多处于中国社会结构的中下层。被告人多数是底层的农民、工人或个体户，基本属于社会弱势群体，其文化水平不高，法治意识淡薄，法律知识更为匮乏，在面对强大的国家机器时，更加显得弱小无力。另外，受经济能力限制，他们或者不委托辩护律师；或即使委托，但由于委托人财力有限，可能导致委托的律师业务能力不强，不能进行有效辩护，从而导致错判。

此外，在我国司法实践中，刑事案件发生后，被害人的家属、亲友最有可能进入侦查人员视线，并被侦查机关认为涉嫌犯罪，也就是说，倘若妻子被害，那么丈夫将会是第一个被怀疑的对象。例如杜某武、佘某林等案件中的被害人均为嫌疑人的妻子。

四、错案中辩护律师参与作用有限

刑事错案的被告人绝大多数都有律师提供辩护。虽然在我国司法实践中，刑事案件被告人委托律师辩护的比率很低，很多地方只有20%左右，可能由于被告人确系被错误定罪、量刑，希望洗清罪嫌的愿望非常强烈，并且被告人涉嫌的都是重罪，可能被判处重刑甚至死刑，因而委托辩护律师的比率非常高。这些错案的辩护律师基本上都是由被告人或其近亲属聘请的。本来，按照我国《刑事诉讼法》的规定，被告人可能被判处死刑的，人民法院应当为其指定辩护律师，但大部分案件中都是委托辩护。

但律师在案件中并没有发挥很大的作用。很多案件中，律师都作无罪辩护，但未获采纳。辩护律师具有专业的法律知识及丰富的司法经验，本可以有效维护犯罪嫌疑人、被告人的合法权益，帮助其进行有效辩护，但从披露的错案来看，律师辩护的效果极不理想，辩护意见很少被审判机关采纳。赵某海等案件中辩护律师指出了控方的证据疑点并作无罪辩护，但未受到审判人员的重视，辩护意见未被采纳。在张氏叔侄冤案中，辩护律师提出以下疑问：两名嫌疑人为什么在行车的4个小时内没有行凶，却偏要到了杭州，在杭州城内行凶？犯罪为什么要在借手机给被害人与家人通话后进行？对于作案过程的表述，张某、张某平也存在明显的矛盾。在他们的供述中，作案前后的行车路径不一，作案现场的车辆行驶停放情况不明。张某说，到达现场是先将卡车掉头，然后实施强奸行为；张某平却说，是在作案后将车继续朝前开。但是，这些疑问并未引起检察机关和审判人员的重视，在随后的法庭审理中，检察官坚持指控张某、张某平就是强奸杀人的凶手，并获得裁判者认可，这也反映出当前我国刑事辩护的困境。

五、沿海发达城市的错案发生率明显低于东北及中部地区

地域、经济因素与错案表现出一定的关联性。错案发生分布较广，但多数发生在东北及中部地区。主要原因可能是因为我国东北和中部地区与东部沿海地区经济发展程度不同，以及由此导致的刑事案件发案率和各地对司法的经费投入存在差异。

六、错案普遍适用了疑罪从轻原则

杜某武被云南省高级人民法院改判为死缓；孙某刚因涉嫌强奸、杀害女友陈某会，被云南省高级人民法院判为死缓；赵某海被商丘中院以故意杀人罪判处死缓；张某被浙江省高院终审改判死缓。通过这一系列案件可以看到，法院大多采用了疑罪从轻的办法，判处了死缓等相对较轻的刑罚，为最终的纠错留有余地。这反映出疑罪从无的理念在司法实践中贯彻是何等艰难，而疑罪从轻虽然受到这样或那样的批判，却在客观上避免了更大的错误。其背后实际上不仅是理念之争，而且是相关制度的匹配和具体规则的实施问题。

七、纠正错案的周期较长且具有偶然性

多数案件经历了10年左右的时间才由于这样或那样的原因而被纠正。如张某、张某平案件中，张某平在狱中反复申诉，甚至拒绝受减刑的"优待"，坚持称自己无罪。驻监的检察官也发现了疑点而帮助他申诉。就在这样的情况下，仍然历时10年才沉冤得雪。可见，从有罪判决作出后到最终洗清蒙冤者的罪名一般需要很长时间。

我国目前的纠错途径仅限于审判监督程序规定的主动和被动纠错两种，而司法机关主动纠错面临诸多困境，尤其是面临国家赔偿的压力及对相关人员的责任追究，致使司法机关主动纠错的动力不足。即使《刑事诉讼法》规定了当事人及其法定代理人有申诉权，但"申诉难"已经成为司法实践的一大顽疾，已决犯的申诉途径非常有限，申诉引起的再审面临重重障碍。也就是说，在多数案件的纠错过程中，被反复强调的检察监督、申诉上访或者法院内部审查，并未发挥至关重要的作用或者根本没有发挥作用。为什么纠正错案的时间长，主要是由于错案的纠正具有极大的偶然性。当前，我国错案纠正大多数是由于"真凶落网"或"亡者归来"，而这都属于小概率事件。

随着时间的推移，纠错的难度往往不断加大，如在参与张某、张某平案的浙江公、检、法系统公职人员中，不少已获晋升或调职，相关证据材料则容易消失、淹没，查明真相和追责难度自然都会增大。

八、几乎所有错案均有刑讯逼供

从目前披露的错案来看，几乎都伴随严重的刑讯逼供。2010年"两高三部"发布的《关于办理刑事案件严格排除非法证据若干问题的规定》和《关于办理死刑案件审查判断证据若干问题的规定》（以下简称两个《证据规定》），严格规范证据的收集、审查及判断，确立了非法证据排除程序。2012年，《刑事诉讼法》吸收了两个《证据规定》的内容，在法律层面确立了非法证据排除规则，规定通过刑讯逼供获取的口供在诉讼中要一律排除。但司法实践中，由于司法人员的办案理念落后及长期以来对口供的依赖，造成刑讯逼供屡禁不止，成为我国刑事司法的一大顽疾。

▶▶▶▶ 第二节　刑事错案的成因

刑事错案的发生概率可以折射出一个国家刑事司法的发展程度，我们要做的，不仅要承认刑事错案的客观存在，更要正视、反思和防范刑事错案，这是进行研究的最起码出发点。要有效地防止刑事错案的发生，除了思想上应当引起重视以外，更加值得认真检讨的是其发生机制，也就是刑事错案的成因问题。

一、制度原因

（一）刑事司法体制存在缺陷

《中华人民共和国宪法》《中华人民共和国刑事诉讼法》规定：在刑事诉讼活动中，公、检、法三机关之间应分工负责、互相配合、互相制约。由于过于注重惩罚犯罪的刑事诉讼目的的实现，导致公、检、法三机关在刑事诉讼活动中配合多于制约。审判阶段法官对控诉意见更为认同，控辩地位失衡，辩护权未得到有效保障，最终影响案件的公正裁判。三机关呈现流水作业的诉讼构造，成为前后接替实施刑事诉讼的三道工序，实际地位并无高下之分。

三机关注重配合状况造成以下不利后果。其一，检察机关对侦查机关移送审查起诉案件的过滤功能形同虚设，审判机关的开庭审判形式化。无论是检察机关，还是审判机关，一般不会轻易否定侦查结论。经过法庭审理后，对事实不清、证据不足的公诉案件，法院本该作出证据不足的无罪判决，但基于相互配合的考虑，法院通常会选择从轻的有罪判决。其二，强调检、法配合，导致审判丧失中立性和权威性。在庭审活动中，承担控诉职能的人民检察院是国家专门机关，同时履行法律监督职能，对审判中立有天然的影响；而对检、法配合的强调，更加重了审判的不中立。三机关分工负责、互相配合、互相制约的运作机制扭曲了法院与诉讼当事人的诉讼关系，忽视了辩护方的主体地位和能动作用，忽略了审前程序受司法控制的必要性，同时抑制了司法权威，存在根本性的结构弊端。

对于社会影响重大的疑难案件，当公、检、法三机关对案件的认识出现分歧，刑事诉讼程序不能顺利进行时，实践中经常存在由政法委出面协调，以形成统一意见的情形。政法委协调案件时，仅根据汇报即作出相应的处理决定，很难保证结果的公正性。而面对政法体制的运作惯性和某些党政部门关于案件定性的批示，法官乃至法院都是相当无力的。时任最高人民法院常务副院长沈德咏所言反映出人民法院面对政法委干预的无奈：现在我们看到的一些案件，包括赵某海杀人案、浙江杭州张氏叔侄强奸案，面对来自各方的干预和压力，法院对于此类案件能够坚持作出留有余地的判决，已属不易。另外，政法委干预使三机关互相制约的功能丧失殆尽，惩罚犯罪成为其一致目标。

赵某海冤案即政法委错误协调的典型代表，由于证据不足，无法确定无头尸体为失踪的赵某袭，商丘市检察院曾以"证据不足，事实不清"为由两次退卷，并拒绝再次接卷。2002年初秋，在全国刑事案件清理超期羁押专项检查活动中，柘城县公安局将该案提交商丘市政法委研究，研究后便作出了案件具备起诉条件的决定。之后的45天，该案迅速走完了从审查起诉、起诉至一审有罪判决的全部程序。正如学者所言："协调办案模式将所有的案件疑难问题以及公、检、法之间权力的运作冲突以一种非制度化的形式消化于法定的诉讼活动之外，整个刑事诉讼过程俨然一场行政性的治罪活动。"政法委对案件的协调带有社会治理的政治目的，更多考虑的是维护社会稳定的需要，决定受到社会舆论的影响，作出决定时更多考虑的是案件处理的社会效果，有时甚至将社会效果凌驾于法律效果之上，因此政法委协调案件的质量难以保证。

根据诉讼原理，上下级人民法院之间是监督关系而非领导与被领导的关系，监督表现为上级人民法院通过二审程序和审判监督程序对下级人民法院的未生效和已生效裁判进行监督，维持下级人民法院的正确裁判，纠正其错误裁判。我国现阶段的司法权运作体现出较为严重的行政化倾向，严重地影响了审判独立。法院行政化运作体现为地方党委和政府及其领导人干预法官办案，上下级人民法院之间的"案件请示制度"，法院内部的案件审批制度，最终的判决必须经主管院长等领导层层审批，以及审判委员会讨论决定疑难、复杂、重大案件等制度。

设立审委会的初衷是为了总结审判经验，研究疑难案件，运用集体智慧解决疑难案件的法律适用问题，审委会集体讨论案件可以弥补法官个人能力、知识和经验的不足，有积极的一面。但审委会讨论案件并给出最终的处理意见违背司法的亲历性和直接言词原则，尤其是审委会通过听取主审法官的汇报和阅读庭审笔录来决定案件的事实认定面临很大的错误风险。主审法官汇报案件时可能掺杂了自己的主观意见，汇报时可能对庭审查明的事实和证据有所取舍，同时辩护意见可能无法被审委会成员知悉，因此，审委会仅依靠汇报和阅卷的方式来判案，大大增加了发生错案的风险。

（二）侦查监督的法律规定不完善

要制约侦查权，一方面，必须在实体层面上塑造"以权力制约权力"的体制，通过其他诉讼权力（如检察权和审判权）来对侦查权形成分权与制衡；另一方面，也更为重要的是，必须建立"以程序来制约权力"的制权机制，即为侦查权的行使设置严格的程序，通过程序来限制侦查权的恣意行使。程序的本质是限制恣意，严格的程序设置可以将侦查权的运行规制在合理的制度框架之内，避免侦查权的无序行使和恣意妄为。保证侦查权正确行使的有效且重要的措施是对侦查活动进行监督制约，虽然侦查机关内部存在一定的监督与制约，但是侦查机关内部的制约不足以从根本上解决问题。从我国目前的法律规定及侦查实践来看，我国的侦查权是缺乏诉讼机制的有效制约的。主要表现在以下两个方面。

1. 对侦查机关的检察监督缺乏力度

在我国现行体制下，对公安机关侦查活动最有效的监督与制约来自检察机关，然而，无论是法律规定还是司法实践，检察机关对公安机关侦查活动的监督都存在缺失。

第一，对公安机关适用强制措施的监督存在缺口。在公安机关适用的诸多强制措施中只有逮捕措施被纳入检察机关的审批范围，其余的（如拘传、取保候审、监视居住和拘留等）强制措施均没有被纳入检察机关的审查范围。

第二，侦查机关实施的强制性侦查行为也未被纳入检察机关的审批范围。强制性侦查行为，如人身检查、搜查、扣押、精神病鉴定等，对公民的人身权利和自由存有较大的影响，根据诉讼化的一般要求，原则上应当纳入司法审查的范围，然而，我国现行法律却没有将其纳入司法审查的范围。

第三，公安机关适用特殊侦查措施的情况未被纳入。这正是程序的首要功能。季卫东先生曾经指出，世人只知美国宪法最突出的特征是互相监督制衡的分权体制，而往往忽略了各个权力之间的关系的协调更主要是通过程序进行的。我国现有法律对一些特殊侦查措施或手段只作了原则性的规定，如公安机关在实施监听、秘拍、秘录、卧底侦查、诱惑侦查等一些特殊侦查措施或手段时是否存在违法现象，因为缺乏明确具体的相关程序性规定，检察机关无法对其进行监督。除此之外，法律对有的侦查措施或手段规定得也较为简单，或者对相关适用条件作了过于宽泛的规定，如通缉措施、身体采样、侦查实验等，这为检察机关对公安机关实施这些侦查措施或手段进行的监督造成一定的困难，并在一定程度上削弱了监督的力度与效度。

2. 对公安机关的其他法律监督缺乏制约性

在我国，公安机关除了接受来自检察机关的监督外，法院和上级公安机关对下级公安机关也存在一定的监督制约。根据现行法律规定，法院和上级公安机关可以对下级公安机关实施的侦查活动进行多种方式的监督制约。可以采取包括提出纠正意见或建议、进行行政或民事处罚、追究刑事责任等方式对侦查活动进行监督。这些方式虽然在一定程度上对于规范侦查机关的侦查行为发挥了积极的作用，但是效力还是相当有限的。

制裁是最为有效的制约方式，而对违法侦查行为与人员的制裁是提高监督有效性的一种选择。目前，我国对于违法侦查行为，法律只原则性地规定了实体性制裁措施，如刑事制裁、民事制裁、行政制裁、国家赔偿等，而没有针对违反侦查程序的违法侦查行为建立相关的程序性制裁措施。所谓程序性制裁措施，是指刑事诉讼法针对程序性违法所建立的程序性法律后果。"如果不守法而不受处罚，貌似法律的决议或命令事实上只不过是劝告或建议而已。"就侦查程序来说，侦查人员的侦查行为因违反法定的诉讼程序而不得产生预期的法律效力，如诉讼行为被认定为无效、非法收集的证据被排除等。目前，从适用范围来看我国的程序性制裁措施，只适用于非法获取言词证据和违反羁押期限两种情况，对于其他违法侦查行为，法律则没有规定任何程序性制裁措施。

从制裁方式来看，只有排除非法证据、惩戒违法办案的侦查人员两种制裁方式，这相对于其他许多国家和地区所规定的终止诉讼、减轻被追诉人的刑罚及宣布违法行为无效等多种制裁方式而言，力度明显较弱。从制裁主体来看，对于违法办案的侦查人员，公安机关自身有对其进行制裁的权力，而其他机关则无权对其进行处罚或制裁。从体制的角度讲，这是一种体系内的监督与制约，这种模式因为监督者与被监督者存有共同的利益，因而监督制约所能发挥的作用有很大的局限性。

（三）侦查程序的实施性规则不完善

侦查程序的实施性规则不完善主要表现在以下三个方面。

1. 对各种侦查措施的适用程序规定的不完善

现行《刑事诉讼法》虽然对一些侦查措施的适用程序作了规定，但与侦查程序诉讼化的实施性规则的要求相比，还是存有诸多问题，各种侦查措施的适用程序还存在诸多有待完善之处。就强制性侦查行为中的搜查来说，虽然在法律中对于搜查程序，明确规定了侦查人员在进行搜查时，应当出示搜查证，应当有被搜查人或者家属、邻居或其他见证人在场等内容。但是，对于搜查的时间（如是否必须在白天进行还是可以在夜晚进行等）、搜查的范围（如是否不得超出搜查证载明的范围）及在搜查过程中应当如何保护被搜查人的利益等涉及搜查对象权益的问题，法律都没有作出规定。再如鉴定的程序，根据现行法律的规定，为了解决案件中某些专门性问题，可以指派、聘请有专门知识的人进行鉴定，并且明确"应当将用作证据的意见结论告知犯罪嫌疑人、被害人"。但是，对于材料如何送检、鉴定材料应当送几份、送去鉴定的材料是否需要当事人在场或者签字确认等对鉴定结果存在可能影响的内容都没有作出必要的规定。至于鉴定期限，即鉴定人在多长时间内作出鉴定、鉴定人若没有按时作出鉴定结论应当承担什么法律责任、不用作证据的鉴定意见是否也应当告知犯罪嫌疑人和被害人等，法律都没有明确的规定。其他侦查措施的适用程序的规定也或多或少地存在此类不完善的问题。

2. 采取强制措施的程序不完善

我国法律针对侦查机关采取强制措施的适用程序问题所作的立法规定不够具体，有关的程序性规定也较为粗略。

①法律条文较少。在很多法治国家的刑事诉讼法中，关于适用强制措施问题的程序性条文一般都在百条左右，如法国的刑事诉讼法中关于强制措施的法律条文有83条、日本的刑事诉讼法及相关的刑事诉讼规则中有92条关于适用强制措施的法律条文、韩国的刑事诉讼法和刑事诉讼规则中也有97条之多，而我国的刑事诉讼法中关于强制措施适用问题的只有27条，显然条文较少，所作的规定也相对较为原则、过于概括。

②缺乏关于适用强制措施的基本原则性的规定。在强制措施体系中，不同的强制措施对公民人身权利和自由的影响程度是不同的，为了在侦查程序中有效地保护犯罪嫌疑人的人身权利和自由，许多国家都通过法律作了适用强制措施时应遵循的原则的规定，如合法性原则、比例性原则等。其中，比例性原则是适用强制措施时所应遵循的最重要的基本原则，依据比例原则的要求，在强制力度较低的强制措施与强制力度较高的强制措施都能够达到预期的诉讼目的时，侦查机关原则上应当采用强制力度较低的强制措施。但是，在我国，法律没有明确规定适用强制措施时所应遵循的基本原则，所作的只是较为概括且模糊的选择性规定，因而司法实践中侦查人员在强制措施的采用上往往随意性较大，且惯于用强制力度较高的刑事强制措施。

③强制措施的适用缺乏必要的司法审查程序。为了有效地保护犯罪嫌疑

人的人身权利和自由，体现侦查程序的诉讼化，在适用强制措施方面，世界上的许多国家都建立了司法审查程序。但是在我国，除逮捕措施的适用需经过检察机关批准外，即存有类似于司法审查的程序外，其他强制措施的适用都没有司法审查程序。

3. 许多侦查措施都缺少期限性规定

在诉讼过程中，期限的规定无论是对于当事人还是对于执法机关都是相当重要的司法内容。然而，我国《刑事诉讼法》虽然对各种刑事强制措施规定了期限，但是，对除强制措施以外的许多侦查措施都没有相关的规定，如鉴定、扣押、冻结等。例如，涉及物权的强制措施——扣押和冻结，虽然法律规定被扣押的物品、文件、邮件、电报及冻结的存款、汇款经查明确实与案件无关的，应当在3日内解除扣押、冻结，但对于没有充分证据表明与案件事实无关的物品、文件、邮件、电报、存款、汇款等是否可以无限期地扣押、冻结，法律没有对相关问题作出明确规定。

又如技术侦查手段的适用。依据《中华人民共和国国家安全法》《刑事诉讼法》的规定，经过严格的批准手续，公安机关可以采取技术性侦查手段，如监听、秘拍、秘录等，而这些措施是否可以无期限地使用呢？法律同样没有对相关问题作出必要的规定。虽然与刑事强制措施相比，鉴定、扣押、冻结及监听、秘拍、秘录等侦查措施通常不需要对公民的人身自由造成限制，但是这些措施的适用会对公民的财产、隐私等合法权益产生影响，并可能造成一定的损害，有的甚至可能对公民的人身自由进行一定程度的限制或影响，如司法精神病鉴定，为了保障公民的合法权益，必须将接受精神病鉴定的被鉴定者限定在一定的范围内。综上所述，法律上对侦查措施应当作出有关期限的规定是侦查程序诉讼化的重要内容。

（四）证据制度不完善

1. 证据规则不完善

证据规则是能有效地约束法官运用证据认定案件事实的自由裁量权。长期以来，我国无专门的刑事证据法，两个《证据规定》确立了证据裁判原则，完善非法证据排除规则、口供补强规则等证据规则。由于《刑事诉讼法》及相关司法解释对证据规则的规定极为简略，造成法官采纳证据时自由裁量权几乎不受约束。非法证据排除规则、传闻证据规则和口供补强规则被誉为防范冤假错案的基本证据规则。我国《刑事诉讼法》未规定传闻证据规则，直接言词原则也贯彻不力，实践中证人、鉴定人、被害人出庭率极低。其他两项规则虽然有规定，但司法实践中贯彻并不理想。就非法证据排除规则而言，《刑事诉讼法》及两高司法解释就非法证据的排除阶段、排除主体、证明责任的分配、证明标准等都作出了规定；但实践证明，新《刑事诉讼法》实施以来，非法证据排除规则的实施面临诸多障碍。

我国确立了口供补强规则，《刑事诉讼法》第五十三条规定：对一切案件的判处都要重证据，重调查研究，不轻信口供。只有被告人供述，没有其他证据的，不能认定被告人有罪和处以刑罚。即"孤证不能定案"。对此最高人民法院《关于适用〈中华人民共和国刑事诉讼法〉的解释》（以下简称最高法《解释》）第一百零六条对此进一步细化规定："根据被告人的供述、指认提取到了隐蔽性很强的物证、书证，且被告人的供述与其他证明犯罪事实发生的证据相互印证，并排除串逼供、诱供等可能性的，可以认定被告人有罪。"但上述规定并未明确补强证据应具备何种要件，对证据应补强到何种程度及共同犯罪被告人的供述之间可否互相补强。正是由于缺乏相关证据规则的指引，导致对证据的采纳出现问题，造成错案。

2. 证明标准不清晰

我国《刑事诉讼法》将证明标准表述为"犯罪事实清楚，证据确实、充分"。犯罪事实清楚，是指裁判者对与定罪量刑有关的事实已经查清楚。证据确实是对证据质的要求，指据以定案的每一证据都必须真实，并具备相应的证明力；证据充分是对证据量的要求，指一切定罪量刑的事实都有证据加以证明，并且证据的数量足以确定性地认定案件事实。以上证明标准旨在强调裁判者的主观认识符合客观发生的案件事实，其客观化的特征较为明显，并且具有理想化的特征，但未明确规定对裁判者认定案件事实时需要达到何种程度的内心确信。裁判者借助证据对案件事实的认定是一种主观性的认识活动，因此证明标准需要裁判者主观把握。我国刑事证明标准的客观化的规定导致这一标准缺乏可操作性，难以具体指导司法实践。司法实践中裁判者对证明标准的把握不严，尤其存在证据之间的矛盾未合理排除的情况下即作出有罪认定的情形。

刑事诉讼的证明标准需要经过法官的主观判断，即法官的自由心证。自由心证的证据制度尊重法官在证据证明力判断上的自由裁量权，符合司法证明规律；但完全不受约束的自由心证容易导致法官擅断，因此实行此制度的国家通过证据规则及判决书说理对法官心证的自由进行限制。我国证据规则匮乏、法官专业素养良莠不齐及判决书说理不充分的状况，导致法官在证明标准判断上的随意和无所适从。

3. 质证规则不明确

最高法《解释》第六十三条规定："证据未经当庭出示、辨认、质证等法庭调查程序查证属实，不得作为定案的根据，但法律和本解释另有规定的除外。"对于控辩双方质证的方式法律并未明确规定，是每一个证据单独质证抑或相关的一组证据同时质证不得而知，实践中质证流于形式。直接言词原则与质证规则有内在的联系，二者均要求言词证据的提供者出席法庭，接受质证和法官当庭审查。司法的亲历性决定了直接言词原则的重要性，此原则要求法官对个案的处理必须亲临其境，直接审查证据，诉讼各方应亲自到庭出席审判，法官裁决应建立在实质性法庭调查和控辩双方充分言词辩论的基础上。除特殊情况外，提供言词证据的人应该出庭，接受控辩双方的质证和法官的当面审查。我国的刑事审判实践中证人、鉴定人、被害人出庭率极低，法庭上各种笔录充斥其中，证人证言笔录、被害人陈述笔录及鉴定意见被公诉人当庭宣读后，经过辩方简单质证，即成为定案的重要根据。我国审判方式改革的最大教训，在于没有建立一种通过对当庭出示证据进行质证和辩论来形成裁判结论的法文化。以上问题导致被告人的质证权很难实现，也直接影响法官当庭判断的准确性。被告人及辩护律师对控诉方的指控进行质疑反驳的重要方式，即对控诉方提出的证据进行质证，尤其是需要与关键证人当面对质，但在相关证人不出庭的情形下，辩方只能对各种笔录提出异议。由于相关人员不出庭，质证失去了应有的作用，导致不真实或不具备相关性的证据被错误采信，酿成错案。

为提高证人、鉴定人的出庭率，新《刑事诉讼法》第一百八十七条明确规定了证人及鉴定人出庭作证的条件，但法律的美好愿景并未实现，实践中证人出庭率低的问题几乎未得到任何缓解，法庭基本未动用《刑事诉讼法》规定的强制证人出庭的手段。原因在于：首先，此次《刑事诉讼法》的修订恢复了开庭前的全部案卷移送制度，法官在开庭前即可全面掌握公诉方提交的所有证据材料，在此情形下，传唤证人、鉴定人出庭可能会给庭审带来不可预期的变数和不必要的麻烦；其次，《刑事诉讼法》并未否定应当出庭而未出庭的证人证言笔录的效力；最后，法院对证人及鉴定人是否出庭拥有最终的决定权，法院基于诉讼效率等考虑，一般不会积极传唤证人出庭。

（五）考评机制不合理

目前，公安机关、检察机关、法院系统均有自身的绩效考核评价体系。绩效考核评价的结果成为评价某一司法机关或者其内部工作人员工作质量高低的重要参考，并直接影响到该机关与司法人员日后的奖惩与晋升。长期以来，我国的刑事司法机关针对刑事案件的办案质量及工作效率制定了一套比较完整的考核评价体系。这套体系在激励和促进刑事司法人员努力提高办案质量、办案效率方面确实发挥了重要的作用，在一定程度上减少了刑事错案的发生率。但与此同时，不得不认识到，我国刑事司法机关评价体系浓厚的官僚式特征严重违反了刑事司法活动自身的逻辑，成为刑事错案发生的一个重要诱因。

从已经发生的刑事错案来看，多数的刑事错案发生的最常见原因是办案人员违反了既定的司法程序，比如说采取非法手段收集与调查证据等。但其背后则与侦查机关将"破案率"作为考核办案人员工作的重要指标,鼓励司法人员"创先争优",甚至将案件的侦破情况与承办案件人员个人的切身利益挂钩有关。这一考核评价体系使得某些办案人员在工作中给予其"利益最大化"的个人考虑而不惜违反法定程序,对犯罪嫌疑人实施刑讯逼供等手段以达到目的。刑事司法实践中不合理的考评体系成为刑事错案发生的重要原因,在一定程度上也构成了发现和防范刑事错案的阻碍因素。

现如今的司法实践中或多或少地存在着"以办案数量论英雄"的考核评价模式,这一模式导致司法人员片面追求办案数量,不注重案件的质量和裁判效果,严重地影响了刑事司法机关的公正形象。盲目追求"争做第一""争创一流"等目标,片面地强调"量"的重要性,往往会导致认识上的偏差、对犯罪数量的控制、对"结案数量"的考核,片面强调打击的重要性,损害了程序的正当性,损害了公平正义的实现。对于某些严重的、社会影响力大的恶性刑事案件,司法机关强调从严从重处理,办案人员追求迅速结案、迅速逮捕、迅速起诉,所有这些必然导致办案人员忽视程序和证据的合法性问题。在案件的侦查阶段,侦查人员使用刑讯逼供等非法手段收集证据。在司法审判过程中,法官则忽视非法证据排除规则,忽视被告人提出的抗辩事由,对被告人提出的有利证据不够重视甚至置之不理。庭审中,未经控辩双方进行有效的质证,匆忙之中对被告人进行判决。现有的绩效考核体系片面强调"量"的重要性,而基层司法机关工作往往捉襟见肘。考虑到自身的情况,考虑打击犯罪和案件处理的成本问题,基层司法机关的办案质量可想而知。

在"破案有功、不破案受罚"的情势导引下,部分司法人员急功近利,采取了所谓"快速、有效"的手段——刑讯逼供——以缓解压力。而历史已经昭示,刑讯逼供常常会走向真相的反面,酿成无法挽回的悲剧。最终导致检察机关对于一些不需采取逮捕措施的案件作出批准逮捕的决定,以配合公安机关完成其工作的指标。同时,对于一些在庭审中出现证据瑕疵的案件,法官也会迫于压力作出妥协,对被告人做疑罪从轻处理。总之,单纯依赖数据式的绩效考核体系难以真实考核司法机关及其工作人员的业绩,却导致了刑事错案的发生。

目前的司法体制中的绩效考核体系对"率"的强调导致公、检、法机关出现了不正常的协调与配合,异化了本应该正常运作的司法程序与司法结构。国家设立公、检、法机关的目的在于形成国家公权力的相互制衡,这是刑事诉讼正常运作的基本前提。然而,公、检、法的考核评价制度使控、辩、审三方三角式基本构架的诉讼关系完全蜕变成"流水线"的作业模式。进而导致司法人员对程序正义的轻视和无知、对公民权利的漠视和鄙夷,以自身的利益取代了程序的正义,不惜使用酷刑,不惜放纵国家公权力以达到其目的。

可以说，三机关"协调办案"成为了刑事司法机关追求考核绩效的利器。由于考核评价体系对刑事诉讼各个阶段均有较高的比例要求，比如批捕率、起诉率、有罪判决率等，这就使公、检、法三机关为达到考核要求而强调协调的"流水线"式办案。刑事案件的犯罪嫌疑人、被告人的主体地位往往难以得到保障，诉讼程序的公正性基本消失。对于错案，刑事诉讼法规定了撤案、不起诉和上诉制度，以使其起到"过滤""救济"的作用；然而，为达到考核的目的，公、检、法机关自然无视这些特定程序的自身价值，恣意践踏程序。

二、理念原因

从因果关系的角度讲，司法主体的行为对于刑事错案的发生属于直接原因。刑事错案出现的原因也在于当前司法机关工作人员的司法理念、职业道德、法律素质和法律思维出现了问题。

(一) 需要进一步更新司法理念

理念是从认识中抽象出来的，源于认识又上位于认识的一个概念。理念是从认识论与价值论中凝练出来的，源于认识又服务于价值目标实现的一个抽象概念。对于理念而言，价值目标的实现对其来说具有终极性，也就是说，实现价值是理念的终极目标，而理念事实上是实现价值目标的一种途径。价值的选择决定着理念的内容与样态，而理念的内容与样态又必然影响着认识的结果。

我国刑事司法工作中存在着以下四种理念。

1. 重实体、轻程序

重实体、轻程序的理念在我国刑事诉讼中占据着主导性地位是不争的事实。这主要表现在以下四个方面：① 我国刑事诉讼中没有明确确立"程序法定"的诉讼原则；② 没有确定"程序公开"的诉讼原则，诉讼透明度较差，仅仅规定审判公开，对于极易发生侵犯犯罪嫌疑人人权的侦查程序没有做适度公开的要求；③ 没有规定"保障犯罪嫌疑人、被告人辩护权"的诉讼原则，只原则性地规定了"被告人有权获得辩护权"；④ 在诉讼程序上，只规定了应当和可以如何做，却没有规定倘若违反这些程序应当做如何的程序性制裁及如何救济等措施，更没有与之相关的程序。

在这种重实体、轻程序，关注刑事诉讼控制犯罪价值实现的侦查程序中，将追求案件的实体真实作为侦查程序的主要目的。在这一侦查程序理念引导下，在处理实体与程序的关系上，实体相对于程序而言具有绝对的优越性，及优先实现性，侦查程序只是发现实体真实的手段。并且，从原则上讲，程序性违法只要不影响判决的正确性，就不被否定，也就是说，认定案件真实性的后果不受程序违法的影响。

对实体真实的价值追求有两种理解倾向：第一种认为，凡是出现了犯罪，就应当毫无遗漏地加以发现、认定并予以处罚，刑事侦查要以发现案件事实真相为根本，要确保不让任何一个犯罪人逃脱；第二种认为，应当将发现案件真实与保障无辜者不受惩罚相联系，并坚持侦查程序的目的本身在于发现实体真实，应包含力求避免处罚无罪者的意思，而不单纯是无遗漏地处罚任何一个犯罪者。然而，上述两种倾向都表明了一点：实体真实只不过是刑事程序运行的结果，当实体与程序发生冲突的时候，程序被放弃成为当然。将这种过分强调单一价值的观念贯彻于侦查，侦查程序的独立价值被忽视，相应的侦查程序中犯罪嫌疑人的权利得到保障就成为水中月、镜中花。基本权益尚得不到保障，刑事错案的发生又如何能够被遏制？

2. 重控制犯罪、轻人权保障

刑事诉讼在两个方面发挥着控制犯罪的作用：一方面，是通过适用刑罚来抑制犯罪；另一方面，是通过程序本身抑制犯罪。两者紧密联系，构成刑事诉讼直接目的的一个重要方面。刑事程序本身控制犯罪的功能主要集中在破案率和定罪率上。因此，侦查机关准确、及时地侦破案件及逮捕犯罪嫌疑人本身就表明侦查程序具有较强的控制犯罪的能力。然而，当过分关注侦查程序控制犯罪能力的实现时，就必然会对人权保障产生消极影响。

基于控制犯罪目标的实现，我国在人权保障与发现案件真实的关系上，发现案件的真实处于绝对优势的地位。对于因违反程序法而造成侵害公民权利行为的后果，是由有关部门给予个别处理，对于其后的诉讼行为不产生任何影响。正如我国行业内部所颁行的各种针对部门内公职人员的违法执法行为所做的处罚规则。此外，我国没有确立诉讼行为无效制度，即便是对于非法证据的排除性规定也是通过司法解释的方式来实现，并没有在刑事诉讼法中得到应有的确认。

3. 口供本位

案件事实的认定必须通过证据加以证明，而在种类繁多的证据中，言词证据受到我国侦查人员的青睐，特别是犯罪嫌疑人的供述。虽然仅从立法规定上看，我国的证明方式是以物证为本位的。我国《刑事诉讼法》第五十三条规定："对一切案件的判处都要重证据，重调查研究，不轻信口供。只有被告人供述，没有其他证据的，不能认定被告人有罪和处以刑罚；没有被告人供述，证据确实充分的，可以认定被告人有罪和处以刑罚。"我国《刑事诉讼法》第五十条规定："严禁刑讯逼供和以威胁、引诱、欺骗以及其他非法的方法收集证据，不得强迫任何人证实自己有罪"……均要求公安、司法人员要注意调查收集其他证据，而不是过分关注获取犯罪嫌疑人、被告人口供，这与以物证本位的精神是一致的。

但在我国司法实践中，口供本位的证明方式占据主导，即在诉讼证明过程中，注重犯罪嫌疑人、被告人的口供，虽然也注意对口供以外的其他证据进行收集，但口供被认为是最有效率、最为便捷的证据，因此全部证明活动的核心是获取犯罪嫌疑人、被告人的口供而不重视收集其他证据，并且主要根据口供认定案件事实。必须承认的是，获取口供对于人权保障和发现真实存在着双重危险。司法实践中，由于我国侦查技术落后、侦查投入不足等原因，一般是侦查机关在掌握了一定的犯罪线索以后，立即讯问犯罪嫌疑人，然后以犯罪嫌疑人的供述为线索收集其他案件证据。如果收集的其他证据与犯罪嫌疑人的口供有出入，就继续讯问犯罪嫌疑人，整个取证活动基本上都是围绕犯罪嫌疑人、被告人的口供来进行的。

在审判过程中，虽然《刑事诉讼法》已明确规定，没有被告人供述，证据充分确实的，可以认定被告人有罪和处以刑罚，但在司法实践中，法院没有被告人供述时通常不敢下判。口供本位的证明方式之所以能在我国刑事诉讼中占据主导，原因是多方面的，其中最为重要的是诉讼价值理念的原因。或者说，侦查口供本位是我国诉讼价值理念的选择，是过分关注和强调控制犯罪、惩罚犯罪的价值选择所致。

口供本位的证明方式存在着诸多弊端。① 由于口供的获取常常伴随着刑讯逼供，因而对于犯罪嫌疑人、被告人的人权保障是十分不利的。② 客观上影响案件真实的发现，影响刑事案件破案率。因为过于重视犯罪嫌疑人、被告人口供，一旦被告人在法庭上翻供或指控侦查人员刑讯逼供，公安司法机关就会非常被动，影响案件的成功追诉。③ 口供本位的证明方式不符合我国现行法律的规定与要求，尤其是不符合我国已经加入或即将加入的有关国际公约的基本要求。反对强迫自证其罪原则，这是联合国《公民权利和政治权利国际公约》中规定的联合国刑事司法准则的一项基本内容，根据要求，对于该内容的贯彻执行不能有所保留，当然也不应有所保留。我国政府已于1998年10月签署了该公约，按条约必须信守的原则，一旦全国人大批准该公约，我国就必须在国内刑事诉讼中执行该条约的规定，再以口供为本位，显然是不符合该条约要求的。因此，我国必须在刑事诉讼证明方式上从口供本位转向物证本位。

4. 有罪推定意识

无罪推定在我国并未真正确立，无罪推定是国际社会通行的人权保障原则，被世界各国和联合国的人权保障国际公约采纳。其经典表述是：任何人在未被审判机关依法确定为有罪之前，应被推定或假定为无罪。新《刑事诉讼法》规定：不得强迫任何人证实自己有罪；公诉案件的举证责任由人民检察院承担；审查起诉时的存疑不起诉和审判阶段证据不足的无罪判决等均体现了疑罪从无的精神。以上内容标志着无罪推定在我国大体上已经确立，但《刑事诉讼法》同时保留了"对侦查人员的提问，嫌疑人应如实回答"的规定，说明我国对无罪推定的吸收并不彻底。

长期以来，有罪推定的惯性思维模式深深地影响着公安机关的侦查、检察院的起诉和法院的审判工作。面对具体刑事案件的定罪量刑，宁肯信其有、不肯信其无，宁可重判、不可轻罚，唯恐"打击不力"。在"有罪推定"思想指导下，警察和检察官往往习惯于只收集有罪证据，而对于无罪证据则不去查证，不予理会，从而容易造成错案。而人民法院对于事实不清、证据不足的事件，会做出疑罪从轻的裁判。

(二) 需要进一步提高职业道德素质

职业道德素质是指所有从业人员在职业活动中应该遵循的行为准则，是一定职业范围内的特殊道德要求，即整个社会对从业人员的职业观念、职业态度、职业技能、职业纪律和职业作风等方面的行为标准和要求。

司法人员的职业道德素质，依据各国法律的要求不同，职业道德素质的要求有所不同。但是基于人们对司法公正的向往，为了实现司法公正的愿望，基于人类一般道德的要求，人们设计了各种制度和原则，赋予司法人员一定的权力和义务，要求司法人员按照既有的制度和原则实施司法行为，以期为实现司法公正服务。简单地说，司法人员的职业道德素质就是以宪法和法律为准则，以实现司法公正为己任，行使权力同时履行义务。

对司法人员的职业道德素质做出要求是保证实现司法公正的先决条件。若司法人员的职业道德素质低下，那么对社会和民众的危害程度也就越大。违反职业道德素质的司法人员相对于良好遵守职业道德素质的司法人员而言，更容易走向错误的思维方式，从而决定其在实施司法行为时，总是从为我性或者利我性出发去发现或寻找有利的机会与结果，并在自觉或不自觉中、有意、无意中躲避、掩盖甚至否认不利的事件与因素，会无视制度与规范的存在，将法律固有的法治、公平、正义蜕变为世俗的博弈，把法律应有的知、情、意压缩或还原为可计量、可视见的权力与物质的法则。违反职业道德素质要求司法人员在履职过程中，侵蚀了法律原则，失去了公平的尺度，法律规制在他们那里变成了正义的碎片，而刑事错案的发生就是正义背后的碎片。

(三) 需要进一步提升法律专业素质

司法人员应当具备法律素质和专业素质。法律素质是司法人员作为执法者必须具备的基本条件和基本要求。司法人员要学法、懂法、守法，严格公正执法，做到有法必依、执法必严、违法必究。在实践中，司法主体需要掌握的法律知识不但涉及刑事法领域，也涵盖了民商法等其他法律领域。专业素质是司

命案口供治理与错案预防的证据学对策研究

法人员依法履行职责、完成工作任务的实际本领，是业务知识和专业技能的综合。司法人员必须在熟悉和掌握业务知识的同时，从实践需要出发，有针对性地加强实战性、可操作性和技术性的专业技能训练，强化自身的专业素质。

司法人员若存在法律专业素质方面的缺陷，对于案件事实真相的发现，就会存在一定的困难。司法活动由人来进行，因而难免会打上人员个体的烙印。"事实认定是在证据和事实审理者的背景与经验间交互作用的产品。"容纳了具有良好理由的信息、深思熟虑的模式、逸闻趣事的记忆、影响、故事、神话、愿望、陈腔滥调、思考和偏见等诸多内容的复杂的大杂烩。司法人员具有恰当的常识库应当成为发现案件客观真实的基础，知识库不合理则可能导致对案件事实产生误认。司法人员也是普通人，认定事实时难免会受到来自各方面因素及情绪的影响，不可能要求他们具有整齐划一的常识库，他们之间必然存在着经验、学识等方方面面的差异，这就会影响其对案件事实的发现与判断。这就是为什么在对同样的信息进行分析时，不同的人会得出不同的结论。正因为每一个人的经历不同。

因此，司法人员即使极其审慎，仍然可能受到个人因素的影响而作出错误的判断。此外，现代刑事诉讼活动对科学技术的依赖性越来越强，但有的司法人员缺乏这方面的知识，就可能导致案件事实和证据认定上的重大差错。或者说，司法人员法律专业素质缺陷越多，对案件客观事实的发现及证据的收集与判断存在错误的概率就会越大。

（四）需要进一步培养法律思维能力

思维是人类特有的一种精神活动，是从社会实践中产生的。一般意义上的思维，是在"表象、概念的基础上进行分析、综合、判断、推理等认识活动的过程"，法律思维作为一种特殊的思维形式，则是法律适用主体在行使国家司法权的过程中，为了能够公平、公正地处理案件，遵循法律的理念和逻辑来观察问题、分析问题和解决问题的理性思维方式。法律思维方式存在于法律适用的过程当中，正如王泽鉴先生所言，法律思维"是指依循法律逻辑，以价值为取向的思考，合理的论证，解释适用法律"。

陈瑞华教授在谈到"什么是法律人的思维方式"时，也曾指出："在我看来，这包含着一套十分复杂的概念体系、价值体系、逻辑推理方式，也涵盖了一系列设立权利、义务和责任的分配体系。"综合上述关于法律思维的认识，法律思维具有区别于一般性思维的特殊性，这种特殊性主要表现在以下五个方面。

第一，法律思维的基础在于概念，法律有严密的内涵，由此引发的法律思维也应当具有严密性。

第二，法律思维有独立的价值理念体系，如刑事诉讼中以人权保障为初衷而设置的非法证据排除规则、追诉时效制度，就与探求真理、追根溯源的科学研究态度有所不同。

第三，法律思维有独特的逻辑推理方式。刑事诉讼法中的无罪推定原则，就是法律逻辑推理特殊性的集中表现。法律逻辑推理不同于一般的三段论式的推理，其中包含了立法者的价值衡量。

第四，法律思维包括独特的责任分配体系。出于对公平目标的追求，刑事诉讼法设计了特殊的责任分配体系，如刑事诉讼法中对举证责任倒置的规定，对违反程序法的行为宣布无效的规定，以及辩护与法律援助的制定等。

第五，法律思维是一种理性主义引导下的经验思维。法律制度实际上是人们通过理性的努力，在总结和凝聚以往社会经验、知识的基础上，运用一定的技术并基于一定的意志和利益需要，对理想社会关系和秩序状态的能动构建。法律适用主体必须综合运用法律原理、理性解读法律规定，讲求和遵从逻辑，恪守并阐释社会公正；同时，要综合考察千变万化、复杂多样的案件事实，最终通过社会矛盾和社会纠纷的解决实现对社会秩序的合理建构。

司法侦查人员的法律思维能力表现为司法人员的思维方式，包括实体性思维和程序性思维。司法人员法律思维能力的欠缺或薄弱，可导致其在案件事实的发现、对证据的评价及法律适用上出现错误。司法人员的实体性思维是指司法人员对犯罪事实构成要件方面的思维方式；司法人员的程序性思维是指司法人员对程序的遵守认知与履行。实体法思维所关注的是案件事实真相的正确性，程序性思维的重心则集中于发现案件真实过程的正义性。

程序性思维是不可或缺的，程序正义的出发点是对人的权利的极端重视，"程序正义所要表达的无非是这样的意思：对于任何一个准备作出一定法律决定的个人或机构来说，要想使其决定具有合法性和正当性，就至少不应将那些处于被裁判地位的人仅仅视为一种工具和手段，也就是不将其视为等待处理、承受处罚的诉讼客体；否则，一种不具有最低限度公正的法律程序，就会将被裁判者视为任人宰割的司法奴隶。"因此，司法主体的法律思维能力的薄弱，无论是实体性思维方面的缺陷，还是程序性思维方面的缺陷，都将会影响其在案件事实的发现、对证据的评价及法律适用上的表现，最糟糕的情形就是出现错误。

（五）需要进一步增强证据意识

证据是指能够证明案件真实情况的一切事实。因此，凡是和案件有联系的事实都应收集，少数办案人员对这一点的认识不清，在具体办案过程中，应当收集的证据没有收集、保存，导致证据灭失，这些都给案件的认定带来了很大的困难，甚至导致错案的发生。究其原因，就是办案人员缺乏证据意识，实践中，主要表现在以下六个方面。

1. 调查取证不及时

收集证据是一项时间性很强的工作，收集证据工作的一条很重要的原则就是主动、及时。如果办案人员行动迟缓，丧失最佳时机，犯罪嫌疑人可能就会毁灭证据、逃匿、串供，现场可能遭到破坏，痕迹可能变质、变形、消失，受害人可能死亡，等等，就会给收集证据带来很大的困难，甚至导致证据的灭失，给案件的认定带来困难。

2. 调查取证随意取舍

案件的复杂性和艰巨性要求办案过程人员要从案件实际出发，尊重客观事实，采取实事求是的科学态度，但是，有的办案人员则相反，不是从案件的实际情况出发，而是从自己的主观愿望、主观猜测出发，先入为主，先臆造出自己的想法，然后去收集证据，符合的就收集，不符合的则随意舍弃。

3. 调查取证盲目粗糙

有时办案人员在办案过程中意识到应当取证，但由于对取证重视不够，责任心不强，取证非常粗糙，致使所获证据不能充分、全面证实案件真实情况，或者不得不重复取证，或者丧失取证条件，致使案件无法认定和处理。此外，有的办案人员在制作笔录时，内容粗糙，不能客观全面地反映案件的真实情况，也为案件的处理带来极大的困难。

4. 证据保管不善

在办案实践中，有的办案人员忽视了证据的保管工作，使某些重要证据被丢失、毁损、污染、混淆。有的物证被提取后，没有用专用器具进行包装；有的虽然包装了，但没有注明其出处、提取人，没有放入专门的物证保管室，没有编号管理，常常和其他物证混杂在一起。这些都直接影响了证据的证明力。

5. 审查证据不全面

有些办案人员审查证据时，缺乏对全案证据的综合审查，在没有排除证据之间的矛盾之前便仓促定案，导致错案的发生。对全案证据的综合审查就是在对证据逐个进行审查、核实的基础上，综合全案的证据进行分析、比较和判断。综合审查证据最基本的方法就是将该案的各个证据进行比较，互相印证。有比较才有鉴别，只有将各个证据互相加以对照比较，才能鉴别它们的真伪。如果证据之间内容一致、能够相互印证，就能够确定它们的可靠性；如果证据与证据之间出现矛盾，则其中必然有真有假。办案人员在对证据进行综合审查时，必须注意发现这样的矛盾，分析产生矛盾的原因，通过进一步地收集证据，审查核实，来消除这些矛盾，以确定证据的真伪。绝不能在矛盾没有被排除的情况下仓促定案，否则极容易导致错案的发生。

6. 对非法证据排除规则的漠视

可以说，刑事错案基本上都存在某种证据上的瑕疵，而其中非法证据就是产生刑事错案的重要因素。尽管我国在立法上对于非法证据排除规则予以确认，但我国的相关规定制定得过于原则化且缺乏可操作性，加上没有其他相应配套的证据规则作为辅助，因此没有也不可能形成具有一整套的内在逻辑联系分明、体系统一的刑事诉讼非法证据排除规则的制度体系。因而，实践中，非法证据排除规则仍严重存在"用的少、不会用、不敢用"等问题。

三、程序原因

（一）收集证据过程中存在非法取证问题

1. 侦查讯问中存在的问题

对我国若干起刑事错案的研究结果表明，侦查讯问中存在问题是较为普遍的现象。在我国侦查讯问中存在的问题大致分为两类：一类是一般性的程序性违法问题；另一类是性质较为严重，危害程度较大的违法讯问的问题。

（1）侦查讯问中出现的程序性问题

根据我国相关法律的规定，侦查讯问应履行一定的程序，然而，在侦查讯问的法律实践中，则出现下列违反相关程序的程序性问题，包括以下五种：第一，讯问过程中侦查人员少于2人；第二，讯问犯罪嫌疑人未依法履行告知义务；第三，讯问笔录制作不规范；第四，未在法定期限内安排律师申请会见在押犯罪嫌疑人；第五，不听取或者不给予犯罪嫌疑人辩解机会。

（2）侦查讯问中出现的严重违法现象

在我国的侦查讯问实践中，在侦查办案人员讯问过程中出现的严重违法现象主要包括以下三种：第一，对犯罪嫌疑人进行刑讯逼供或者体罚、虐待；第二，传讯犯罪嫌疑人超时；第三，采用威胁、引诱、欺骗等非法方法获取犯罪嫌疑人供述。在司法实践中经常出现这样的情形：犯罪嫌疑人在侦查阶段是认罪的，而在审查起诉阶段及审判阶段却会翻供，会否认先前所做的有罪供述。侦查阶段往往具有较高的认罪率，这一"成就"的取得，侦查讯问人员自然"功不可没"。

2. 侦查询问中存在的问题

侦查询问的对象是证人和被害人。依据我国相关法律的规定，侦查询问应当遵循一定的程序，并且要尊重并保护证人和被害人的合法权益。然而，在我国的侦查询问中存在诸多问题。

（1）侦查询问中存在的程序性问题

我国的侦查询问中存在的涉及程序的问题大致有以下四个方面：第一，询问过程中，侦查人员少于2人；第二，询问证人、被害人未依法履行告知义务；第三，随意选择询问地点；第四，询问笔录制作不规范。询问是一项严肃的侦查工作，询问笔录是证人证言的载体，流畅、细致、真实地记录询问笔录是确保证人证言真实有效的关键。询问笔录并不仅仅是一种记录形式，它对于审查证人证言、排除证词矛盾、印证证词内容的真实性及合法性，以及认定犯罪嫌疑人或犯罪事实都有极为重要的意义。然而，在侦查实践中，询问笔录制作不规范的情形却是非常常见的。这对于遏制刑事错案的发生来说是一个非常消极的因素。

（2）侦查询问中存在的严重违法现象

在侦办刑事案件过程中，询问证人是获取犯罪线索、确定犯罪嫌疑人的重要途径。因为在大部分案件中，犯罪嫌疑人往往与被害人和相关证人有直接接触，所以在案发后，深入细致地询问证人对于侦查机关及时、准确地发现犯罪嫌疑人有着积极的意义。此外，在侦查过程中，侦查人员通过对证人的询问，可以对犯罪嫌疑人的供述及案件的其他证据材料进行印证，对于发现疑点、排除矛盾、审查全案证据有着重要的作用。基于询问的重要性，在案件侦查过程中，经常会出现侦查人员严重违反询问的相关法律规定的情形。

询问证人应当以合法的方式进行，这对于证言的真实性具有直接的影响。《公安机关办理刑事案件程序规定》第二百零六条第二款规定："侦查人员不得向证人、被害人泄露案情或者表示对案件的看法，严禁采用暴力、威胁、引诱和其他非法方法询问证人、被害人。"此外，根据相关法律的规定，在询问过程中要注意保护证人的合法权益。然而，在我国侦查实践中，在侦查询问过程中，却存在如下两种严重违法现象：第一，对证人进行体罚、虐待；第二，采用威胁、引诱、欺骗等非法方法获取证人证言。侦查人员在获得一定的犯罪线索后，便对证人进行询问，为了确定嫌疑对象，自然而然地进行引诱性询问、指名问事的行为。

3. 侦查辨认中存在的问题

辨认是侦查人员为了查明案情，在见证人的见证下，组织特定人员就其亲身经历或发现的案件有关情况，对相关人员、物品及场所进行识别，做出情境再现的一种侦查行为。作为刑事侦查工作中一种重要的措施，侦查辨认在侦查实践中得到了广泛的运用，实践证明，正确运用辨认可以帮助侦查人员查明案件事实，确认犯罪嫌疑人，查明物证所有人，甄别犯罪现场，以及查明无名尸等。在侦办刑事案件过程中，证明犯罪嫌疑人在案发时间曾出现在犯罪现场是有罪认定证据体系中的关键环节。在现实中，有很多案件没有被害人、证人目击犯罪全过程，直接证据的获取也比较困难，对这一环节的证明主要依靠物证。而由于物证的特性必须依靠鉴定或者辨认才能与案件联系起来。当不具备鉴定条件时，辨认在侦查中的作用就凸显出来。侦查辨认一般包括对人的辨认和对物的辨认两部分。但无论是对人的辨认还是对物的辨认都应当遵循一定的辨认，规则，方能确保辨认的客观有效。在侦查实践中，辨认存在的问题主要表现为以下两个方面。

（1）辨认的操作规程不规范

根据我国相关法律的规定，在侦查辨认中应当遵守相关的操作规程。然而，在侦查实践中，一些侦查人员对于辨认结论的证明力缺乏必要的认识，在侦查辨认的过程中存在操作不规范、适用草率的情形，具体有以下六个方面的表现：辨认不是在侦查人员主持下进行的，辨认前使辨认人见到辨认对象的，辨认人的辨认活动没有个别进行的，辨认对象没有混杂在具有类似特征的其他对象中，供辨认的对象数量不符合规定的，辨认过程中侦查人员给辨认人明显暗示或者明显有指认嫌疑的。在侦查辨认中经常会出现"以指代辨"的情形，在此，"指"即"指认"。

所谓"指认"，是指侦查人员为了侦查破案，收集证据，带领指认人对相关场所、犯罪嫌疑人或者相关物品直接进行确认的活动。"指认"相对于辨认，操作简单，没有任何程序方面的限制与要求，并且"指认"在侦查实践中有较长时间的运用历史和传统，在侦查实践中的运用较为广泛。"指认"与"辨认"是完全不同的侦查活动，二者不仅发生的心理学基础不同，而且分辨要求也大不相同。然而，在侦查实践中却存在以"指认"代替"辨认"的做法，并且将其结果称为辨认结论。在侦查实践中，还存在的一种情形就是不问先辨。一些办案机关在组织辨认前，未按照规定认真讯问或询问辨认人，不仅未依法确定辨认人是否具有辨识能力，而且未对辨认人做必要的审核。

（2）辨认结果的效力问题

根据相关法律的规定，当侦查辨认存在上述违反操作规程的情形时，如果存有下列情形之一的，通过有关办案人员的补正或者进行合理解释的，辨认结果可以作为证据使用：

① 主持辨认的侦查人员少于2人的；

② 没有向辨认人详细询问辨认对象的具体特征的；

③ 对辨认经过和结果没有制作专门的规范的辨认笔录，或者辨认笔录没有侦查人员、辨认人、见证人的签名或者盖章的；

④ 辨认记录过于简单，只有结果没有过程的；

⑤ 案卷中只有辨认笔录，没有被辨认对象的照片、录像等资料，无法获悉辨认的真实情况的。

也就是说，对于辨认过程中出现的不规范性的问题，有较为宽松的法律处理方式。如果在辨认过程中，混杂人员、物品相似程度悬殊，或者混杂数量不够，在辨认过程中没有见证人，那么辨认结果的正确性与客观性将必然受到影响。而这种影响辨认结果的问题应当在法律中有所规定却没有作出必要的规定。侦查辨认结果对于刑事错案的发生有着相当消极的影响。1996年美国司法学会委托他人做了一份调查报告，在该报告中值得我们注意的是根据目击证人的指认对无辜的人定罪的案件数量。在40起案件中，36起（占90%）的案件与目击证人的辨认证据有关；而在这36起案件中，一个或一个以上的目击证人错误地指认了被告人。在我国，因辨认程序不规范而造成的错案也为数不少，以河南张某生案为代表，导致错案发生的原因中最为关键的就是侦查辨认程序不规范。

4. 现场勘查中存在的问题

现场勘查是刑事案件发生后，侦查人员为收集犯罪证据、查明犯罪事实，对与犯罪有关的场所和人、事物进行的现场勘查检验和现场调查的侦查措施。现场勘验、检查是刑事侦查工作的重要组成部分，不仅是公安机关收集证据材料、发现破案线索的重要途径，而且为印证犯罪嫌疑人的供述与辩解及构建全案的证据体系提供了重要的依据。大量案件正是通过对犯罪现场的有效勘验与正确分析才准确地划定了侦查范围，及时认定犯罪嫌疑人，有力地证实犯罪。有效的勘验检查工作不仅能为侦查破案提供准确的方向，而且是提高办案质量、抑制错案发生的基本保证。犯罪现场勘查是一项目的性、组织性很强的工作，现场勘查的工作目标主要包括七个方面内容：一是重建犯罪现场；二是确定犯罪现场发生的先后顺序；三是查明嫌疑人的所作所为；四是明确作案人的所作所为；五是查明嫌疑人从犯罪现场攫取的财物和遗留在犯罪现场的物品；六是查明犯罪动机；七是寻找并询问证人，记录并搜集物证。为了实现这些目标，现场勘查工作被划分为三部分：现场的总体协调工作（现场指挥）、技术工作和侦查工作。现场勘验检查是一项覆盖范围广泛，且具有较强专业性的侦查工作。然而，虽然现场勘查最突出的特点是技术性强，但是在现场勘查实践中存在的与技术有关的问题所占比例相对于其他问题而言并非占绝对比例。有侦查实践部门的同志对现场勘验常见的失误做了以下总结：现场勘验因勘验人员经验和学识不足、能力有限、情绪影响、注意力不集中、器具不全、检测手段贫乏落伍、环境条件干扰等主客观因素的影响，经常出现以下失误。

（1）在现场勘验前缺乏对案情的必要了解

了解案情是勘查前的必要前提，对案件的发现、发生经过，勘查人员必须亲自访问，这对确定现场勘验方案和具体的方法、步骤意义重大。一旦明确是凶杀案的，勘验人员着手勘验，无暇顾及访问情况，造成访勘脱节；对案情未曾明了的命案，往往只派法医、照相人员到案检验尸体，查明死因。这些人员因平时参与侦查较少，造成案情不明、盲目动手。

（2）现勘装备不全，对痕迹应发现而未发现、应提取而未提取

命案现场勘验多以县区技术室为主，但近年来，省、市技术部门的资金投入多以高、精、尖实验室器材为主，较难携带至凶杀现场。而各县区受诸多因素影响，并未配备许多实用的勘验器具，特别是勘查光源不规范、不配套。例如，多数县区未配置有效的强光光源、紫外观察器材等设备，造成大量痕迹、物证，特别是微量物证难以发现提取，大大地增加了侦查认定难度。

（3）搜索不全面细致，常忽略中心现场的周围

命案现场勘验对重点部位、中心现场一般都细而又细，特别是在尸体周围、现场进出口和来往路线均能全面细致，但现场外围和室内物品清理上往往出现差错和遗漏。两三名勘验人员在外围现场往往只是草草一走，没有发现明显可疑物或痕迹就了事。

（4）勘验处理程序不规范，操作不标准，灭失大量的有效物证

当前命案现场勘验随意性较大，多数人按照经验办理，现场勘验的质量控制在参加勘验人员的素质上，没有一套完整的具体痕迹物证的显现处理操作程序和标准以及法医检验的程序标准。具体参加勘验的人员如果经验充足，素质、技能较好，痕迹物证提取的把握性较大；反之，痕迹、物证提取率就低，甚至灭失大量的有效痕迹物证。例如，室内现场地面勘验，没有按照必须从门外地面开始、向室内各室延伸的程序，而是勘查人员先进室内，放弃门道内外的地面勘验，假如案犯对室内地面灭迹，将出现无足迹可发现的被动局面。再如，血迹痕迹，不遵循先无损后有损的一整套程序，往往会灭失有效痕迹。又如，法医检验不按照程序操作，造成冤假错案。

（5）勘验责任范围不明，分工无序，出现勘查盲区

命案现场参加勘验的各专业人员较多，但没有严格的职责分工范围，各专业人员凭各自专业知识完成各自任务，虽然在主要问题上不会有大的偏差，但在某些细节操作上往往会出现各自管理的局面，从而出现勘查盲区。

（6）现场汇报不客观，以偏概全误导侦查人员视线

现场汇报应遵循发现什么、汇报什么的原则，力争做到客观全面。而在办案实践中，勘验人员有时边汇报边分析，对自己主观分析有用的，详细汇报；与自己主观分析不符的，则少汇报，甚至不汇报，带有很大的主观偏见，影响了其他侦查人员客观全面的分析，在很大程度上误导了侦查人员视线。

（7）现场勘验笔录描述不详，记录不明，图照不清，形成诉讼证据不到位，影响办案质量

通过上述对现场勘验常见失误的总结，不难发现在现场勘查检验中出现的问题，只有不到百分之二十是纯技术因素，有近百分之八十的现场勘查问题缘于工作方法和工作态度。对于现场勘查中操作规范的问题2015年出台的《公安部刑事案件现场勘查规则》中对现场勘查材料作了规定：现场勘查记录要由现场勘查笔录、现场图、现场照片、现场录像和现场录音组成，在"两高三部"联合颁行的《关于办理死刑案件审查判断证据若干问题的规定》中，第二十五条和二十六条对于勘验、检查笔录都做了相关要求，然而，在现场勘查实践中，制作的勘验、检查材料不规范的现象还是相当普遍存在的。勘验记录内容不能客观全面地反映现场原始情况、变动情况及勘查活动的具体情况，没有勘查人员、见证人签名；有的现场照片、现场绘图制作不规范，现场图没有图例说明，方向标识不对；有的使用语言不规范，包含调查、推测内容、格式不统一，不使用法定计量单位。这些不规范的情形都将在很大程度上影响案件事实的查明，对案件的正确侦办产生极为消极的影响。

5. 搜查、扣押中存在的问题

搜查、扣押作为一种强制性的侦查手段，是侦查机关为了侦破案件和打击犯罪，对公民隐私权和财产权的一种特殊限制。原则上法律应当明确规定搜查证要写明搜查对象、搜查范围和搜查期限，严禁不符合条件的搜查行为，规范对扣押物品的管理，禁止挪用、使用、调换扣押物品等。同时应当构建非法搜查、扣押的救济与制裁机制，包括：第一，建立涉案财产救济制度；第二，要通过申诉、复议渠道进行救济；第三，扩大行政诉讼的范围，把它纳入到国家赔偿的范围；第四，建立非法搜查证据排除规则。我国立法给予搜查的宽松环境，导致侦查人员在搜查中因缺乏必要的程序规制，往往从有利于打击犯罪和效率原则出发，滥用和不当行使搜查、扣押权。在搜查扣押中经常出现：搜查时没有见证人在场，未依法办理法律手续而进行搜查、扣押，扣押清单的签名不齐全、法律手续填写不规范、无证搜查，搜查当中任意破坏处置公民财产、扣押物品保管不当致使损坏、扣押物品发还不规范等现象。搜查、扣押的制约和控制主要来自内部，即由侦查机关负责人审批，办案人员执行。宪法和法律中所规定的"公民不受不合理搜查扣押"的原则和权利，在一定程度上因缺乏具体的制度和程序作为保障而流于形式。

6. DNA等司法鉴定存在的问题

作为查明案件事实的重要手段，鉴定意见通常具有其他措施所不可替代的作用。鉴定意见作为一种重要的诉讼证据，能够对专门性问题提供科学认识，能够延伸法官的认知能力，能够证明案件事实，能够对被告人口供、证人证言等证据的真伪、证明力大小、证据价值高低进行印证和补强。

按照鉴定的类型区分，目前常见的鉴定有：法医学鉴定、司法精神病学鉴定、书法鉴定、痕迹鉴定、化学鉴定、会计鉴定、技术鉴定等。鉴定意见对认定案件事实有重要的证明作用。由于鉴定意见要受鉴定人和鉴定材料、设备等主客观条件的限制和影响，也可能存在不准确或错误的地方，因此，只有经过严格的审查判断，鉴定意见才能作为定案的根据。如果鉴定材料及其来源不够客观、真实、合法，鉴定方法不够科学，鉴定程序不完全合法，鉴定文书不甚规范，鉴定结论不具有排他性和唯一性，那么这种鉴定意见是不能被采纳的。

鉴定存在问题既可能是人为故意导致（如故意将鉴定作假），也有可能是非故意（如操作失误导致鉴定存在问题）。云南杜某武故意杀人案就是鉴定作假造成的错案，佘某林错案从初始侦查阶段就忽视了运用 DNA 检测这一技术手段来认定相关事实。也有一些错案是由于鉴定操作性错误导致的，以血型鉴定为例，血型试剂的有效期及效价随保存与使用时温度变化而下降，可能导致抗血清不能检测血型；血清试剂和血球的比例不当，或者试剂瓶盖未拧紧产生渗漏造成的试剂交叉污染，或者滴加试剂时不仔细导致的飞沫溅落在另一方区域造成交叉污染，或者混用试验器具，或者重复使用不洁器皿都会导致 A 型或 B 型误判为 AB 型；操作者对采血工作的熟悉程度不够也会导致血型鉴定错误。

（二）批捕和审查起诉中存在把关不严问题

我国的强制措施以羁押为常态，不羁押为例外。实践证明，几乎所有刑事错案的被告人在整个刑事诉讼阶段均处于羁押状态，反映出的问题是《刑事诉讼法》规定的逮捕条件被人为降低，实践中存在着"够罪即捕""一捕到底"的现象。逮捕的条件有三：证据条件、刑罚条件和社会危险性条件。三者同时具备才能逮捕，已经发现的错案中的大部分嫌疑人根本不具备"有证据证明有犯罪事实"这一基本的逮捕条件。即在没有确实的证据证明侦查机关认定的犯罪事实已经发生或者没有确定的证据证明犯罪事实为犯罪嫌疑人所为的情况下，检察机关就同意公安机关的批捕要求，从而导致无辜的嫌疑人被长期羁押并且大多数最终被错判有罪。被告人被长期超期羁押后，如果法院作出无罪判决，批捕的公诉机关将面临错案的国家赔偿。因此，为了维护公诉机关的利益，对于公诉案件法院作无罪判决时非常慎重，除非迫不得已，一般不会判决被告人无罪。

审查起诉作为连接侦查与审判的中间环节，对于侦查环节的错误本应起到有效的把关和过滤作用。但由于我国检察机关有强烈的追诉犯罪倾向，实践中注重与公安机关的配合，导致审查起诉时把关不严。从披露的错案可以发现，侦查机关侦查终结的案件移送给检察机关后，在审查起诉过程中存在着讯问犯罪嫌疑人走过场、对辩护人的意见不够重视、轻信侦查机关的证据及侦查结论、对于不具备起诉条件的案件坚持起诉等现象。

（三）审判中存在权力运作失范问题

审判权作为国家权力的重要组成部分，是民众权利救济的最后一根稻草，是维系社会公平正义的最后一道防线。审判权运作失范，不仅会削弱司法的权威、裁判的公信力，而且会降低民众对司法工作的满意度，损害社会公众的法律安全感。

目前我国，刑事审判权仍部分存在滥用的问题。所谓刑事审判权滥用即刑事法官在行使裁判权的过程中，为了窃私利或达到其他非法目的，公然违反法律规定，无视法官的职业道德，刻意制造不公正裁判结果的刑事审判权运作异化状态。长期以来，刑事审判权的滥用多被界定为"权力与权力的对抗"，即审判权对公诉权的入侵。因此，"对刑事审判权滥用的规制多集中在法院是否有权变更起诉罪名方面，而对刑事审判权滥用的构成及相应预防尚缺少系统研究，这在一定程度上导致刑事审判权滥用在司法实践中有蔓延的趋势"。刑事审判权滥用不仅仅在案件数量上备受关注，在具体的行为方式上也呈现出多样性的特点，既有扭曲案件事实的行为，也有违反法定程序的表现。

实体事实方面，仅有部分法官故意篡改、伪造、偷换、隐匿、毁弃证据或者其他诉讼材料并作出不公正裁判；也有一些法官在向合议庭、审判委员会陈述案件时，故意隐瞒主要证据、重要情节或者提供虚假情况等情形，以阻塞合议庭、审判委员会成员防范疏忽、纠正错误的通道。

在诉讼程序方面，有部分法官对依照法律规定应当依职权调取的证据而不予收集的情形；也有法官无视被告人申请关键证人出庭作证、该公开不公开、该提供翻译不提供翻译等情况；在开庭审理中，还有法官故意剥夺被告人辩护权的表现。审判权的滥用既有刑事法官为一己之私的行为，如与律师狼狈为奸，违规向当事人推荐辩护人或者代理人，或者为律师介绍案件，以从中获利；接受案件当事人、辩护人、代理人、请托人的请客、送礼甚至是贿赂等，这些行为无不构成刑事审判权滥用的充分条件。同时，也有法官无视被告人主体地位的表现，在法庭上，法官以"与案件事实认定、法律适用无关"阻止被告人陈述、辩解的情形时有发生。刑事审判权滥用乱象环生，裁判者徇私枉法、徇情枉法，对明知是无罪的人而使其受追诉、对明知是有罪的人而故意包庇不使其受追诉，或者在刑事审判活动中故意违背事实和法律作枉法裁判。

中国特色的协调办案模式，"先定后审"的办案机制，使得刑事法官已经沦落为故事的编造者、规则的操控者，而非事实的推演人、规则的适用人。协调办案即公安司法机关在办理一些特殊案件时，不是依据法律规定公事公办，而是通过联席会议的形式，私下协商案件的解决途径。协调办案模式下实行的"先定后审"办案机制，法官不再依据法律规则推导案件结论，是为了追求所要达到的目的或政策利益而操纵法律规则。法律规则的权威被削弱，针对具体案件的法律适用实为刑事法官选择其认为最有效地实现"定案"目的的手段。灵活性是政策的最大特点，判决结果随着"政策的摇摆"而捉摸不定，社会公正变得毫无客观标准可言。受协调办案模式的影响，刑事法官将失去纠正检察机关错误起诉的可能，冤假错案在这种模式下悄然形成。

上述现象在2012年新《刑事诉讼法》颁布后已经在很大程度上有所改善，但在实践中仍有部分法官滥用审判权，影响司法公正，需要进一步规范。

（四）辩护中存在职能难以发挥作用问题

辩护权是一切诉讼权利的基础与核心，是法律赋予被告人、犯罪嫌疑人针对指控进行辩解，以维护自己合法权益的一种诉讼权利。辩护制度是法律框架中设置的一个"挑错"制度，按照现行刑事诉讼的构成和刑事诉讼法律关系原理，诉讼中的控、辩双方地位应该是平等的，诉讼中的权利应该是对等的。只有这样，错案容易及时得以避免或纠正。但是，在我国目前刑事诉讼实践中控辩力量悬殊，控辩失衡表现突出，辩护律师的地位还远远不能与以国家强制力为后盾的控诉机关的地位相比。辩护律师除了来自当事人的授权外，几乎没有任何可以凭借的力量，无论是立法还是司法实务，对律师权的行使都设置了若干限制，律师有限的诉讼权利也难以得到保障。

原因如下：首先，《中华人民共和国宪法》《刑事诉讼法》规定公、检、法三机关分工负责、互相配合、互相制约的基本司法原则，本身就忽视了辩护律师的作用。其次，检察院兼具公诉与法律监督双重职能，其诉讼地位明显高于辩护律师地位，客观上造就了控辩地位的不平等。2012年新《刑事诉讼法》虽然加强了对辩护律师权利的保障，使得律师执业中阅卷难、会见难的问题从制度上得到了有效解决，理论上阻碍律师参与刑事辩护的因素大大减少。但必须正视的是，辩护律师的调查取证权依然受到很大程度的限制，侦查阶段辩护律师是否可以调查取证的法律规定并不明确。在庭审活动中，律师的作用极其有限，与控方相比，律师发言受到一定程度的限制，个别法官甚至利用其庭审指挥权，随意打断律师发言。正如学者所言：现行立法仅规定辩护方在审判长的许可下可以实施辩论行为，而没有使其辩论结果形成对法院裁判的制约，也没有对法庭剥夺被告人辩护权的后果进行规定，致使法官打断辩护律师发言不会承担任何不利后果，辩护律师的意见不能真正成为法庭判决的依据。

四、其他原因

（一）诉讼当事人的非理性影响

任何一个诉讼角色的背后，都存在着他人对角色担当者的角色行为的期望，即处于诉讼中的任何一个角色都有角色期望。当诉讼当事人或者其他诉讼参与人在司法程序中注入非理性因素时，其对结果的出现就会产生消极影响。

1. 犯罪嫌疑人的非理性影响

观念决定行为，犯罪嫌疑人在犯罪之后，当其意识到自己因犯罪而具有了犯罪人的身份之后，出于趋利避害的本能，他们通过伪造现场、隐匿或销毁证据等行为意图掩盖自己的罪行，为了逃避法律制裁而故意提供虚假的供述或进行无理辩解。犯罪嫌疑人的近亲属或者其法律代理人出于亲情或其他情感因素的影响，会非理性地帮助犯罪嫌疑人逃避法律的追究。

2. 被害人的非理性影响

被害人在刑事诉讼中一般也是附带民事诉讼中的原告，同时是被犯罪行为侵害的一方，与犯罪嫌疑人处于矛盾对立的地位，二者之间关系紧张。被害人陈述是法定的重要证据，被害人陈述的内容在很大程度上决定着犯罪嫌疑人在法律中的情形。由于被害人处于案件受害人的位置，在案件诉讼过程中的地位非常特殊，案件的最后处理直接关涉到其切身利益，尤其是能否满足其对罪犯进行处罚的预期目标和想法。

人类趋利避害的本能，使得诉讼中的犯罪嫌疑人与被害人之间由于自身利益和个人目标的分歧而产生冲突，且这种冲突具有难以调和性和不均衡性。一般情况下，被害人利益损失或者潜在的利益损失越大，即利益冲突越大，要求惩罚犯罪嫌疑人的意志也就越强烈。换句话说，利益冲突越大，敌对情绪就会越强烈，这种强烈的敌对情绪会在一定程度上促使犯罪嫌疑人或者被害人实施非理性的行为，以期影响最终的诉讼结果。这些非理性行为会在一定程度上影响案件的结果。

（二）媒体及公众非理性评论和期待

随着网络技术、新闻媒体的发展，今天的中国已是网络社会，全中国网民已达7亿多，这部分人的主体是中青年和有知识的阶层。正因为这部分人口的数量和"质量"，其对社会便有着十分重要的意义，国家主要领导人和中央政府都了以充分重视。同时，中央在改单中也已经把舆论监督（包括网络舆论监督）作为重要的因素，一方面进行着规范，另一方面则予以开放。法治社会理念的日渐深入使司法类新闻越来越多地受到观众的青睐，尤其是刑事类案件通常案情比较复杂曲折，侦查过程也常常令人惊心动魄，因此比较容易引起大众关注的热情与兴趣。然而，媒体及公众对侦查过程和侦查结果的非理性评论和期待，对于司法程序的运行及结果权威性的形成都有着消极的影响。然而，当这些期望中非理性因素占据上位时，其对侦查程序的影响就表现为侦查程序运行中的偏差。

1. 新闻媒体非理性评论影响司法工作

新闻媒体在收视率及报纸发行量的压力下，不遗余力地迎合大众，收集对于大众而言略带神秘色彩的各种案件信息。在国内期刊上，经常能看到涉及对犯罪嫌疑人相关资料的曝光，包括一些现场照片，辅之带有猜测性内容的描述，这类"新闻"在一定程度上引导着不明真相的大众对案件的认识。有些涉及重大犯罪团伙的案件在尚未将所有主要犯罪人抓获的情况下，媒体就报道了案件的侦破过程、步骤、采取的侦查措施及将要采取的侦查措施。媒体单方面披露警方的侦查方向、侦查过程，甚至获得侦查线索的途径，暴露警方掌握的线索及情报信息，泄露被害人及证人的身份，过度猜测案件发生的原因及犯罪作案手法，甚至引用匿名消息与传闻来进行新闻报道。

上述情形都在不同程度地影响侦查程序的进行：警方迫于破案的压力，不敢放过任何一个线索，即便是对那些纯属猜测性报道所提供的信息，而这在一定程度上对侦查工作产生的消极影响远远大于其可能的有益性；被新闻报道的被害人与证人不仅不愿意再协助警方还原案情、查明真相，而且其人身安全也因这些报道而受到威胁；那些被新闻妄加猜测的"犯罪人"也可能因为这些报道而蒙受不白之冤，或者对被害人造成新的伤害。有的记者在没有确切结论的时候，就根据自己的猜测发布"新闻"，或守候在被害人住所附近伺机采访，有的甚至将属于机密文件的案件现场照片公之于众。这些新闻媒体不顾及被害人、犯罪嫌疑人的权益，毫无节制报道在不同程度上影响着侦查结果。媒体导向对侦查工作产生巨大压力。一些刑事案件经过网络炒作，演变成了热点话题和热点问题，甚至由于把握不准、引导失当，放大了事件、激化了矛盾。

新闻媒体因其"人民喉舌"的特殊性，其所持立场至关重要，掌握着舆论导向的话语权。在倡导言论自由的时代，出于关心社会法制的初衷，新闻媒体对刑事案件关注频繁。与之相反，侦查机关对新闻媒体报道刑事案件却"噤若寒蝉"。有些人对公安机关侦查工作进展迟缓极其不满，小则谩骂，大则随意"报料"。有些新闻媒体为追求轰动效应，不管真实状况如何，甚至不经过深入调查，单凭当事者单方面的陈述就在报刊、网络上发布信息，效果是轰动了，影响却令人担忧。媒体如果失去公正的态度，的确会干扰侦查工作的正常运行。舆论掌握着话语权，有时还会借助"专家"光环为侦查工作中采取的侦查措施或实施的侦查行为定性，结果很可能左右侦查工作，甚至引起侦查的混乱。

2. 公众非理性期待影响司法程序的客观性与权威性

在新闻媒体关于案件的报道中，时常会看到"民愤极大"之类的词，这类词汇是切不可怠慢的。它们对于司法实践，尤其是刑事司法实践之影响是不可小觑的。"民愤"源于我国古代朴素的"天理"思想——"天道"。《诗经·大辖·烝民》中有云："天生烝民，有物有则；民之秉彝，好是懿德。"在这种意义上，"法体现着天理，它来自天理或天道"，犯罪就是"伤天害理"，是"天理难容"的，民众基于对天理的尊重和对法律的捍卫，于是对敢冒天下之大不韪的罪犯就产生了义愤。在某种意义上讲，民愤是社会公众基于公序良俗所做出的价值判断和善恶评价，体现了惩恶扬善的实质正义。由社会公众产生的民愤并非无意识的条件反应，正如法国刑法学家卡斯东·斯特法尼所言：民众的愤恨就是惩罚犯罪行为的道德目的，道德目的是与刑罚的报应性质相联系的。

人们对犯罪的愤恨影响并引导着社会对犯罪所作的反应，这种愤恨对社会的正义是不可缺少的，长期以来，社会在尽力维护这种健康的愤恨情感。民愤如果不是受到某种异己力量干扰，那么在多数情况下表征的是一种追求正义的冲动。在侦办刑事案件过程中，当司法机关就引起民愤的特定罪犯所采取的刑事司法行为与公众的内心期待或预期存在一定差距，公众的呼声未得到司法机关认可的时候，社会公众就会对司法机关不理解、失望甚至不满，于是就通过各种途径表达严惩罪犯的愿望及对司法机关的不满。这些都在不同程度上影响了司法机关办案，影响案件处理结果的客观性和权威性。民愤对司法的影响是世界性的，并非哪一个国家独自面对的问题。

在美国，由于绝大多数州的法官都是通过选举产生的，而选举就必须有一定的任期。因此，对于一些引起社会公众普遍关注的重大案件，法官在审理案件时，往往也倾向于将无罪的人定为有罪，从而迎合大众的胃口。然而，事实上，民愤这种冲动及新闻媒体所造成的舆论影响都具有明显的感情色彩，不足以保持规范的稳定性。民愤和舆论不等于法律，并且不能也无须代替法律。依照法律而不是依照民愤来处理刑事案件，是法治文明国家的理性做法。简单地说，就是"心理"不能否定法理，感性不能代替理性，感情与法律终究是两码事。司法机关迫于媒体舆论和民愤的压力，急于尽快解决问题，给出一个合乎公众期待的结果，在司法过程中，难免会注入非理性因素。非理性因素渗入侦查运行的后果必然是影响案件处理结果的客观性与权威性。

(三) 司法资源的紧缺

错案的发生也与当前比较稀缺的司法资源有关。与"命案必破"的高压态势相对应的是中国当下比较紧缺的司法资源。转型社会中人、财、物的巨大流动使得刑事犯罪的形态日趋复杂。团伙作案、涉黑犯罪、流动作案等犯罪现象急剧出现，所有这些为案件侦破带来了很大的难度。如果仅仅片面地强调公安机关的主观能动性，就很可能导致一个悖论：维护社会公正的意愿恰恰破坏了司法的公正性。面对着中国司法资源不足，公、检、法队伍职业化程度不高、办案经费相对缺乏、侦破技术落后的现状，一味地强调"命案必破"导致警方突破法律的限制，以错误的程序办案，甚至把错案人为地办成"铁案"。

目前司法机关工作人员待遇并不高，尤其是中西部地区，司法机关人才流失严重，有的一线法官因为经济原因辞职当律师或从事其他职业。"案多人少"的现状至今没有得到解决。人都有趋利的本性，一些司法工作者在面对金钱和利益考验的时候，感觉内心不平衡，抵挡不住外面的诱惑，守不住内心的一片净土，违法办理金钱案、人情案，在这种情况下，往往导致刑事错案迟早都会发生。尤其是一些经济欠发达和偏远的基层，由于不能给高素质、高能力的人才提供较好的待遇水平，人才流失严重，新生力量又不能得到及时补充，以致办案力量薄弱，办案人员的整体素质不高，碰到疑难复杂的案件，有时无所适从，几经当事人贿赂，一个环节的失误就会导致错案的发生。

尽管随着经济发展和科技水平的提高，我国的司法实务部门已经配备了比较齐全的侦查技术设备。但不得不看到的是，有些地方司法机关的经费依然紧张，尤其是基层公安司法机关的办案经费有很大的缺口。经费的紧张，使得一些地区的司法机关无力购进现代先进的检验仪器，在有些地方，一张桌子、一张纸、一支笔就构成全部办案工具。落后的办案技术在科学技术不断发展、犯罪手段不断智能化的今天，导致对于有些案件的证据不能及时发现、保存和科学鉴别，这往往可能导致错案的产生。

第三章　命案口供

一、口供的功能

（一）证据功能

犯罪嫌疑人是犯罪活动的直接实施者，其对于犯罪行为发生与否及犯罪行为的整个过程了解最为清楚，尤其对于证明犯罪嫌疑人实施犯罪主观因素十分明显。在此基础上，通过调查取证，确定证据之间是否存在矛盾，能否相互印证，即可有效查明案件事实。这也是古今中外对讯问及犯罪嫌疑人口供如此重视的原因。日本学者纲川政雄指出："关于犯罪事实，最明确案件真相的是罪犯。根据各种材料和情况，找出作为罪犯的嫌疑人，通过适当、妥善的方法，从嫌疑人问出真相是发现真实情况不可缺少的手段。虽然不允许像从前那样偏重口供，但是，为了发现真实情况，达到侦查目的，许多时候，无论如何也需要嫌疑人的供述。总之，嫌疑人的审讯及其由此获取供述的重要性，作为侦查手段，丝毫不可轻视。一方面，在一部分学者中也有这样的说法：不该依赖审讯嫌疑人和供述，而应该进行科学侦查。可是，就侦查而论，科学的力量不是万能的，事实证明是有限度的。以理想来说，最好不要审讯嫌疑人。即使嫌疑人一句话也不供认，根据周围的侦查，搜查证据，能作出有罪判决，那是再好不过的了。可是，归根结底这是理想。在现实的侦查中，没有嫌疑人的供述，便能证明一切事实，得到起诉，判决有罪的事例几乎没有。"[1]

现代社会，随着民主人权观念渐入人心、讯问制度越发完善，弱化口供在刑事案件中的作用已经成为法治建设的趋势。但不可否认，作为刑事诉讼的证据种类，犯罪嫌疑人口供与辩解的重要性不可替代，无论是犯罪嫌疑人进行有罪供述还是无罪辩解，都是证明案件事实的直接证据材料。

---

[1] 纲川政雄. 凶杀案侦查与指挥［C］. 庞文喜，等译. 辽宁省刑类科学技术研究所（内部资料），1983：422-424.

（二）线索功能

通过讯问获取犯罪嫌疑人口供，进而获得其他案件线索是口供特有的证据功能。弗雷德·B.英博认为："事实上，犯罪侦查的艺术和科学还没有发展到能在案件，哪怕在大多数案件中，通过查找和检验物证来提供破案线索和定罪依据的程度。在犯罪侦查中，甚至在最有效的侦查中，完全没有物证线索的情况也是屡见不鲜的，而破案的唯一途径就是审讯犯罪嫌疑人及询问其他可能了解案情的人。许多刑事案件的侦破，甚至当最合格的警察部门负责侦查时，只能通过有罪者的坦白或供认来实现，或者以查讯其他犯罪嫌疑人时所获得的信息为基础。这些案件都属于警方经常遇到的那种典型的侦查难题。在这种案件中，除了讯问嫌疑人和询问其他可能了解案情的人之外，还有什么破案途径呢？有时，警方的审讯不仅能导致逮捕罪犯和认定其罪行，也能导致排除对无事者的很有理由的怀疑。"[①]

由于犯罪嫌疑人所在群体往往存在特定性与纠合性，犯罪行为及犯罪信息存在一定交叉。同时，犯罪嫌疑人受到趋利避害心理规律的影响，往往存在坦白从宽、检举立功、争取获得从轻处罚的行为。为此，他们会揭发同案犯罪嫌疑人罪行，或者检举其所知晓的其他犯罪嫌疑人的犯罪事实与线索，这就可以发现侦查中没有掌握的犯罪事实与犯罪证据。现实社会中，犯罪活动具有明显的隐秘性，很多案件没有有效的犯罪现场信息、物证材料、证人证言、被害人陈述及电子数据，发现犯罪嫌疑人存在很大难度。而通过讯问获取口供是破获案件的重要途径。侦查实践中，讯问犯罪嫌疑人具有"深挖犯罪"的职能，尤其对于侦破"隐案"作用明显。由于侦查活动要求工作及时主动，必须急于尽快发现和确定"犯罪嫌疑人"，而且通过犯罪嫌疑人口供获取线索，推进侦查。因此，在司法实践中，侦查人员往往具有尽快查明案情的职业心态，讯问被作为一种获取线索的重要手段在扩大使用。

（三）权利保障功能

作为刑事诉讼证据种类，犯罪嫌疑人口供一方面是作为认定犯罪嫌疑人实施犯罪的重要依据，但另一方面其辩解内容也是保障犯罪嫌疑人诉讼权利的重要依据，这体现了侦查讯问打击犯罪与保障人权的双重价值属性。在侦查阶段，犯罪嫌疑人享有自我辩护权、委托律师辩护权、控告权、要求回避权、使用本民族语言文字进行诉讼权、知晓鉴定意见权、申请变更强制措施权等，深入分析不难发现，这些权利的行使几乎都需要通过讯问才能实现。同时，法律对未成年犯罪嫌疑人、聋哑人、不通晓本地语言文字的犯罪嫌疑人的讯问也有一些特殊权利保障，而且赋予犯罪嫌疑人核对讯问笔录权，这些权利都以讯问活动实施为前提。

---

① 弗雷德·B.英博. 审讯与供述［M］. 何家弘，等译. 北京：群众出版社，1992：2-4.

在刑事诉讼中，讯问集中体现了国家与犯罪嫌疑人之间的相互关系，既要实现对打击犯罪、保障社会秩序正常运转的需求，又要实现程序法定、保障法律秩序不被破坏的需求，对犯罪嫌疑人权利的界定与保障是政府权力与公民权利在刑事诉讼程序中责任的延伸与表现。规范的讯问程序，能够很好地体现刑事诉讼人权保障水平。同时，通过分析犯罪嫌疑人对犯罪行为的无罪、罪轻辩解，可以全面分析案情，分清罪与非罪界限，客观对案件作出认定，及时发现纠正诉讼中的认识错误，保障无罪的人不受刑事追究。因此，侦查人员在讯问中既具有获取犯罪嫌疑人口供、认定犯罪的权力，也具有依法开展侦查工作、保障犯罪嫌疑人诉讼权利的责任。

（四）社会稳控功能

1. 教育犯罪嫌疑人认罪服法，改恶从善

犯罪分子群体往往体现出人性残忍、冷酷的特征，所做行为均严重违反人类道德标准，而且一些犯罪分子心智异常，对问题的理解与认识异于常人，这在很大程度上决定了讯问工作的复杂性。而要实现刑事实体法教育、挽救、感化、预防等功能，侦查人员在讯问中必须要对犯罪嫌疑人进行认罪服法、改恶从善的教育。实际工作中，为了使犯罪嫌疑人能够认识到自己的罪行对被害人及社会造成的危害，侦查人员必须有针对性地进行刑事政策、法律、道德及前途形势的教育，而且需要通过调动家属的亲情因素进行积极感化。在这个过程中，多数犯罪嫌疑人能够认罪服法、接受改造。根据法律要求，讯问前应当告知犯罪嫌疑人如实供述罪行可以得到从轻处理，同时在讯问过程中要向犯罪嫌疑人讲解刑事实体法与程序法的相关内容，这也无形中对犯罪嫌疑人开展了法制教育，对于其改恶从善具有重要意义。

理想状态下，通过完整的刑事诉讼程序，犯罪嫌疑人应当被改造成为符合正统道德标准的"良民"，刑事诉讼的具体程序要求也都体现了这一内容。这种结果对于维护社会治安稳定、减少犯罪发生无疑具有十分重要的意义。

2. 提高打击犯罪效能，增强社会综合治理能力

讯问是与犯罪嫌疑人的直接接触，通过犯罪嫌疑人口供，对犯罪活动进行深入分析，对于收集犯罪情报资料，研究犯罪活动规律具有十分重要的作用。目前，在"大数据""云计算"背景下，公安机关逐步建立情报引导侦查的工作格局。而要掌握侦查主动权，必须掌握丰富有效的犯罪信息资料，这样才能准确把握犯罪的规律与特点。在讯问中，通过获取犯罪嫌疑人口供，不仅可以查清犯罪嫌疑人个人及同伙犯罪行为，还可以获取其所了解的犯罪信息与线索，在此基础上，分析犯罪原因、特点与规律，这既有助于审理现案，又可以查破积案，还有助于预防犯罪，对提升社会治安综合治理效能效果明显。

目前，通过口供提高社会综合治理能力主要体现在以下五个方面：一是对特定类型犯罪嫌疑人心理活动规律、特点进行研究，总结对策；二是对特定区域犯罪嫌疑人作案规律、特点进行研究，总结对策；三是对犯罪嫌疑人了解的其他犯罪事实进行深挖，收集情报；四是对一定时间、地域的案件进行综合分析，研究犯罪嫌疑人犯罪过程，为预防与打击犯罪提供依据；五是集中研究某一类型的案件，分析犯罪规律与特点，对相关单位改进安防工作、堵塞漏洞提供依据。

二、口供与刑事错案的关系

客观而言，口供与刑事错案之间并无必然联系，客观真实的口供对保证案件质量有益无害。但司法实践中，刑事错案发生的背后多有口供的影子，口供也成为舆论诟病的对象，究其原因，主要是侦查人员以违法方式收集口供或者对口供审查判断失当有关。

违法讯问的形式主要是刑讯逼供、引供、诱供与指名指事问供。通过上述违法方式进行讯问，获取口供虚假的可能性大大增强，对错案形成具有直接影响。可以断言，所有刑事错案几乎都与这些违法讯问方式有关。正如美国最高法院大法官高德伯格所言："依靠自白的刑事执法制度从长远来看将比依靠通过熟练的侦查而独立取得的外来证据的制度更不可靠，更容易导致刑讯。"[1]

实际工作中，犯罪嫌疑人受到上述违法讯问方式的讯问之后，有罪嫌疑人与无罪嫌疑人的反应会有明显区别。有罪嫌疑人会被要求对案件细节进行深入供述，尤其是非犯罪者与侦查人员不知道的"隐蔽型证据"，侦查人员通过追查犯罪细节，排除证据矛盾，并与现有的证据进行印证，建构以口供为中心的证据体系。显然，在这种方式下，违法讯问具有发现事实真相的强大功能，而且与以物证为中心的证据体系模式相比，效率高，效果明显，这正是一些侦查人员倾向于使用违法讯问方法的主要原因。而无罪嫌疑人往往会不知所措，进行无罪辩解不被允许，进行有罪供述又不知如何展开，进而希望侦查人员提示如何进行。侦查人员如果此时对口供内容与全案证据综合审查判断不准确，往往会对犯罪嫌疑人做出错误提示，获取与现实不符的错误口供，进而为错案形成埋下隐患。

通过违法讯问方式获取错误口供的原因较为复杂，既有侦查人员理念滞后，又有经验不足；既有法律制度不严密，又有技术水平不高；既有内部不当考核方式，又有外部不适当压力等原因。二者的具体关系将在本书第四章展开，在此不再赘述。

---

[1] 伟恩·R.拉费弗，等.刑事诉讼法［M］.卞建林，沙丽金，等译.北京：中国政法大学出版社，2005：338.

▶▶▶ 第二节　命案口供存在的主要问题

从实践情况看，命案讯问工作存在的问题仍十分突出，一些侦查人员讯问水平不高，缺乏有效的策略方法，固定口供能力不够，笔录制作不规范。有的还采取引供、诱供、指名指事问供、刑讯逼供等违法方式，主要表现在以下几个方面。

一、不讲策略和方法

实践反映出，命案讯问工作水平普遍不高，除了简单的说服教育、使用证据等一般方法外，对于一些传统的行之有效的讯问策略、方法的综合运用几乎不复存在。在一些地区的讯问中，无论是犯罪嫌疑人进行无罪辩解还是翻供，侦查人员都难以组织起有效、有计划的讯问，形成僵局后更是显得束手无策。

例如，吴某荣涉嫌故意杀人案。公安机关认定，长期以来，被害人陈某刚因家庭琐事经常打骂妻子吴某荣，吴怀恨在心，蓄谋报复，案发前曾先后两次投毒均未造成人员伤亡。某年8月29日晚，吴因家庭琐事又遭到陈的责骂，于次日早晨借在家做饭之机，将事先购买的鼠药倒入菜饭之中给被害人食用，几分钟后，被害人便出现呕吐、四肢抽搐症状，送往医院经抢救无效死亡。该案侦查人员先后对犯罪嫌疑人吴某荣进行了7次询问、8次讯问。其中，吴于10月15日、16日连续4次作有罪供述。但在投毒方式、作案动机等问题上前后不一、存在矛盾。不料，其在连续4次有罪供述后却突然翻供，且缘由并不符合逻辑，前期是因为"头痛""胃痛"而胡乱供述，现恢复正常而翻供。对此，办案人员并未及时组织有针对性的讯问，仅再讯问3次，第1次记2页笔录，第2次、第3次各记1页笔录，在犯罪嫌疑人未再作有罪供述的情况下便告侦查终结。

侦查人员在讯问前没有任何准备，对于犯罪嫌疑人的性别因素、家庭情况、生活环境、兴趣爱好等缺乏深入了解。尤其对于犯罪嫌疑人长期承受家庭暴力情况考虑甚少，讯问中没有加以任何利用。第1次笔录实体内容第一个问题为："你是因为什么被带到公安机关的？"在受到犯罪嫌疑人断然否决后，仍多次说出"你应当端正态度，坦白自己的罪行"等类似话语。在4次有罪供述中，笔录记载的供述心理并不清楚，有"违法讯问"之嫌，没有趁此时机将案件审细问透，将存在的多处矛盾予以解决，未固定口供。在犯罪嫌疑人翻供后，不能客观审视整个案件、确定是否存在失误，也未再实施外围调查以寻求突破，而是依然延续之前用过的方式，以致整个讯问失败。该案最终因证据不足，在两次退回补充侦查后被检察机关作不起诉处理。

二、不够系统和全面

一些侦查人员在犯罪嫌疑人作有罪供述的情况下，不能对案件进行全面审查，未将犯罪嫌疑人作有罪供述的过程及涉及定罪、量刑的诸项内容落实清楚，也没有将口供中的疑点与矛盾及时排除。问题之间缺乏逻辑性，相互衔接不紧密，以致犯罪嫌疑人翻供后便无法对其罪行起到证明作用，主要表现为以下三方面。

1. 犯罪动机不落实

准确确定犯罪动机，在侦办刑事案件尤其是因果关系明显的案件中有着举足轻重的作用。实践表明，准确查明犯罪动机对于正确认定犯罪事实，防止犯罪嫌疑人翻供具有十分重要的意义。而在最终无法正确认定的案件中，大多数在犯罪动机的调查方面存在问题。一些侦查人员往往注重追问犯罪过程，忽视深入审查犯罪动机。有的虽然讯问了犯罪动机，但没有外围调查落实，犯罪动机不清楚、不准确，不仅无法有效全面地审核案件，而且一旦犯罪嫌疑人翻供，案件的诉讼便陷入困境。

例如，李某实涉嫌故意杀人案。某年3月12日凌晨5时许，被害人张某萍被人发现死于自己学校门前马路的斜坡下方，由于案发前被害人与其男友李某实曾发生激烈争吵（李某实与张某萍为恋人关系，相处两年多且已谈婚论嫁），案发后李某实有一些"反常"表现，侦查人员据此将其认定为犯罪嫌疑人。前5次讯问中，李某实均没有认罪，从第6次开始，其供述了因琐事而失手将被害人杀死的过程。在第7次讯问笔录中，记载如下内容。

问：你能否把具体过程讲一遍？

答：张某萍才出后门，我就用右手将她的左手腕拉住，她挣了两次没有挣脱，我当时想将张某萍拉到我的住处，免得在大坝子上影响不好。接着我就顺着小路拉着张某萍下来，走到水泥沟上边，张某萍用力挣了一下，我又用力拉她，没有拉住，她就往左边的地上倒，当时的坡有点斜。她倒在地上后，顺着路滚到水泥沟上，我跪到她身边，从她的背后双手用力抱着她的腋窝，将她往天桥那个方向拖。拖了十多米，我抱不动了，就将她放下来，用手摸了摸张某萍的鼻子，好像已经没有呼吸，我又赶快用口对口的方法，对她做了人工呼吸，做了一二分钟，仍然不见她恢复呼吸，就朝她的后背打了五六拳，还没有反应。我想着她已经死了，没有办法救她。

问：张某萍是怎么死的，你知道不知道？

答：我记不得，我估计是摔的。

问：摔在什么地方？

答：摔在石头上，因为她滚下来那条路上，全部是石头。

问：在整个过程中，张某萍有没有喊叫过？

答：没有。

问：张某萍到底是怎样摔倒的？

答：我站在张某萍的左手边，用右手拉着她，她往天桥那边挣，挣脱掉后倒往左边，接着滚到小桥处。

问：张某萍从坝子上摔倒在地里后，你到底是怎样做的？

答：就是刚才说的那样。对了，我打她后背几下之后，见她还没有反应，我就用手搂着张某萍的脖子，用右手去抠张某萍的下身，打算刺激她一下，看她会不会因为受到刺激而苏醒过来。后来仍然不见她有反应，我才将她放在地上，使她平躺在那里后，我就顺着苞谷地边走到小路上，然后顺着小路回寝室了。

…………

在这段最后被侦查人员作为认定犯罪过程的讯问笔录中，有着令人难以理解的记录。首先，两人为热恋情人，在女友摔伤后，不积极呼救治疗，却自行做人工呼吸并大力捶打，明显有违常理；其次，在自行救治不成、女友昏迷不醒后，仍不送医院治疗，却转身离开，难以理解；再次，为将女友唤醒，居然以触摸其"敏感部位"来实现目的，令人匪夷所思；最后，对女友昏迷后其所实施救治行为的供述前后差别过大。而在讯问中，侦查人员对犯罪嫌疑人的犯罪动机及各行为的心理没有任何涉及，其既要杀人，却又积极施救；既要救助，却又手法极端；既要救人，却又弃之而去。犯罪动机及相关心理因素矛盾重重，而侦查人员却以此认定李某实实施犯罪，在犯罪嫌疑人翻供后，其在侦查阶段口供的真实性立即被质疑。

2. 口供矛盾不排除

真实的有罪供述应当自然流畅，没有疑点，且与案件现场及其他证据材料能够相互印证。在讯问中，如果犯罪嫌疑人口供本身或者与其他证据材料之间存在矛盾，侦查人员应当深追细问、积极调查、予以排除或给予合理解释。否则，会降低口供证明力，为犯罪嫌疑人翻供留下余地，严重的可能造成追诉对象错误。一些侦查人员在讯问中以取得有罪供述为终极目的，对于口供之间、口供与其他证据材料之间存在的疑点、矛盾考虑不足，未能及时有效排除"合理怀疑"，最终使案件陷入僵局而不足为奇。

例如，赵某涉嫌故意杀人案。某年2月28日，诗峰县发生一起杀人案，被害人吴某梅在单位仓库收化肥款时被人杀害。经过对被害人生前所在单位及相关社会关系进行排查，公安机关于案发第二日将犯罪嫌疑人赵某（男，46岁，离异，案发地仓库保管员）抓获，案件宣告成功告破。案发后第二年7月15日，市中级人民法院以"事实不清，证据不足"为由，判决被告人赵某无罪。

案件诉讼过程前后历时近一年半，由公安机关"犯罪事实清楚，证据确实充分"的认定到人民法院截然相反的判决，如此反差耐人寻味。而犯罪嫌疑人赵某供述前后不一，供证之间存在多种矛盾是其中的主要因素。

（1）关于作案时间

根据赵某供述，公安机关认定"犯罪嫌疑人赵某于2月28日14时许，从家里拿了柴刀到第三门市部附近的银练果树下砍树枝。大概十分钟后，赵回宿舍途经农资公司第三门市部化肥仓库门口时，看见吴某梅独自一人在仓库里……"

被害人丈夫李某洪证明："我俩十二点半左右下楼……一起走路回驮苗街老家吃午饭。"尸检报告关于死亡时间的分析认定为："从死者胃内容物只有30克、食物已消化、胃内容物基本排空分析，死者应于餐后4小时左右被害致死。根据尸斑已形成、尸僵存在于全身各关节分析，死者死亡至发现尸体时已超过6小时。"

显然，现有证据材料证明被害人吴某梅吃中午饭的时间应当在案发当天13点左右。结合尸检结论，其遇害的时间应是在17点左右或是更晚。这与公安机关认定的作案时间相去甚远，明显矛盾。

（2）关于作案工具

3月16日，侦查人员在第4次讯问赵某时，其供述自己所使用的作案工具是"一把普通柴刀，没有木柄"。随后，在对其家中搜查时提取到一把与之供述情况一致的柴刀，但并未发现被害人血迹或者其他物证。由于赵某对此"稳定"的供述，侦查人员认定赵某"用柴刀背猛击吴某梅的后脑部位四下，致吴某梅当场死亡"。

本案尸检报告关于尸体创口检验及作案工具的分析为："致伤工具应为有一定重量、质地较硬且可挥动的条状物打击所形成。"经进一步分析认为："根据头皮挫裂创表现为长条形创口，最大创口为7.0cm×1.0cm，最小创口为3.2cm×0.7cm，创缘较平整，创周几乎没有表皮剥脱，颅骨有一长方形的孔状骨折，推断其致伤工具为一种具有条性接触面的铁质钝器。同时，创口形态还反映条性接触面的一侧有一与皮肤相接触的突起点。"

本案最终认定的作案工具——柴刀，柴刀虽然有一定宽度，但能否形成如此大小的条形创面似乎存在疑问。该柴刀形状、重量、质地能否形成被害人创口状态，没有通过鉴定或者侦查实验等相关工作加以证明。对于鉴定结论中提到的致伤工具一侧有一突起点的显著特征，也未能得到证实。在后来的法庭辩论中，辩方律师"从被害人尸检照片看，作案工具应该是一种面积更大、质量更重、冲击力更强的工具"的论断被法庭采信。

（3）关于犯罪的动机和目的

赵某于3月3在日所作的亲笔供词中写到："见吴某梅正在数化肥款，我就举起刀背……"3月4日第2次讯问笔录记载，赵某"想抱一下，就砍……取走包内人民币二千余元……刀背上有血，用水冲洗后，放在柴堆上"。3月16日第4次讯问笔录记载，赵某自己中午喝了酒，想强奸不成而导致实施故意杀人。最后，侦查人员认定，赵某是强奸未遂后实施了故意杀人行为。

案件现场勘查表明，吴某梅遇害后，其随身携带的手提包（内有手机、人民币等物）下落不明。但是，其左手戴有一深色玉手镯，颈部戴有一条玉珠项链均"安然无恙"。同时，被害人遇害时衣着整齐、纽扣齐全、干净，并没有被撕拉的痕迹。

如果赵某是抢劫杀人，却为何没有带走十分贵重且又十分明显的玉饰品？如果系强奸不成而引发故意杀人，为何被害人衣着整齐，而生前携带的提包、现金及手机却被拿走？种种矛盾难免令人对赵某是否确实实施杀人产生疑问。

（4）关于作案经过

3月1日第1次讯问笔录记载：赵某供述，案发当天15时许，其听到仓库内传出三声铁棍碰撞声，但并未发现任何人员。3月4日第2次讯问笔录记载，赵某供述，案发当天14点30分左右，其到仓库巡视时就发现吴某梅已经死亡，但由于害怕，自己并没有报案，而是直接回到了家中。在15点多时，其在家看电视时，听到第三门市部里面传出两三声钢筋响。

两次供述先后矛盾明显，且不符合情理，但侦查人员对此并未进行合理解释。

3. 犯罪预谋不追问

犯罪的预谋过程是整个犯罪活动的起点，深入讯问犯罪预谋过程并依法查证，不仅能够辨别口供真伪，确定同案犯罪嫌疑人责任，而且是固定犯罪嫌疑人口供、追查相关证据材料的重要途径。在讯问过程中，侦查人员忽略对犯罪预谋的追查，导致一些重要证据材料灭失的案例屡见不鲜。

例如，郑某、李某青涉嫌绑架杀人案。某年7月6日，犯罪嫌疑人郑某、李某青为获取钱财绑架被害人张某伟，因受到张的反抗而将其杀害。案发后，侦查人员根据被害人所在小区门口的监控录像，通过细致走访，于案发后第6日将两名犯罪嫌疑人抓获。

在对犯罪嫌疑人进行讯问时，办案民警工作重点主要放在杀人过程、逃跑路线及二人在共同犯罪中的作用上，经过近一个月的工作，确定犯罪嫌疑人口供基本稳定，且无明显矛盾。此时，办案人员才对犯罪嫌疑人作案的预谋过程进行了重点讯问，两人均供述，来到县城后先找到一个小旅店住下，案发前曾经对现场情况进行多次踩点，在确定作案目标行动规律后，于案发前一日买了手套、绳索、胶带等作案工具，第二天实施犯罪。讯问结束后，侦查人员对犯罪嫌疑人的口供进行核实。由于卖绳子等工具的老板及旅店业主均为个体工商户，距离案发又有一段时间，证人对犯罪嫌疑人均无任何记忆。加之犯罪嫌疑人入住登记所用身份证系伪造，最终导致该案作案工具的来源无从确定，对案件有着重要证明作用的证人证言也因为时过境迁而无从查考。由于不能及时对犯罪嫌疑人作案的预谋过程进行讯问，给案件诉讼造成了一定困难。

三、讯问调查相脱节

在侦查中，所谓"疑难案件"，其形成原因尽管是多方面的，但普遍存在未能抓住犯罪嫌疑人供述的有利时机，及时调查取证、固定口供的问题，使讯问与其他调查取证工作不能有效结合。有些侦查人员不能在犯罪嫌疑人作出有罪供述后，一鼓作气地把案件审细问透，及时地固定好口供与相关证据。最终，相关证据材料由于时过境迁而无法获得，给了犯罪嫌疑人喘息之机，待心理稳定之后便翻供。因此，能否紧紧抓住犯罪嫌疑人供述罪行特别是认罪态度较好的有利时机、采取适当方法固定好口供，事关侦查工作成败。

例如，韩某瑶涉嫌故意杀人案。犯罪嫌疑人韩某瑶（女）与被害人午某胜长期保持不正当男女关系，午多次许诺韩将与自己的妻子离婚但一直没有兑现，韩遂萌生杀机。某年9月13日，韩某瑶趁给午某胜过生日之机在饭店将午灌醉，后来到二人租住房，在午熟睡之际，用匕首刺穿午的颈部致其当场死亡。案发第二天，韩投案自首。由于犯罪嫌疑人认罪态度较好，侦查人员集中开展讯问，但忽视了对口供的外围调查。讯问中，犯罪嫌疑人多次提到案发前二人在肥牛饭店吃饭，作案所用匕首扔在下水井中，以及杀人后将血衣扔在自家洗衣机中。

对于上述这些重要情节，除作案工具外，侦查人员均没有及时查证。一直到案发四天之后，才去落实。结果，饭店服务员已记不清楚几天前的情况，案发当天的点菜小票早已销毁。到犯罪嫌疑人家中提取血衣时，韩的母亲已于案发第三天将衣物清洗，并没有注意是否存在血迹，相关衣物也已经丧失检测条件。这些本应收集到案的重要物证因为对外围调查的忽视而最终没有提取到。若非最终找到作案工具，该案的顺利诉讼恐怕又成为问题。

四、刑讯逼供明显化

刑讯逼供是《刑事诉讼法》明令禁止的违法犯罪行为，它不仅严重侵害当事人合法权益，而且容易错误认定案件事实。而实践中，刑讯逼供却屡禁不绝，有的还十分严重。犯罪嫌疑人到案后往往经过几天几夜的连续讯问之后才交代，而且拘留（到案）后不依法送看守所羁押，而是留在刑警大队、派出所讯问，直至作有罪供述。一些案件的讯问笔录还反映出，犯罪嫌疑人要么是第一次讯问便立即认罪，要么是经过几天几夜的讯问后突然供述。讯问笔录只记载犯罪嫌疑人的有罪供述，没有教育过程，也没有反映采用何种讯问方法，更没有反映出犯罪嫌疑人由无罪辩解、抵制讯问到供述罪行的思想转变情况。因此，在有些案件侦查终结后，犯罪嫌疑人立即翻供，鸣怨叫屈，声称受到刑讯逼供，使得办案人员违法讯问的嫌疑不能排除。

例如，袁某毅涉嫌故意杀人案。某年6月7日5时许，旺山县110指挥中心接到报案称：该村现任书记袁某祥当日夜间在本村一闲置院场看护粮食，睡觉时被人杀害。接报后，侦查人员立即赶到案发现场侦查。尸检结论证明，被害人系被钝器打击头部致颅骨粉碎性骨折，颅内出血死亡。通过明显的因果关系及并案侦查，侦查人员迅速将犯罪嫌疑人袁某毅抓获。在6月7日及8日白天进行的第1次、第2次讯问中，袁某毅拒不承认犯罪事实。由于此前涉嫌盗伐林木案证据充分，侦查人员以此为由于8日将袁某毅刑拘后，加大力度继续讯问，从6月8日20时35分开始至6月9日3时21分结束，讯问地点在县刑警大队。讯问中，袁某毅仅供认了盗伐枣树的事实，对杀人行为仍予否认。侦查人员没有"气馁"，连续工作，运用"各种策略和方法"，后于6月10日20时许，终于迫使犯罪嫌疑人袁某毅供述了6月6日夜杀害袁某祥的犯罪事实。这次讯问从6月10日20时30分开始，至6月11日2时50分结束，讯问地点在县刑警大队。讯问笔录一开始是这样记载的：

问：袁某毅，你这段时间考虑得怎么样了？

答：我想好了，我都向你们说了吧，村支书袁某祥是我杀的。

问：你是怎样杀死袁某祥的？

答：我用一根和暖瓶差不多粗细的木头。对了，比暖瓶细点，那根木头长一米二三，是干木头，木头中间好像有点弯，什么木质的我没注意，其他的我记不得了。我用这根棍子打袁某祥的头部，只打了一棍子。

…………

从坚决否认到"干脆利落"认罪，犯罪嫌疑人供述犯罪过程似乎极为简单。后来犯罪嫌疑人在法庭上对自己遭受过的"惨无人道"的刑讯逼供进行控诉，其身体在释放后也出现了羁押前没有的明显损伤。联想到该案的讯问时间、地点，很难相信侦查人员没有实施刑讯逼供行为。

五、违法讯问迹象多

引供，是指侦查人员在讯问时按照自己的推想和假设，通过语言、手势或者示物等方式引导犯罪嫌疑人供述自己所推想和假设问题的违法讯问方式；诱供，是指侦查人员在讯问时，超越法律给犯罪嫌疑人某种许诺，诱使犯罪嫌疑人按照办案人员的意图供述问题的违法讯问方式；指名指事问供，是指侦查人员在讯问中向犯罪嫌疑人指出一些未经查实的事实或者情节，迫使犯罪嫌疑人按照所指内容作出供述的违法讯问方式。上述这些均为严重违法的讯问行为，极其容易酿就错案。

在实践中，一些侦查人员法律意识淡漠，讯问经验不足，对于相关讯问方法的运用规则把握不准，工作急于求成，片面追求口供与犯罪现场及尸体解剖情况的一致性，在犯罪嫌疑人没有顺利供述或者对案件细节记忆不清时，有意或无意地引供或指名指事问供。有时，为了获取犯罪嫌疑人口供，在其拒绝供述时对其诱供，为犯罪嫌疑人日后翻供埋下"口实"。

例如，在一起抢劫杀人案中，第2次讯问记录中记载了下列内容。

问：你用来擦拭大便的是衣服还是一块布？

答：我用她（指被害人）的上衣擦的。

…………

问：案发后你拿了这个女人的什么东西？

答：戒指和手机。

问：手机你只拿了一个？

答：对的。

问：是什么手机？

答：我也不知道，我被抓时还一直带在身上，拿来后我一直在使用。

问：你在翻找被害人东西时有没有看见另一个手机？

答：没有。

问：你没有看到被害人的一个通讯本吗？

答：有的，我当时胡乱翻，装在我的上衣兜里，回家后发现没用，后来扔到楼下垃圾桶里了。通讯本的大小和烟盒差不多，但厚度只有不到香烟盒的一半，尺寸为：8cm×5cm×1cm，封面是蓝色的。

在另一起强奸杀人案中，第1次讯问笔录中记录如下内容。

问：你当时强奸这个女人时，在地上还是在凳子上？

答：在她小店的长条凳子上。

问：凳子上面有什么东西吗？

答：不记得了，我当时没注意。

命案口供治理与错案预防的证据学对策研究

问：你强奸她的时候，她喊叫了没有？

答：喊了。

问：怎么喊的？

答：她就喊"救命"，还使劲抓我、推我。

问：你的身上都什么地方受伤了？

答：我的脸、手还有脖子都被她挠破了。

问：你手上现在的伤都是那次她挠的吗？

答：就是这个女的和我厮打中挠的。

问：你记得那个女的当天穿的什么衣服吗？

答：上身是一件黑色绒衣，下身是一条黄裤子。

问：你掐死这个女人后，翻动她的衣兜没有？

答：翻了。

问：从兜里翻出了什么？

答：有两张纸条，具体什么内容我没注意，被我扔在她旁边了。

在这两份笔录片段中，都存在侦查人员按照现场勘查及相关证据情况指名指事问供的行为，甚至将作案地点、作案工具及赃物等案件关键信息泄露给犯罪嫌疑人，一旦犯罪嫌疑人翻供，如果缺乏有力物证材料的支撑，案件诉讼结果不堪设想。

六、首次讯问走形式

讯问工作中，对犯罪嫌疑人的第一次讯问具有十分特别而又重要的作用，它不仅具有较强的诉讼性，而且对于准确辨明案情真伪、及时突破犯罪嫌疑人口供意义重大。实践证明，首次讯问做得好、做得扎实，即使没有突破口供，对后续讯问也会奠定良好的基础；反之，则会制造障碍。而一些侦查人员对首次讯问重视不够，甚至流于形式，不能借助犯罪嫌疑人被抓捕后"心神未定"、尚未组织起严密心理防线之机，有针对性地进行讯问。由于事前缺乏细致准备，仓促上阵，且时间得不到保证。加之主审人员能力和经验不足，在犯罪嫌疑人作有罪供述后，便盲目乐观，未将犯罪预谋、动机、目的及物证去向等重点问题审清问透。当犯罪嫌疑人进入看守所被羁押后，心神很快稳定，开始细致思考如何辩解，拒供心理逐渐形成，致使案情难于突破。

例如，张某明涉嫌盗窃案。某年7月21日，南华县公安局侦查人员现行抓获系列抢劫犯罪嫌疑人张某明，通过作案手段及时空规律等因素分析，侦查人员认定张某明应当为此前多起抢劫、抢夺案件的犯罪嫌疑人。为顺利突破案情，侦查人员在首次讯问中立即对张某明进行测谎，张在强大的心理压力下很快供述了多起抢劫、抢夺犯罪行为。至此，侦查人员认为，案件大功告成，只要进行后期核查即可认定全部犯罪事实，便结束讯问，将张某明送看守所关押。一天后，当再次对张某明进行提审时，张仅供述现行发现的犯罪事实，对其他所有罪行矢口否认，辩称自己当时之所以供述是受到测谎仪惊吓所致。由于没有对作案细节进行讯问，缺少证据材料相印证，讯问工作陷入僵局。最终，张某明仅受到行政处罚。

七、笔录制作不规范

讯问笔录是讯问过程的载体，犯罪嫌疑人口供的证据能力与证明力均由讯问笔录进行固定。规范、全面、明晰、准确的讯问笔录对于查明犯罪事实，认定案件，防止犯罪嫌疑人翻供，保证案件顺利诉讼都具有十分重要的意义。讯问笔录存在的主要问题如下。

1. 制作笔录不实

侦查人员按照自己对案件的判断而非犯罪嫌疑人的真实意愿制作讯问笔录，讯问结束后不能按照法律规定让犯罪嫌疑人阅读、修正笔录，对犯罪嫌疑人提出异议不予理睬。有的讯问前后历时数小时，而笔录仅记载一两页纸，不能真实反映讯问过程。

2. 权利告知不到位

在许多案件中，侦查人员仅程式性地向犯罪嫌疑人出示《犯罪嫌疑人权利义务告知书》，至于犯罪嫌疑人对其诉讼权利能否真正理解，很少有人过问。

3. 笔录制作不严谨

笔录中错别字屡见不鲜。对人名音同字不同的不加辨别，比如在某案中，其多份讯问笔录、询问笔录中，同一犯罪嫌疑人的名字竟然"极端"地出现几个版本：王峰、王锋、王丰、汪峰。

4. 笔录记录不全面

一些侦查人员在制作讯问笔录时仅记录犯罪嫌疑人的有罪供述，无讯问策略、方法及无罪辩解的相关记载。一些笔录中，犯罪嫌疑人由无罪辩解转变为有罪供述，其理由明显不符常理甚至看不出理由，令人无法不对讯问过程的合法性及其有罪供述的真实性产生疑问。

例如，钱某龙涉嫌故意杀人案。某年4月13日8时，宝泉县张寨乡元泰村村民孙某伟被人发现死于自己卧室中。经现场勘查及初步外围调查分析，犯罪嫌疑人可能在实施盗窃过程中被被害人发现而后转化为抢劫杀人。侦查过程中，群众反映本村村民钱某龙自部队退伍回家后，因家庭条件较差，至今未婚，平时好吃懒做，经常小偷小摸。经对钱某龙询问并查证，其于4月12日晚上至13日凌晨的活动情况不明，无人能证实，有重大作案嫌疑。为进一步查明案件事实，侦查人员于4月17日23时，以涉嫌盗窃对钱某龙执行治安传唤，并于17日23时30分至18日1时40分在县公安局刑侦大队对其进行讯问，侦查人员简单了解了犯罪嫌疑人个人信息、前科劣迹、经济情况、平时矛盾纠纷等。没有追问犯罪情况，犯罪嫌疑人也未作有罪供述。

紧接着，钱某龙被变更强制措施，侦查员对其执行刑事拘传，并于4月18日2时00分至3时45分在刑警大队再次进行讯问。此份笔录最初两个问题为如下。

问：我们是宝泉县公安局侦查人员，现在依法对你进行讯问，希望你如实把你的问题交代清楚，听清楚了吗？

答：听清楚了。

问：你还做了哪些违法犯罪的事情？

答：三年前农历四月份的一天早晨，我想偷邻居占某德的钱，用一根木棍敲死占某德，后来从占某德家二楼楼梯口的房间里拿走了七八十块钱。

…………

此案犯罪嫌疑人从无罪辩解至有罪供述过程极为简短，侦查人员使用了何种有效的讯问方法，笔录没有任何反映。后来钱某龙翻供辩称自己是在遭受侦查人员刑讯逼供后才作有罪供述的，而如此简单的笔录也确实难以令人信服侦查过程的合法性。

5. 违反二人办案制

二人办案制不仅在公安司法机关适用，在党政机关及事业单位内查外调等活动中也普遍执行。这一规定，既有利于办案（工作）人员所获取的材料具有合法性，又能防止一人办案涉嫌舞弊及安全问题。

例如，徐某才涉嫌故意杀人案。该案侦查员李某清、张某彪于某年6月30日11：22—12：25询问证人李某才；侦查员李某清、张某三于6月30日11：25—12：00讯问犯罪嫌疑人徐某才。此外，侦查员李某清、李某飞于6月30日13：23—14：05询问证人张某亮；侦查员李某清、戴某祥于6月30日13：08—15：16讯问犯罪嫌疑人徐某才。李某清同一时间内分别询问证人并讯问犯罪嫌疑人。从上述案例可以看出，要么一名侦查员询问证人，笔录中记载二人；要么所做笔录均存在虚假行为。诸如此类情况在日常卷宗检查过程中并不鲜见。

6. 语言使用不规范，方言土语化明显

有的笔录使用方言土语，不作解释，语义不明，令人费解。

例如，王某强涉嫌故意伤害案。该案讯问笔录对犯罪嫌疑人的杀人方法进行记录时前后出现了：拍、拍击、鎬。而这些表述不能准确描述击打方式，且前后出现矛盾。如对于击打部位的描述出现头的右侧、脸的左侧的记录，具体部位不明确。

7. 记录语义不连贯

一些侦查人员语言文字水平低，笔录前后记录不细致，内容不相关，不易理解，容易产生歧义。

例如，姜某斌涉嫌抢劫杀人案。在该案的第一次讯问笔录中有如下内容。

问：你们是否知道你们所抢的那人基本情况？

答：我一带他到厕所后问他，他就讲他是从麻江刚过来的。其他情况就不清楚。

问：你是否将你伙同"三咯"抢劫并将人杀死的事实告诉他？

答：我只告诉我朋友卢某正这件事情。

问：你是什么时候告诉他的？

答：是4月3日。

一段短短的笔录中，前后出现多个"他"，"他"是指"谁"？是否一个人？令人产生歧义。

8. 笔录核对不认真

《公安机关办理刑事案件程序规定》对笔录结尾的确认语言有着明确规范。同时，对文盲等特殊情况的笔录确认形式也有明确规定。然而，一些讯问笔录对核对的语言没有严格按照规范操作，形式五花八门，有损法律文书的严肃性。

例如，杨某利、刘某行、张某涉嫌抢劫杀人案。该案卷宗显示，对犯罪嫌疑人杨某利的讯问笔录，侦查员、记录员的名字为同一人所签；杨系文盲，不会写字，笔录中有"杨某利（代）"字样，是谁代替签字的，未注明。笔录结尾核对内容为"以上看过，全对"。

对犯罪嫌疑人刘某行的第1次讯问笔录存在同样问题。

在对犯罪嫌疑人张某的第2次讯问笔录中有其手书签名，并且还签了"以上笔录已向我宣读，符合我所说的"字样，字迹非常流利。该犯罪嫌疑人在第1份讯问笔录中还不会写字，事隔几天就在第2份笔录中流利地签字，明显虚假。但办案人员未予以注明。

第四章　口供在刑事错案形成中的作用

>>>> ## 第一节　口供观念与刑事错案

一、口供观念形成及演变的内在因素

口供观念作为一种刑事司法证据理念是国家意识形态在刑事司法阶段的具体展现，其形成与发展必然受到作为国家上层建筑的国家法律制度、司法体系、司法政策的深刻影响。研究与探讨口供观念形成及演变的内在因素，有利于把握不同时代、不同阶段口供观念形成与演变的内在机理，有利于从制度根本把握各种口供观念的内涵、特征、优点及缺点，能够帮助我们深刻理解和把握现代口供观念价值和精神，为改革口供制度、适用口供规则提供明确方向。

（一）历史上我国的口供观念与证据制度

不同的证据制度往往反映了不同的口供观念，不同的口供观念又是不同证据制度的具体体现。由于人类的科学技术在很长一段历史时期内都处于较低水平，司法机关往往不具备条件和能力运用科学的客观方法呈现案件的真实情况，因此嫌疑人口供、证人证言等这类主观性证据成为了司法机关探明案件事实的主要工具，而口供，尤其是有罪供述作为嫌疑人亲口证实自己犯罪行为的证据在内容上具有直接性，在形式上具有预设性。因此，在刑事司法发展历史的大部分时间里，口供都是证据制度的核心所在。

从世界证据规则发展规律的历史来看，我国的证据制度也大概走了一个相似的历程，但由于经济、社会、文化等方面发展存在较大差别，我国的证据制度又存在自己鲜明的特色。但与欧洲大陆不同的是，同样在纠纷式诉讼模式下，我国却未实行严格的法定证据制度，未对证据证明力予以明确限定，允许裁判官员的自由裁量。在一般案件中允许裁判官员对证据进行自主判断，并且把口供置于至高无上的地位。但由于我国自秦代以后就进入专制王权社会，皇权独大，统揽行政和司法，司法裁判没有独立的价值追求，仅仅是维护皇权统治的工具，民刑不分，并以刑罚作为调整社会关系的主要手段。实体和程序不

分，轻程序、重实体，导致司法官员自由裁量无所约束，刑讯泛滥，裁判擅断，冤狱丛生。虽然我国古代文明起点较早，微观层面刑事司法经验、技术和理念比较先进，但直到近代，司法体制却没有发生根本性变化，从而限制了证据制度更新，更是影响了口供观念的变革，最终全面落后于西方社会。

从清朝末年开始，西方的坚船利炮打开了中国的国门，中国有识之士发现中国的落后并非器物不如人，而是制度不如人，进而大力倡导西学东渐，西方的法律文化也开始影响中国。至清朝末期，清政府迫于压力启动了对传统法律制度的改革。在证据法律制度方面，清朝末年有沈家本主持的《刑事和民事诉讼法草案》以及后来的中华民国时期的刑事诉讼法和民事诉讼法都吸取了欧洲大陆国家证据法律制度中的先进之处，其中又以模仿德、日等国的立法模式为主，将证据法律制度分别规定于诉讼法典里面。确立了无罪推定、自由心证、言辞辩论、禁止刑讯逼供等原则，而且对证据种类及证明责任等问题都作出了比较明确的规定。但由于长期的战乱和传统封建思想的影响，中国近代的证据制度的实施效果与其立法本意相去甚远，封建社会落后的法统没有根本性的变化，落后的政权出于镇压革命的需要，也使得无罪推定和禁止刑讯逼供变成一纸空文。

北洋政府于1922年颁布了《刑事诉讼条例》，条例颁布实施后，在北洋政府的统治区域内，证据制度的法律渊源有了新的变化。一是在正式的法律制度方面，《各级审判厅试办章程》中的证据制度为《刑事诉讼条例》中的证据制度所代替。而刑事诉讼中除了《各级审判厅试办章程》中原有人证和鉴定篇目外，也增加了搜索、扣押与勘验等规定，形成了一套较完整的证据制度体系，较仅有证人和鉴定人内容的《各级审判厅试办章程》而言无疑是一种质的飞跃。国民党统治时期，除了承袭北洋政府的证据制度外，自1928年至1932年和1945年曾效仿德国，修正并颁布了刑事诉讼法律。二是在证据制度方面，引进了自由心证制度，如《刑事诉讼法典》第二百六十九条规定："证据之证明力，由法官自由判断之。"但是又颁布了所谓"特别刑事案件"的诉讼法律，允许对革命认识采取有罪推定和刑讯逼供。同我国古代封建时期证据制度一样，表面上实行的是自由心证证据制度，在司法观念上仍是落后的"口供中心主义"，在这种混合型的诉讼模式下，移植于西方的先进证据制度根本无法诉诸实践。

（二）我国的口供观念与诉讼构造

诉讼构造体现了控、审、辩三方之间的关系。尤其是控辩之间的关系一直是诉讼构造理论关注的核心，也是不同诉讼模式内在价值的体现。

在封建历史时期，我国的刑事司法长期处于二元的诉讼构造之中，嫌疑人没有独立的诉讼地位，只是被调查的对象和客体，几乎不享有任何法律程序上的主体权利。尽管国家立法者在道义及法律层面反对严刑峻法、禁止残酷的刑讯逼供，但不能否认的是，辩方权利的虚无，导致控、审机关的权力很少受到法律程序的监督与制约。较其他证据而言，口供天然具有内容直观、获取简便的优势，必然会受到控诉机关的青睐。在封建专制体制下，我国没有独立的司法机关，司法和行政不分，控诉与审判不分，行政机关统辖社会管理、司法审判等工作，对案件的审理不过是封建集权专政统治国家和社会的工具，封建统治者进行刑事裁判的目的是打击犯罪，维护集权统治。保护人权、程序正义不在刑事司法价值之内。

因此，在我国的封建体制之下，诉讼构造可以说是极不平衡的二元主体构造，即集合控诉与审判职能为一身的"衙门"与被控诉的嫌犯。在这种诉讼构造之下，嫌疑人面对强大的国家权力，毫无对抗之力，只能处于被动审查的地位。而在各种证据之中，来自嫌疑人亲口陈诉的证词最有说服力。因此，控诉和裁判机关在侦查和裁判环节都把获得嫌疑人口供作为核心任务。一旦获得嫌疑人承认犯罪事实的口供，意味着打击犯罪的任务已经实现，可以"案结事了"。因此，在侦查和审判环节，权力机关不注重调查取证的过程，而只注重调查取证的结果；不注重程序和实体正义的实现，只注重专制权力的充分发挥与实现。"口供至上"必然成为侦查和裁判机关在收集、审查、运用证据过程中的重要观念。

新中国成立后，我国改变了封建专制统治的极其不平衡的二元主体的诉讼构造，建立了公、检、法相互配合、相互监督的刑事司法体系，在打击犯罪的同时，注重实体正义的实现。确立了"犯罪事实清楚，证据确实充分"的证明标准；禁止刑讯逼供，保障无罪的人不受到刑事追究也被列入法律之中。在这一阶段，我国的诉讼构造是一种类似前苏联的线性诉讼构造，调查、控诉、审判的职能已经分离，由公安机关、检察院、法院不同的相对独立的司法机关履行。三机关之间的主要关系是配合，次要关系是监督。打击犯罪仍是刑事诉讼的核心价值和主要目的。依然强调通过社会主义国家司法机关运用强制力调查来保障有罪的人得到惩罚，无罪的人不受到追究。嫌疑人、被告人无须享有过多的对抗司法机关的权利，司法机关自会公正地行使权力，保证正义的实现。

因此，在我国的这种线性的诉讼构造之下，嫌疑人、被告人虽有独立的刑事诉讼地位，也享有了一定刑事诉讼权利，例如辩护权、控告权、上诉权等。但从权力与权利的结构来看，司法机关的权力和嫌疑人、被告人的权利仍处在一个极不对等的状态，嫌疑人、被告人在大部分时间里仍处在一个被动调查的地位，没有相应的对抗权利。嫌疑人、被告人所具有的程序意义就是配合公、检、法三方履行各自职能，走完相应程序。但权力的运行有必然规律，无论是资本主义的司法机关还是社会主义的司法机关，一旦权力之间缺乏平衡的制约与相对应的监督必然会导致权力的滥用。

正如英国著名法学家丹宁勋爵所说："权力导致腐败，绝对权力导致绝对腐败。"在这种诉讼构造之下，侦查、控诉、审判三机关在工作流程上相互隔离，在工作任务上相互配合，因此导致在流程上，各机关之间不能有效地介入和制约；而在诉讼程序各个阶段之间，出于相同目的，各司法机关往往倾向于承认彼此的工作成果。侦查阶段是刑事诉讼的发起阶段，公安机关承担调查案件事实的任务，口供作为内容最直观、获取最方便的证据，必然会在侦查阶段受到公安机关的青睐。而一旦缺少程序的制约，侦查机关便会不择手段获取口供，刑讯逼供逐渐成为侦查取证的常态。打击犯罪为核心的刑事诉讼目的加上相互配合的刑事司法理念，导致控诉和审判阶段对侦查取证的监督流于形式。而嫌疑人、被告人过于薄弱的辩方权利导致嫌疑人、被告人根本无法对抗司法机关权力的滥用。

虽然在这一时期内，科学技术的发展使得司法机关发现案件事实真相的手段增多，证据的形式和种类也随之增加，司法机关认定事实的依据也相应增加，但出于对口供的原始青睐，以及司法权力缺乏程序制约，导致这一时期司法机关对事实的认定是在以口供为中心的同时，考虑其他证据，在其他证据与口供冲突时，倾向以口供为准。

随着我国刑事诉讼制度的发展，1996年修订的《刑事诉讼法》第一次把保障人权作为我国刑事诉讼的主要任务之一，同时大幅增加了辩方权利。例如，提前了辩护律师介入的时间、扩大了辩护律师的权利。2012年再次修订的《刑事诉讼法》增加了非法证据排除规则，对侦查机关调查取证的权力作出了规范和制约。吸收法治发达国家的先进刑事司法理念，把"排除合理怀疑"作为证明标准，增加了法院在认定案件事实方面的独立性。

2015年以审判为中心的刑事诉讼制度改革更是对公、检、法长久以来不协调、不对等的关系作出了改变，纠正了以往"重配合、轻监督"的司法理念。从国家刑事司法政策层面重新强调了司法机关与其他行政机关的独立地位，司法机关相互之间的制约关系。同时，通过相关政策与制度纯净了刑事司法环境，禁止行政权力、领导权力干预案件。重新缕清了裁判机关以证据认定案件事实，侦查机关按照裁判要求收集、固定、运用证据的逻辑关系。

2017年出台的《关于办理刑事案件严格排除非法证据若干问题的规定》更是进一步明确了刑讯逼供的内涵和审查程序，将侦查机关通过刑讯逼供等非法方法获得口供严格排除在证据之外。随着国家刑事司法政策的现代化，各地公安机关也在对侦查理念、侦查环境、侦查制度进行改革，明确办案责任，规范侦查行为，创新侦查方法。更强调运用科学技术收集和固定证据，逐渐改变了以往"口供中心主义"的取证、认证思维。嫌疑人的口供逐渐成为其他证据、尤其是客观证据的一种补强和印证，口供的地位和功能都发生了巨大的变化。

（三）我国的口供观念与刑事司法政策

党和国家的刑事司法政策是指导我国刑事立法、刑事司法工作的重要依据。我国的刑事司法理念和制度的变革和进步，无不是以党和国家的刑事司法政策的转变为前导。刑事政策来源于刑事司法实践，服务于司法实践。每项刑事政策的确立都有其深厚的历史背景和思想文化渊源，都源于对刑事司法实践经验的总结和对相关领域法学理论的研究，是司法实践与法学理论有机结合的产物。

新中国成立以来，政策制定者在对我国各时期的犯罪现象、犯罪原因、犯罪特点、惩治手段等进行大量分析研究的基础上，制定了"时代感"鲜明的刑事司法政策，如"严打""保障人权""以审判为中心"等刑事司法政策。这些刑事司法政策都是政策制定者在特定历史时期，根据当时社会发展情况制定的，对指导中国刑事立法与司法、维护社会稳定发挥了关键作用。但有些刑事政策因受所处历史时期国家生产力水平低下、民主法制不健全、人权意识和人本理念淡漠的制约，存在很多不完善之处，加之在执行中发生严重偏离，导致刑事诉讼制度在一定程度上已脱离了追求公平正义的刑事司法基本价值理念。口供观念作为当时侦查机关侦查取证的核心观念，必然要受刑事司法政策的影响。例如，20世纪80年代到21世纪初实行的数次"严打"政策就曾对司法机关的口供观念产生了深刻的影响。

我国在改革开放初期，隐藏和压抑许久的社会矛盾开始爆发，社会治安状况不断恶化，刑事案件逐年呈几何数增长，恶性暴力案件频发。1980年国家领导机关为了稳定社会治安局势，制定和实施了"严打"政策。1983年首次提出"严打"这个概念，并进行第一次"严打"；1996年进行了第二次"严打"；2000—2001年进行了第三次"严打"，增加了网上追捕逃犯的行动，也被称为"新世纪严打"；第四次严打是2010年。不得不说，在社会深层次改革初期，"严打"是迅速扭转社会治安面貌、打击违法犯罪分子的有效手段。但司法机关"严打"在执行过程中，为了应对"政治压力"，追寻"政治效益"，往往会跳出法律之外，放弃对实体正义和程序正义的追求。同样，侦查机关在证据收集过程中，为了"从严""从快""从重"打击犯罪，取证态度会自然而然地向内容直观、获取简单的口供"倾斜"，从而规避法律关于证据收集程序的规定，忽视对客观性证据的收集，大量采取"逼供信"的形式，来获取和认定案件事实。可以说，"严打"刑事司法政策是"口供中心主义"观念在我国刑事司法程序中长久占据统治地位的主要原因之一。

21世纪以后，国家和社会的发展登上了新的台阶，经济不断高速增长，治安日益稳定，人民安居乐业。面对新形势、新局面，国家政策制定者在反思过往经验的基础上，逐渐放弃对打击犯罪、保障社会治安效益的单方面追求，开始关注刑事诉讼过程中人权的保障。2012年修订《刑事诉讼法》，更是将尊重和保障人权作为刑事诉讼的主要目的之一，同时将非法证据排除规则上升到国家法律层面。2013年党的十八届四中全会，以"审判为中心"司法改革的实施，强化了司法机关之间的制约，把侦查程序作为防范冤假错案的治理源头。在这些刑事司法政策出台后，司法机关的口供观念也在悄然发生着变化，侦查机关在收集口供过程中更注重规范化收集，并通过内部责任和外部环境等方面的建设来全面防止刑讯逼供的发生；检察机关和审判机关更加注重对口供的审查，尤其是对口供收集程序的审查。口供作为"优势"证据的地位也发生了变化，逐渐成为其他证据的印证和补强的证据。

二、我国不同阶段的口供观念及评价

（一）"口供至上主义"观念

1. "口供至上主义"观念的内涵

"口供至上主义"观念，来源于我国封建专制统治时期。在这一时期内，由于生产技术落后，司法认知能力有限，刑事控诉和裁判往往是依靠证人证言、嫌疑人口供等人证，很少依赖客观性证据。加之，行政、司法不分，控诉、审判不分的司法体制，嫌疑人抗辩的权利小得可怜。在这种司法环境和诉讼构造之下，控诉和裁判机关的调查取证和案件事实认定会大量地依靠口供。因此，我国封建时期的刑事司法实行"口供至上"的证据观念，强调口供在证据搜集和事实认定过程中处于核心地位，甚至强调裁断案件必须有嫌疑人的口供，即所谓"据供状定罪"。由于"口供至上主义"观念的奉行，我国封建专制统治时期的刑事司法存在大量的刑讯逼供，且部分刑讯还获得了法律的承认，有些刑讯甚至成为了专制统治者及奸佞之人打击异己、陷害忠良的工具，冤假错案层出不穷，公平正义得不到程序的保障。

2. "口供至上主义"观念的特征

"口供至上主义"观念主要有以下特征。

第一，口供是认定案件事实的必备证据要素，无口供不定案。即使有其他证据能够证明案件事实，司法机关也必须获得嫌疑人亲口承认的犯罪事实。古代中国由于信奉被告人供述一定真实可靠，不会栽赃自己的简单机械的唯心主义观点，实行严格的"无供不录案""据供状定罪"制度。无论是在立法上还是在司法实践中，被告人的口供都被赋予了异乎寻常的重要性。除了法律规定的少数案件可以"据状科断""据众证定罪"外，在一般情况下，必须取得被告人认罪的供词，方能对其定罪处刑。

所谓"断罪必取输服供词"（《清史稿·刑法志》）、"罪从供定，犯供最关紧要"（《折狱龟鉴补》），形象地说明了被告人的口供是具案下判的必要条件。据史料记载，古代口供制度确立于西周，发展于秦汉、魏晋南北朝，成熟于隋唐，强化于明清。在发展的各个时期，口供始终居于"证据之王"的地位。西周时期，法官已开始强调"听狱之两辞"。没有被告的供词，一般不能定案，口供自此开始确立其在诉讼中的地位。秦汉时期，保留了对口供的一贯重视，从其对刑讯的限制和刑讯合法化的史料记载中，反映了秦汉的审判几乎是围绕口供展开的，如汉代规定可以用刑讯的方法使被告服告劾之辞，即"会狱，吏因责如章告劾，不服，以笞掠定之"（《汉书·杜周传》），而且认为"棰楚之下，何求而不得"（《汉书·路温舒传》）。到魏晋南北朝时期，从很有代表的南朝的"测囚之法"、陈时设的"测立之法"等为获口供的刑讯方法中可以看到，随着刑讯的合法化、制度化和多样化，口供制度得到了极大的发展。

到唐代，口供这一证据制度已趋于成熟、完善。法律对获取口供的刑讯规定进一步规范。刑讯要按法定的程序，"必先以情，审察辞理，反复参验。犹未能决，事须讯问者，立案同判，然后拷讯。""诸拷囚不得过三度，数总不得过二百。"（《唐律疏议·断狱律》）同时强调，对各种囚徒拷打满数后，仍不肯招供的，都可以"取保放之"。唐代以后的宋、元、明、清在关于口供的规定上基本与唐代一致，有时甚至有倒退现象。如明朝为加强专制极权制度，设立了"厂""卫"特务机构，刑讯逼供一度恶性化。至明清时，"疑罪从轻"的传统也被取消。

第二，法律允许通过刑讯方式获得口供。在"口供至上"观念之下，由于口供是司法机关调查取证和认定案件事实的必备要件，因此必须要放宽口供的获取方式。为了提高获取口供的效率，刑讯成为法律赋予司法机关获取口供的合法措施。法律认同刑讯逼供的做法促使刑讯逼供盛行；但刑讯不是无条件的刑讯，为最大程度避免冤假错案，法律对刑讯逼供也进行了必要的限制，因此，可以认为刑讯逼供也是古代证据制度的一部分。《唐律疏议·断狱律》中："依狱官令，察狱之官，先备五听，又验诸证信，事状疑似，犹不首实者，然后拷掠。"《宋刑统·断狱律》规定，"即支证分明，及赃验见在，公然拒抗，不招情款者，方得依法拷掠，仍须先申取本处长吏指挥。"公开宣扬刑讯，可以说，刑讯贯穿整个中国古代法律实践和口供至上思想是分不开的。

（二）"口供中心主义"观念

1."口供中心主义"观念的内涵

"口供中心主义"观念是指，口供在证据体系之中具有核心地位，司法机关在收集和认定证据过程中，口供具优先地位。与"口供至上"观念相比，"口供中心"观念具有以下不同。

第一，"口供中心主义"产生的时代不同，"口供至上"是封建专制统治司法体制产物，在这种社会体制之下，司法机关受科学技术、认识能力、司法习惯的限制，嫌疑人口供成为了最有说服力的证据，案件事实的认定必须以口供的获得为必备要素；而"口供中心主义"观念产生于我国社会主义初级阶段时期，生产力虽然不发达，但科技水平与司法认知能力照比封建社会有质的飞跃，在认定案件事实方面可以不单单依赖口供，还可以依据物证、书证等客观证据。

第二，"口供至上主义"强调口供是认定案件事实的必备要素，没有口供不能认定案件事实；而"口供中心主义"不强调口供是认定案件事实的必备要素，只不过口供在侦查取证、认定案件事实方面照比其他证据有优先地位；一旦获得口供，侦查和认证的工作也将围绕着口供开展。

第三，"口供至上主义"观念允许有条件、有限度地使用刑讯获取嫌疑人口供，通过依法刑讯获得的口供必然获得司法裁判机关的认可；而在"口供中心主义"观念之下，刑讯是非法的口供获取方式，通过刑讯获得口供必然不能获得法律的承认，不能作为裁判的依据。

2. 对"口供中心主义"观念的评价

我国的"口供中心主义"观念肯定了口供在认定案件事实方面所具有的直观、完整的天然优势；而且口供相对于其他证据形式，（尤其是客观证据）在获取、固定、运用等方面更具有可控性。因此，刑事司法机关通常会赋予口供以"预设"效力，在收集和认定事实过程中往往以口供为印证核心。加之，长久以来我国刑事诉讼构造不平衡，各个司法机关之间监督不足而配合有余，嫌疑人辩方权利过于渺小，因此在司法实践之中，侦查机关往往倾向于用最为简单的方法——刑讯逼供——获取嫌疑人口供。

在新中国成立后的很长一段时间，口供的搜集都处于"口供中心主义"观念的指导之下。虽然我国早在1979年《刑事诉讼法》第三十五条确立了"有被告人供述，没有其他证据的，不能认定被告人有罪和处以刑罚"的口供补强规则，但刑事司法观念的落后导致了人们在运用和适用口供过程中把口供置于绝对优先的地位，在口供与其他证据存在矛盾时，倾向于认定口供的效力，并把其他证据的矛盾点予以排除；在"严打"盛行的时代里，口供往往成为认定案件事实的单独证据。

（三）"口供补强主义"观念

1."口供补强主义"观念的内涵

在我国，受法律文化传统和司法环境的影响，一方面要保障被告人的合法权益，另一方面又要维护社会治安秩序。这存在一个利弊权衡的问题，只强调控制犯罪对社会的意义或只强调被告人的权益而忽视社会一般安全需要都是"失度"的。长期以来，我国以保护社会利益为优先，过多地考虑了保护社会的利益而忽视了保护个人的利益，只重结果，不重过程，使得"重口供"现象严重。随着改革开放的深入和民主意识的增强，"程序公正"逐渐深入人心。实体与程序并重的思想逐步为司法界及广大人民群众接受并得到认可。"口供补强主义"观念及口供补强规则也慢慢地在我国刑事诉讼中得到应用和推广。

许多国家限制口供的证明能力，不承认其对案件事实的独立和完全的证明力，禁止以被告口供作为有罪判决的唯一依据，而要求提供其他证据予以"补强"。2012年修订的《刑事诉讼法》第五十三条规定："对一切案件的判处都要重证据，重调查研究，不轻信口供。只有被告人供述，没有其他证据的，不能认定被告人有罪和处以刑罚；没有被告人供述，证据确实、充分的，可以认定被告人有罪和处以刑罚。"口供在认定事实方面地位的下降，和对不同证据刑事之间证据体系的关注标志着"口供印证"观念在我国逐渐确立和完善，并在司法实践中显现了独有的诉讼价值。

首先，"口供印证"观念，强化口供真实性，确保实体公正的实现。刑事诉讼活动的基本目的之一在于查清犯罪事实真相，获取口供的动力也在于此。可是，口供常常真假难辨，即便是合法取得的口供，也有可能因犯罪嫌疑人（被告人）某种心理动机而虚伪陈述。如果仅根据自愿承认犯罪的口供就直接定案，就很有可能出入其罪，导致认定事实错误。同时，"口供具有极强的不稳定性，如果办案人员在办案过程中仅仅依靠口供，而不顾收集其他证据，那么一旦被告人翻供，案件就将处于定罪无根据的被动状态。"因此，口供补强的价值之一就是，在合法获取口供的基础上，进一步解决口供真实性问题，确保实体公正的实现。

其次，防止侵犯人权，确保程序正义的实现。尽管1979年、1996年的《刑事诉讼法》均禁止刑讯逼供及诱供等非法取证行为，但是多年来的司法实践表明，非法取证行为并没有因这一规定得到有效控制。其原因就在于"国家对社会控制能力的不足导致刑事诉讼证据难以客观化"，从而导致口供在定案中的滥用，致使侦查人员始终有非法获取口供的内在动力。而只有弱化口供的证明力，使口供不能成为定案的唯一根据，才能迫使办案人员不得不改变侦查策略，从专注突破口供转变为全面客观收集证据。

2. 对"口供补强主义"观念的评价

在"口供补强主义"观念之下，强调不同证据形式之间的相互印证关系和证据体系的完善。其最终验证标准是证据之间不存在不能解释的矛盾，能够排除合理怀疑。这意味着，口供相较其他证据而言不再具有优势地位，司法机关在调查取证、认定案件事实过程中丧失了"预设"效力。因此，司法机关在侦查、起诉、审判过程中不能仅仅依赖于嫌疑人、被告人的口供，还要结合其他证据来进行综合判断。甚至在有些情况下，即便没有嫌疑人口供，其他证据的存在能够形成完整的证据锁链，也能够达到排除合理怀疑的证明标准。而且随着科学技术的进步，人类司法认知能力不断增强，人类已经能够通过丰富的科技手段来还原案件事实。而且科技的增强也使得我们从以往获得口供—收集证据—认定事实的模式，转向收集客观证据与获取口供同步进行、独立审查并综合认定事实的模式。口供逐渐从优势地位"沦落"到辅助印证的地位。

在"口供补强主义"观念之下，口供在认定案件事实方面不具有独立价值，即口供不能单独作为认定案件事实的依据。"口供补强主义"观念一改"口供中心主义"观念下口供在侦查取证、裁定事实过程中的核心地位，强调口供仅仅是一项辅助印证的证据，其并没有独立的证明价值。为了保证口供内容的真实性、可靠性，只有在其他证据也指向同一待证事实的情况下，口供的真实性、可靠性才能得到验证，才能作为证据予以使用。换言之，嫌疑人、被告人的口供只有和其他刑事证据结合且相互印证，并达到排除合理怀疑的证明标准才能作为认定案件事实的依据。

口供虽然具有直观性、完整性等其他证据形式不可比拟的优点，但也具有易变性和不稳定性等固有缺点。历史证明，司法机关的刑讯逼供是导致嫌疑人、被告人作出虚假有罪供述的主要原因。因此，口供获得手段和方式影响着口供的真实性和可靠性。法治发达的国家无不对口供设立了严格的非法证据排除规则，严格排除侦查机关以非法方法获得的口供。2010年最高人民法院、最高人民检察院、公安部、国家安全部和司法部联合发布了《关于办理死刑案件审查判断证据若干问题的规定》《关于办理刑事案件排除非法证据若干问题的规定》，对我国刑事诉讼证据制度有重要创新。《关于办理死刑案件审查判断证据若干问题的规定》，不仅规定了刑事诉讼证据的基本原则，细化了死刑案件的证明标准，还进一步严格规范了对各类证据的收集、审查判断和运用。

《关于办理刑事案件排除非法证据若干问题的规定》，不仅强调了采用刑讯逼供等非法手段取得的言词证据不能作为定案的根据，还进一步对审查和排除非法证据的程序、证明责任及讯问人员出庭等问题进行了具体的规范。2012年修订的《刑事诉讼法》把上述两个规定的成果上升到国家法律层面。2017年6月27日，由最高人民法院、最高人民检察院、公安部、国家安全部、司法部联合发布的《关于办理刑事案件严格排除非法证据若干问题的规定》，进一步加强对刑讯逼供和非法取证的源头预防，明确公安机关、检察机关、人民法院在各自诉讼阶段对非法证据的审查方式和排除职责，从侦查、审查逮捕和审查起诉、辩护、审判等各个环节明确排除非法证据的标准和程序，有效防范冤假错案产生。可以说非法证据排除规则的设立为"口供补强主义"观念的贯彻设立了最后的法律防御底线，限制了口供的获取方式，明确了口供的审查标准，规定了非法口供的司法后果，真正从源头上防止了口供在取证和认证过程中的僭越，充分保障了口供的辅助印证功能。

（四）"口供虚无主义"观念

1."口供虚无主义"观念的内涵

近年来，随着众多往年冤假错案的不断曝光，口供之"恶"也展露于众目睽睽之下。因此，实践中，不少人认为，口供的天然诱惑力会像妖魔一样引诱司法机关工作人员采取错误方式收集和认定证据。因此在收集和认定证据时应当排除口供，或者把口供放在次元顺位。

"零口供"在我国司法实践中的出现源自2000年8月辽宁省抚顺市顺城区检察院推出的《主诉检察官办案零口供规则》（下称《零口供规则》）。它是指检察人员在办理批准逮捕和审查起诉案件过程中，在摘录案卷材料时，应将犯罪嫌疑人无罪、罪轻的供述详细记录在案，有罪供述可以不作为摘卷内容；讯问犯罪嫌疑人应允许其做无罪、罪轻的辩解，允许其保持沉默；检察委员会讨论时，应在排除有罪供诉的前提下，按照"是否有犯罪事实发生""危害后果如何""犯罪事实发生的经过""犯罪是何人所为""证明系何人所为"等证据要素为顺序，运用全案证据进行推论，得出犯罪嫌疑人涉嫌犯罪的结论；同时，对犯罪嫌疑人的无罪、罪轻辩解应阐明合理真实与否的理由[①]。其基本精神就是：当侦查机关将包括犯罪嫌疑人的有罪供述即口供在内的证据呈送到检察机关提请批捕或者起诉时，检察机关视其有罪供述不存在，同时通过在案的其他证据进行推论，证明其是否有罪，从而决定是否批捕或者起诉。简言之，将犯罪嫌疑人的有罪供述视为零，有口供也不使用。

2. 对"口供虚无主义"观念的评价

"零口供规则"涉及在刑事诉讼中如何对待口供的问题，主张"口供虚无主义"，把对口供的重视看成刑讯逼供的真正源头，只有斩断源头，才能真正实现司法的透明与公正。诚然，作为一个针对性极强的改革措施，"零口供规则"在禁止刑讯逼供、保护犯罪嫌疑人权利及在遏制"口供至上"的司法理念方面都能起到积极的作用。但是它的局限性也是显而易见的。众所周知，口供

---

① 李乐平. 现行刑事诉讼制度检讨与完善［M］. 北京：中国检察出版社，2006：87.

是我国司法实践中对立法上所规定的法定证据种类之一，即犯罪嫌疑人、被告人的供述和辩解的通俗称谓，由于长期使用，从而约定俗成。说到口供，人们就知其所指。

口供由两部分构成，即供述和辩解。供述是指被告人、犯罪嫌疑人承认自己有罪而做的陈述，辩解是指被告人、犯罪嫌疑人说明自己无罪、罪轻的陈述。从司法实践来看，供述与辩解有时候是相互交叉的，不能决然地把二者划分开，如犯罪嫌疑人一方面承认自己有罪，另一方面又说明自己有罪轻的情节。以2000年辽宁省抚顺市顺城区人民检察院出台的《零口供规则》为例要求将犯罪嫌疑人的有罪供述部分视为零，而将其无罪、罪轻供述部分记录在案，检察委员会在讨论案件时，在排除有罪供述、依靠其他证据推论作出决定的同时，而对犯罪嫌疑人无罪、罪轻的辩解在审查后要阐明合理真实与否的理由。由此可见，这里的"零口供规则"中的口供并不是通常意义上的口供，它只是截取了口供中的一部分。这容易误导人们的视线，使人们将全部的口供都视为零。因此，从"零口供规则"的基本含义上来讲，"零口供"这样的称谓就是不规范的。

首先，从源头上讲，"零口供规则"提出的一个最有力的理由就是遏制"口供至上""唯口供"等司法理念，从而改变侦查机关对口供的依赖，采用更加科学的侦查方式来侦破案件。根据《零口供规则》，适用仅限于人民检察院的审查批捕和起诉阶段，而对于之前和之后的侦查和审判阶段却鞭长莫及。由于在侦查过程中犯罪嫌疑人可能已经做出了有罪供述，但是在之后的审判阶段，犯罪嫌疑人又可以打破沉默，做出无罪、罪轻辩解。那么"零口供规则"此时还能有多大的现实意义，这是一个值得探讨的问题。

刑事诉讼是由侦查、起诉、审判组成的一个环环相扣的完整过程，如果在一个阶段采纳犯罪嫌疑人的有罪供述，而在另一个阶段又人为地对其进行排斥，那么在整个刑事诉讼中，"零口供规则"的运用就会显得牵强附会。因为犯罪嫌疑人的有罪供述，一度使司法人员认为案件已经真相大白，而这些都对司法人员产生极大的诱惑力，使其丧失了对其他证据进行搜集的原始动力。如果一定要求后一个诉讼阶段的司法人员将前一个诉讼阶段的司法人员取得的有罪口供视为"不存在"就显得过于学理化，毕竟那样检察人员已经在大脑里植入了先入为主的思想，有罪推定的想法也悄然而生。因此，要真正推行"零口供规则"，保持其在刑事诉讼中的完整性是非常有必要的，而断章取义或者是顾此失彼都将导致这种制度形同虚设。

其次，"零口供规则"使用的前提是对在侦查阶段获取的有罪供述采取一种不信任的态度。一方面我国的犯罪嫌疑人在侦查阶段不享有沉默权，另一方面我国没有采取英美法系国家那样的警、检一体化的办案模式，而是侦查机关与检察机关在"流水作业"的诉讼构造下，在各自的诉讼阶段和诉讼活动中都成为了"独立自主的司法机关"①。因此检察机关无法断定在侦查过程中是否存在着刑讯逼供、诱供的成分，于是只好"一刀切"，对所有的口供都视而不见。这样就产生了一个新的问题：源于沉默权的"零口供规则"将一切犯罪嫌疑人在程序上都推定是保持沉默的，即将所有的口供视为零。

而沉默权的本意是让犯罪嫌疑人自己来选择是否保持沉默。虽然在一定的程度上，"零口供规则"排除了侦查机关对犯罪嫌疑人的逼供、诱供的可能性，但是同时它也剥夺了犯罪嫌疑人选择诉讼的权利，并为此付出了巨大的代价，即全盘否认了包括犯罪嫌疑人自愿做出的有罪供述在内的口供的证明作用，而这种不加辨别的否定其实也是对司法资源的一种浪费。在沉默权与零口供两种制度对比下，采用沉默权制度下的司法人员可以坦然地使用口供，因为沉默权贯穿于刑事诉讼的各个阶段，口供的取得基本上排除了刑讯逼供的可能性。

再次，普通法系的国家在沉默权上走得更远，如果犯罪嫌疑人对犯罪供认不讳，那么法院可以不经审判而进行判决。这主要是因为沉默权制度的推行保证了犯罪嫌疑人供述的自愿性与真实性。但是在"零口供规则"下，有罪供述被不加辨别地排除在审查范围之外，虽然能避免侦查部分可能存在的刑讯逼供现象，但是却忽略了当事人在自愿基础上的有罪供述的证明力。因此假如运用"零口供规则"，在保证当事人相关权利的前提下，能否真正地提高我国有限司法资源的使用效率，还是一个不得而知的问题。

最后，从"零口供规则"在我国推行的立法分析看，犯罪嫌疑人、被告人的供述与辩解即口供，本身就是我国法定证据的七种证据类型之一。而《零口供规则》将有罪供述一概排除，将即使是通过合法程序取得的具有合法形式的口供证据，也予以排除。这样做明显否定了这一法定证据类型，有悖于现行立法的规定，也割裂了立法规定的证据体系的统一性和完整性。另一方面，根据《零口供规则》，犯罪嫌疑人、被告人在提审时有保持沉默的权利，这与《刑事诉讼法》现行的某些规定是相抵触的。根据《刑事诉讼法》规定，我国犯罪嫌疑人在刑事诉讼中不享有沉默权；相反，却有如实回答相关案件事实的义务，只是对与本案无关的问题，才有拒绝回答的权利。而依据《零口供规则》，嫌疑人有权保持沉默，既然如此，嫌疑人当然就不必履行《刑事诉讼法》规定的如实陈述义务。暂且不论《刑事诉讼法》的规定是否存在缺陷，从理论上讲，即便现行法律存在不完善之处，只要没有被全国人民代表大会明令废止就是有效的，其他各部门的规定不能与之抵触，否则一概无效。

因此，《零口供规则》是不能够实施的。虽然《零口供规则》的适用范围很小，

① 陈瑞华. 刑事诉讼的前沿问题 [M]. 北京：中国人民大学出版社，2005：345.

影响面并不大，但与现行《刑事诉讼法》的抵触却是明显的[①]。作为司法机关的检察院，无权以本部门的内部规定（《零口供规则》实际上是检察院内部的一种规定），来抵触全国人民代表大会（下称全国人大）颁布的存在效力的法律。作为广义上的执法者，检察机关实际上是在"违法执法"，因为检察机关的这一纸规定实际上等于宣告《刑事诉讼法》关于口供的规定失效，是一种所谓"良性违法"[②]。

一种比较简单的逻辑认为，检察机关将口供视为零，视其为不存在，显然对犯罪嫌疑人不利。侦查部门将不会再为取得口供不择手段地下功夫，取而代之的是努力找寻有力证据证明犯罪[③]。这种认识上的偏差，导致《零口供规则》从其诞生的那一刻起就带有无法克服的局限性。事实上，单纯的沉默权并不是制止刑讯逼供的灵丹妙药。因为沉默权只是针对口供这一种证据的调查收集规则；而刑讯逼供不仅可以获得犯罪嫌疑人的口供，同样还可以以口供为线索，获得其他各种实物证据。因此，真正要对刑讯逼供进行遏制的药方还是在侦查阶段推行沉默权，在审判阶段推行非法证据的排除原则，这样才能形成一个完整的制度链条来保证司法空间的干净与透明，这也是未来司法改革的趋势与方向。

综上所述，无论是从技术层面上讲，还是从立法层面上看，"零口供规则"或多或少都存在着某些不够完善与成熟的地方。就目前的司法现状来看，《零口供规则》推行的可能性不是很充分。即使是在小范围内实行，也未必能够取得事半功倍的效果。当然，《零口供规则》的尝试也有着积极的一面，特别是对于它推行的初衷：制止刑事案件中大量存在的刑讯逼供、诱供、骗供等非法取证行为，保障犯罪嫌疑人、被告人的基本权利，已经显示出司法机关正在开始觉悟。《零口供规则》的提出也表明我国检察机关已经深刻认识到过分依赖口供，特别是过分依赖犯罪嫌疑人的有罪供述可能带来的恶果，这种思想上的认识也算是一种进步。

① 蔡虹. "零口供"与沉默权 [J]. 法学评论，2001（11）：159-160.

② 陈智. "零口供规则"的合理性与合法性的分析 [J]. 法制与社会，2008（1）：161-162.

③ 张威. 抚顺检察院把"沉默权"写进司法规章 [EB/OL]. （2000-09-05）[2018-02-15]http://dailynews.sina.cn/china/2000-09-05/123938.html.

>>>> 第二节　口供获取程序缺陷与刑事错案

一、我国口供获取程序的历史沿革

（一）刑讯合法时期

在原始及封建社会，我国的司法证明方式与欧洲大陆国家的司法证明方式一样都实行过神明裁判。由于科学技术极度落后，人类的认知能力有限，往往把不可知无能力控制的事件归因于一个万能的客观实体即神力，在解决纠纷的审判中也一样，因为无法通过重塑过去发生的事件来裁断当事人之间的争议，往往借助具有公信力的神明及神秘手段来实现裁断事实、定纷止争的目的。神示证据制度，又称作"神明裁判"或"神证"，是一种原始的证据制度，在我国早期的社会形态中均有表现。是指用一定的方式邀请神灵帮助裁判案情，并且用一定方式把神明的旨意表现出来，根据神意的启示来判断诉讼中的是非曲直的一种证据制度。利用神灵的旨意，求助于超自然的力量来证明当事人诉讼主张的正当性。根据史料的记载，神示证据制度的证明方法包括"神誓法"和"神判法"。

所谓"神誓法"，裁判者面对诉讼双方相互矛盾的陈述，不能作出裁判时，要求双方分别对神灵起誓，裁判者根据双方起誓的状态或神秘方法来对案件作出裁判。"神判法"，是指当裁判者不能根据双方当事人的陈述判断案情时，借助神的名义，以神秘的方式对事实作出认定，并裁判的证据制度。原始社会末期已有借助神灵来解决争端的做法。进入奴隶社会直到中世纪前期，则成为司法审判中盛行的裁判方法。神明裁判方法多种多样，具代表性的有对神宣誓、水审、火审、决斗、抽签和卜卦等，在古代法律文献中都有记录。如《周礼》："有狱讼者，则使之盟诅。"《墨子》也曾记载："昔者，齐庄君之臣，有所谓王里国、中里徼者。此二子者，讼三年而狱不断。……乃使之人共一羊，盟齐之神社，二子许诺。于是泏洫，摇羊而漉其血，读王里国之辞既已终矣，读中里徼之辞未半也，羊起而触之，折其脚，祧神之而槀之，殪之盟所。"

古制虽然落后，但古人却不提倡残酷的刑法，因为古人或主张人是神的产物，或主张"身体发肤、受之父母"，随意地摧残他人身体可能违背了神的旨意或传统道德。但同时古人根据司法经验也意识到，一般刚正不阿的人不会屈服酷刑，而鸡鸣狗盗之人稍加刑讯就会招供。但毕竟，以残酷刑讯代表"不义"，"以恶治恶"也不符合古代朴素的正义理念。因此，有必要借助一种神秘的方法，这种方法既能够给犯罪嫌疑人施加强大的心理压力，而且又能获得社会普遍道德的认同。以神的名义，为残酷审讯披上一层神秘主义力量的外衣，既获得了道义上的认可，又实现了裁断纠纷的目的。因此有学者总结说："从法律这一方面来说，一旦其手段不能收集到充分确凿的证据材料来解决案件的争议时，它便总是转向求助于宗教。在初民的法律中，通过占卜、赌咒、立誓和神判等方式求助于超自然的力量来确定案件事实的情况是非常普遍的。"①

因此，在奉行"神明裁断"的我国古代，负责裁断权力的机构或者个人往往会运用刑讯逼供的方法获得嫌疑人口供，由于有"神明护体"，刑讯获得了正当性，刑讯获得的口供具有合法性。作为逼供手段，国家逐渐在立法上将刑讯制度合法化、制度化。例如，西周时期，就以"五刑听万民之狱讼"。《治谅之必书》曰："爰书，以某数更言，毋（无）解辞，治（笞）讯某。"由此可以看出，秦律立足于刑讯的合法性，规定对拒不服罪者，依法应当加以拷打。

（二）有条件刑讯时期

根据《睡虎地秦墓竹简·封诊式·治狱》记载："治狱，能以书从迹其言，毋笞掠而得人情为上，笞掠为下，有恐为败。"说明秦朝在审理案件时，以不用刑讯逼供而查明案情为上策；以刑讯逼供查明案情为下策；以刑讯逼供使被告因恐惧而说假话，导致未能审明案件为失败。虽然汉代的法官特别是酷吏常常超出法律规定，动辄以各种酷刑进行拷讯，但汉律对刑讯还是作了一定限制的。汉律规定拷讯的手段只限于"榜笞"，景帝时即对刑具的规格及击打部位作了规定；宣帝先后五次下诏要求减刑。

自唐代开始，历代均采取先行询问，询问不成功再行拷问的两步取供法，只有对犯罪的凭证考察比较确定而当事人还进行狡辩否认的，司法官才能予以拷掠刑讯。唐律从刑讯的条件、程序、方法、对象和刑具等各方面对拷掠作了限制，以确保刑讯的合理和有效。宋代在沿袭唐律对刑讯限制的基础上又有所发展，如对贼盗刑事案件，如果勘查情况与原告证词不同，或赃证具在而不招供认罪时，方可进行拷掠，即《宋刑统·断狱律·不合拷讯者取众证为定》所记载的"勘得宿食行止，与元通词款异同，或即支证分明，及赃验见在，公然抗拒，不招情款者，方得依法拷掠"。

此后，元、明、清有关刑讯的法律规定虽然略少于唐宋，但也有相关的限制规定，明弘治年间还专门规定了拷讯致死罪。历朝历代，特别是汉代以后，受儒家仁道思想的影响，虽然对拷讯进行了抑制，但均是表面现象，在君主专制条件下，对刑讯做到实质性的限制显然是可望而不可即的。虽然口供至关紧要，但刑讯逼供也并非对所有被告人都适用，唐朝时期，如果被告人是封建贵族、老弱病残者，法律规定不能对他们刑讯逼供，而是采取证人证言，据众证定罪的方式。《唐律》规定："诸应议、请、减，若年七十以上，十五以下及废

---

① 霍贝尔. 初民的法律 [M]. 周勇，译. 北京：中国社会科学出版社，1993：11.

疾者，并不合拷讯，皆据众证定罪。"

由于深厚的封建专制思想和"有罪推定""据供定案"等据状鞫狱原则贯穿于整个封建社会，口供在刑事诉讼中的作用是其他证据所无法比拟的。尤其是在案件的侦查阶段，犯罪嫌疑人的口供所提供的信息可以作为侦查人员收集、核实其他证据的线索，并可以帮助侦查人员作出适当的决定。所以，口供对有刑事侦查职责的官员有着很强的诱惑力，以致从以获取口供、查明案情为目的发展到"断罪必取输服供词"的极端。诉讼对口供的需要强化了依赖心理。对口供的依赖几乎是与人们对口供所寄予的希望同时产生的，两者呈现相互促进的关系。人们希望从口供中得到什么，就想方设法获取什么样的口供。

（三）禁止刑讯与口供获取规则缺失时期

新中国成立初期，对口供获取等证据收集规则需求不那么迫切。1954年，《中华人民共和国人民法院组织法》中关于程序的若干规定成为了刑事诉讼程序的基本规制。尽管1950年曾有刑事诉讼条例的草拟，最高人民法院也对14个大中城市高中级法院刑事案件审理程序进行了收集整理并作了初步总结，但诚如担任过最高人民法院院长的董必武所言："各级法院各个法院没有共同的诉讼程序，这是事实。"1954年，全国人大着手进行刑事诉讼法的起草工作，并拟出了《中华人民共和国刑事诉讼法条例（草案）》。此后，全国人大常委会委托最高人民法院主持，并组成了起草刑事诉讼法的专门机构。于1957年6月拟定了《中华人民共和国刑事诉讼法（初稿）》，后因种种原因工作停止。此后，1963年4月又形成了《中华人民共和国刑事诉讼法（草案）》，后因"文革"致使起草修订长期停止。因此，1949年以后，直到1979年，我国司法机关收集和认定口供并不受明确的法律限制，办案机关大多凭借传统经验和习惯收集和认定。且受"口供至上主义"观念的影响，这一时期，口供处在核心地位，口供可以单独作为证据定案。由于没有程序的限制，刑讯逼供大量存在，而且受"文革"的影响，逐渐演变成为政治斗争的工具。

1979年2月，全国人大先后拟定《刑事诉讼法修正一稿》《刑事诉讼法修正二稿》，呈交党中央和全国人大常委会审议。于1979年7月1日正式通过。至此，我国首部刑事诉讼法典诞生。作为中国第一部刑事诉讼法典，《刑事诉讼法》的颁布和施行，结束了多年来办理刑事案件无法可依或只凭政策单行法规办案，甚至凭经验办案、以言代法的历史。在立法时特别强调了"惩罚犯罪"和"保护无辜"两个方面，坚决废止了"专案审查"的做法，并设法加强办案单位的相互制约。首次将"重视调查研究，不轻信口供"写入法律规定。

1979年《刑事诉讼法》虽然体现了我国在刑事司法理念和政策方面的巨

大转变，是我国刑事诉讼制度现代化的开始，但由于刑事司法机制体制未有根本性变化，对司法机关取证、认证的限制性规定还是非常粗糙，辩方权利虽有增加，但在强大的公权力面前仍是小得可怜。加之，传统的落后刑事司法观念惯性依然强大，改革开放后各种社会矛盾凸显，社会治安环境恶劣，以打击犯罪为主的观念仍然处于主导地位，因此这一阶段的刑事司法，虽然体现了对证据的关注，但仍然是以口供为主，口供处于证据体系中的中心地位。司法机关权力和辩方权利的不平衡导致了刑讯逼供现象非常普遍，冤假错案层出不穷。

（四）口供获取规则完善与非法口供排除时期

1996年，我国在吸收国外先进刑事诉讼理念与总结国内刑事司法经验与教训的基础上，最终颁布了一部完整的、符合现代法治基本理念的《刑事诉讼法》，该法虽有不少缺陷，但为我国刑事证据制度确立了坚持无罪推定、严禁止刑讯逼供、追求客观真实的原则和理念，为日后《刑事诉讼法》的改进打下了基础。1996年《刑事诉讼法》在第五章设立了刑事证据专章，对证据的含义、收集、审查判断、适用规则作了较为系统的规定。规定"证明案件真实情况的一切实施，都是证据"。证据"必须经过查证属实，才能作为定案的根据"。为了防止依赖口供定案的情形，专门规定了口供补强规则，明确仅有嫌疑人口供，没有其他证据予以作证的，不能认定案件事实。

2012年3月15日，十一届全国人大对《刑事诉讼法》进行了修订。对刑事证据制度做了较大程度的修改。在我国司法实践的基础上，借鉴和明确了法治发达国家的"排除合理怀疑"的证明体系及证明标准。强调定罪量刑的事实都有证据证明；据以定案的证据均经法定程序查证属实；综合全案证据，对所认定事实已排除合理怀疑。强调了口供和其他证据的印证关系。更为重要的是，新修订的《刑事诉讼法》确立了非法证据排除规则，明确了非法证据范围、举证责任和实施程序及法律后果等。修正案规定，采用刑讯逼供等非法方法收集的犯罪嫌疑人、被告人供述和采用暴力、威胁等非法方法收集的证人证言、被害人陈述，应当予以排除。收集物证、书证不符合法定程序，可能严重影响司法公正的，应当予以补正或者作出合理解释；不能补正或者作出合理解释的，对该证据应当予以排除。对证据收集的合法性进行法庭调查的过程中，人民检察院应当对证据收集的合法性加以证明。现有证据材料不能证明证据收集的合法性的，人民检察院可以提请人民法院通知有关侦查人员或者其他人员出庭说明情况；人民法院可以通知有关侦查人员或者其他人员出庭说明情况。有关侦查人员或者其他人员也可以要求出庭说明情况。经人民法院通知，有关人员应当出庭。对于经过法庭审理，确认或者不能排除存在以非法方法收集证据情形的，对有关证据应当予以排除；在此基础上，2012年修订的《刑事诉讼法》还完善了严禁刑讯逼供的防御机制。增加了拘留、逮捕后及时送看守所羁押、侦查讯问的录音录像制度等。

在2012年修订《刑事诉讼法》以后，最高人民法院、最高人民检察院出台了相关的司法解释，进一步明确了审查程序和审查要点。公安机关为了应对《刑事诉讼法》对证据的新要求，从细化取证规范、完善取证条件、净化取证环境、追究执法责任等方面，对侦查机关取证行为进行规制。尤其在2015年国家以审判为中心的司法体制改革出台以后，侦、控、审三机关更是在刑事诉讼证据规格及认定标准方面共同出台了一些规范性文件，进一步对口供的获取程序、收集形式、证明标准、非法排除规则进行了明确。

二、我国目前口供获取程序缺陷

虽然近些年我国通过大量立法，从口供收集程序本身及非法口供排除规则正反两方面加强对口供获得程序的规制，但由于我国口供获得程序的规范体系、制度环境等方面较法治发达国家仍处于起步和探索阶段，其有关口供获得程序、效力、责任等方面规定尚不完善，主要体现在以下几个方面。

（一）讯问行为的规范不完善

在我国的侦查讯问制度中，侦查人员的权力与犯罪嫌疑人的权利配置严重失衡。一方面对侦查机关的权力制约有限。侦查机关拥有除逮捕以外的一切强制措施的决定权，不但可以自由地对犯罪嫌疑人进行传唤、拘传，而且可以直接支配处于羁押状态的犯罪嫌疑人。在侦查讯问时间上，虽然我国对已被拘留、逮捕的犯罪嫌疑人规定有开始讯问的时间，但对讯问的时间段和长度没有严格规定，侦查人员可以"随心所欲"掌握讯问的时间长度、时间分配，讯问时机和讯问进度，如在审讯时实行车轮战、换班审，必然会造成对犯罪嫌疑人的侵害。讯问场所并不局限于公安检察机关的审讯室和看守所的提讯室，尽管这些讯问场所在法理上本身缺乏独立性，侦查人员可以选择任何"合适"的场所。这些在实践中都一定程度上造成了侦查权的滥用。

另一方面赋予犯罪嫌疑人的正当诉讼权利不够。通常情况下，绝大多数犯罪嫌疑人在侦查阶段都被侦查机关羁押，在人身自由受到限制的情况下接受讯问。在这种显著弱势的状态下，法律应赋予犯罪嫌疑人的正当诉讼权利却相对匮乏。首先，在权利告知方面，实践中采用向犯罪嫌疑人送达《犯罪嫌疑人诉讼权利义务告知书》的做法，内容太过狭窄、履行方式过于简单等；其次，虽然法理规定了律师帮助权，但由于缺乏实施性规则保障，实际执行中出现律师难以真正介入侦查的现象；最后，虽然我国法律有"未经人民法院判决，对任何人都不得确定有罪"的无罪推定原则，但在"禁止强迫任何人自证其罪"原则上，与犯罪嫌疑人负有的"如实陈述"义务存在冲突。

（二）非法证据的内涵不明确

对于法律规定所禁止的"威胁、引诱、欺骗"的侦查讯问，实践表明，由于侦查讯问具有的对抗性特征，使审讯策略和技术不同于平常询问人的方式，主要表现为谋略性。使用谋略就意味着在一定程序上允许使用欺骗，其主要功用是使嫌疑人认识到证据确凿。可以说，适度欺骗是刑事审讯的基本方法之一。对此，有学者认为，威胁、引诱、欺骗等讯问手段在一定范围内应当被允许使用，因为其与"刑讯逼供"有着较为明显的区别，由此获得的证据也不应当必然非法。在不少国家，威胁、引诱、欺骗等讯问手段并没有完全被禁止。可见，我国对侦查讯问行为过程的规制太过粗略，也不够全面，导致实践运用过程中的混乱。

虽然《刑事诉讼法》等相关法规对于口供制度有一些限制性、禁止性规定，比如"严禁以非法手段收集证据""侦查人员不得少于2人"等，但是对于违反这些规则的行为及后果并没有明确规定，使得这些条款效力大打折扣，约束力不强。实践当中，未参与审讯的人员替人代签、事后补签的现象屡见不鲜，已经成为辩护律师查找非法口供线索的重点突破口。而《刑事诉讼法》及相关非法证据排除规则，规定程序瑕疵属于非法证据排除的裁量因素，仅在程序瑕疵严重损害司法公正、且不能作出合理解释的情况下才能排除。而法律及相关规定并未对程序瑕疵的内涵予以界定，也未对什么情况属于严重损害司法公正进行说明。因此实践当中，大量的非规范化获得口供行为往往到最后都被作为认定案件事实的依据。即使刑法明确规定了刑讯逼供罪、暴力取证罪、非法拘禁罪、虐待被监管人员罪等，但是缺乏与口供制度的必要衔接，对于犯罪行为度的规定并没有明确，使得司法实践缺乏实际操作依据，任意性比较大。

（三）侦查监督机制不健全

由于我国相关法律制度设计不合理，使检察机关在侦查监督工作中所应发挥的功效大打折扣。第一，根据《刑事诉讼法》的相关规定，检察机关不但要对侦查机关的侦查活动实行法律监督，还要承担审查起诉和提起公诉两项追诉犯罪的职能，而这两项职能本质上是与侦查机关追诉犯罪相重合的。因此，若举证不利，检察机关也要承担相应的败诉后果，故很难要求检察机关中立于侦查机关和犯罪嫌疑人之间对侦查活动进行客观、公正的监督。第二，《刑事诉讼法》仅规定了侦查机关在对犯罪嫌疑人执行逮捕时需要由检察机关审查，但其他一些侦查强制措施如搜查、扣押等都是由侦查机关自行决定的。在这一过程中，由于侦查权力范围过大却得不到有效的监督和指引，较容易发生一些侵犯人权的现象，检察机关在这方面不能很好地发挥法律监督的职能。第三，由于检察机关在一般情况下不能直接介入案件侦查活动，只是在审查批捕阶段和提起公诉阶段对侦查机关移送的案件证据材料进行书面审查，这样一种通过事后审查的方式来实施对侦查活动的监督，使侦查监督工作存在一定的滞后性，检察机关难以及时发现、纠正侦查机关在侦查活动中的违法行为。因此侦查监督制度不能得到有效执行，检察机关无法有效监督和引导侦查活动。第四，由于检察机关对侦查机关和侦查人员缺乏相应的惩戒处分权，仅仅是以口头纠正的方式或纠正违法通知书的方式指导和监督侦查机关，使其提出的纠正意见往往得不到重视和执行，致使检察机关对侦查机关的制约不够有力，影响了侦查监督的效果。

（四）配套制度不完善

任何一种制度的有效运行，都需要相应的配套制度来加以保障实施，侦查讯问制度也不例外，但是目前我国相关配套制度却很不健全，如律师介入制度、侦查与羁押分管制度、人身检查制度的不完善等，这些都是导致侦查讯问中违法现象屡禁不止的重要原因。其中，侦查羁押分立制度是指侦查和关押犯罪嫌疑人由不同机构或人员负责的一项制度，这一制度的确立有利于侦查和关押机构之间相互监督，防止违法行为的发生。实践中，犯罪嫌疑人由同属于公安机关的监管部门看守羁押，而看守所的羁押管理工作也往往是紧紧围绕着打击犯罪、保证侦查工作的需要而运行的。而且由于看守所的警察和侦查人员都属于共同的公安机关领导，往往容易形成共同的执法理念，不利于对犯罪嫌疑人的权利保护，也使得对侦查人员非法讯问的制约在很大程度上被削弱。人身检查制度也是防止侦查人员违法行为的有效方法之一。上述这些制度是世界上一些法制发达国家通过长期的实践总结出来的，对于保护犯罪嫌疑人的权利和推进刑事诉讼的民主化发挥了重要作用，但这些制度在我国多处于一种缺失或不完善的状态，这也是我国司法改革需要深入推进的客观需要。

》》》》 第三节　非规范化口供获取行为与刑事错案

长期以来，尽管我国刑事诉讼确立了一系列旨在弱化口供作用的证据规则，但是侦查机关在侦查过程中仍然会出现以口供为中心，不按照法律法规收集口供的行为，公安机关的侦查人员一旦遇到刑事案件，仍然采用原始的"摸底排队"的破案方法，用提前拟定的罪犯脸谱去寻找符合条件的犯罪嫌疑人，并将主要的力量用在讯问嫌疑人、拿下口供上面。破案的希望寄托于嫌疑人的交代。而一旦拿下口供，获得了犯罪嫌疑人的有罪供述，其他诸如赃款、赃物等证据也都会相应找到。

一、侦查机关非规范化获取口供的原因

（一）口供获取思想和认识上的错误

1. 司法实践中错误认识

一是"刑讯逼供必要论"，认为真正的犯罪分子一定会交代罪行；二是"刑讯逼供利益论"，认为刑讯逼供虽会造成一定的消极后果，如侵犯犯罪嫌疑人、被告人的合法权利，可能造成冤假错案，等等，但却有助于迫使犯罪分子交代罪行，有利于快速侦破疑案。只要没有造成重大的人身伤亡，刑讯逼供还是利大于弊的；三是"口供必要论"，认为在目前我国现有侦查技术比较落后的情况下，没有犯罪嫌疑人、被告人的口供，刑事侦查将很难进行。

2. 有罪推定思想的影响

封建社会实行纠问式诉讼，犯罪嫌疑人、被告人被先入为主地推定为有罪，这是刑讯逼供得以产生的思想根源，也是刑讯逼供至今仍然难以禁绝的主要原因。在刑讯逼供中，具体办案的侦查人员、检察人员和审判人员对有些案情的认识和推定存在违反科学、不合逻辑的情况，甚至出现捕风捉影、先入为主的问题，由此造成错案。而当办案人员在收集不到其他证据可供查明案件真相的时候，往往凭着个人的认识和判断要求犯罪嫌疑人、被告人作符合自己判断的供述。当其不能如愿以偿的时候，就会认为犯罪嫌疑人、被告人"不老实"，并容易不由自主地进行不同程度的刑讯逼供。

（二）部分工作人员素质低下，法制观念淡薄，缺少规范化获取口供的技能

相对日益严峻的刑事犯罪形势和日趋完备的执法环境，基层的办案人员业务素质、专业技能和执法水平不能完全适应当前形势的需要和法制的要求。我们的执法办案人员由于没有一身过硬的本领，不善于斗智斗勇，难于运用娴熟的侦查、审讯技巧去驾驭局面，加上不会也不善于做群众工作，调查取证缺乏细致耐心、工作作风浮躁。因此，面对顽固、狡诈的犯罪分子和复杂无序的侦查工作而无所适从，只能以简单、粗暴的工作方法去搞刑讯逼供，施以"老拳"求得"捷径"。

（三）公安工作的体制不顺，口供获取受到外界非理性因素的干扰

由于历史和现实的原因，我国从革命战争年代到新中国成立至今数十年的历史进程，建立起来的公安工作体制已不能适应当前工作的需要。由于我们实

行的是"条块结合，以块为主"的公安工作体制，公安工作的方方面面难以避免地受到外界各种因素的影响和制约，在把强调能否"保一方平安"作为衡量干部的重要标准之一的前提下，针对发生的一些性质严重、影响巨大的刑事案件，由于久侦不破、久攻不下，因此遭受有关部门和领导施压以及提出不切合实际的要求，甚至限期破案。公安机关一旦面临破案压力，往往急于求成，过分追求破案速度，去迎合有关部门和领导的要求，从而导致刑讯逼供行为的发生，以致酿成严重的后果。

众所周知，以往各级政法机关实行执法司法考核指标，本来是想通过考核，达到调动干警积极性、防止懈怠、提高效率的目的。可是，由于设置的一些考核指标，诸如刑事拘留数、批捕率、起诉率、有罪判决率、结案率等不合理、不科学，在执行过程中发生偏差，显现出许多弊端。在公安机关内部有些考核指标也相互矛盾，如刑侦系统考核强调拘留数越多越好、批捕率越高越好，而治安系统考核的是发案率、犯罪率越少越好。为了减少发案率、犯罪率，努力做好治安防范工作，实现社会治安稳定，无可非议；而为了完成拘留数、批捕率考核指标，加班加点"突击"办案，千方百计拼凑数字，"萝卜快了不洗泥"，就很难保证案件质量。从2014年以来，媒体公开曝光的十几起冤假错案大多就是政法机关在结案率、有罪判决率等不合理的考核指标的压力与驱动下乱作为造成的，其结果既严重损害了受害人的人身权利，又严重影响了司法权威和公信力，这些教训极其深刻。

（四）司法投入的普遍不足，侦查技术水平的相对低下

目前，我国国民经济实力从总体来看还比较落后，国家能够给予公安司法机关支配的资源相对有限。逼取犯罪嫌疑人、被告人口供与勘验、搜查、扣押、侦查实验等措施相比，成本和耗费相对较小。在国家司法投入普遍不足的情况下，侦查机关千方百计地逼取犯罪嫌疑人口供就不足为奇了。同时，随着犯罪组织性、技术性及隐蔽性的提高，刑事侦查的难度也越来越大，然而我国的刑事侦查无论是从人员素质、技术装备还是组织管理来看，技术水平都比较低，此时侦查人员常常被迫采用刑讯逼供以突破疑难案件。2016年中央政法工作会议明确提出，中央政法各单位和各地政法机关要对各类执法司法考核指标进行全面清理，坚决取消刑事拘留数、批捕率、起诉率、有罪判决率、结案率等不合理的考核项目。建立科学的激励机制，落实办案责任，加强监督制约。

（五）非规范化获取口供处罚不力

虽然我国刑法已将刑讯逼供作为犯罪加以规定，但在司法实践中，更多的

是侦查人员以其他非规范化方法获取口供的问题。而且现实中，这些问题往往是大事化小、小事化了。这是由于这种行为的隐蔽性所决定的，而且，一旦发生了问题，许多单位的领导往往会认为刑讯逼供是因为工作上的需要，而不是为了谋取个人的私利，处罚太严会挫伤工作人员的工作积极性，等等。由于上述种种原因的存在，非规范化获取口供这一屡禁不绝的问题及其造成的损害就日益彰显出来。那么，如何从根本上预防和制止刑讯逼供行为的发生，就成为当前摆在我国司法机关面前的一个亟待解决的问题。

二、侦查机关主要非规范化口供获取行为的表现

（一）片面查证有罪，忽视嫌疑人供述和辩解

1. 依赖"由证到供"的传统模式

案件侦破存在由供到证的模式，侦查机关会根据其掌握犯罪线索讯问犯罪嫌疑人，然后根据犯罪嫌疑人的供述收集其他证据。收集的其他证据如果与犯罪嫌疑人的口供有出入，就继续讯问犯罪嫌疑人。这样反反复复以犯罪嫌疑人的口供为出发点来寻求侦破案件导致整个刑事侦查活动基本上都是围绕犯罪嫌疑人的口供来进行的，这种思绪会强化"有罪推定"的偏见，不利于防偏纠错。另外这种模式容易导致侦查活动以口供为中心，忽视其他侦查取证手段的运用。

2. 重视供述而忽视辩解

被告人的供述和辩解作为法定证据存在是没有高下、轻重之分的。但由于实践中侦查人员在侦查活动中的绝对主导地位和控制权，犯罪嫌疑人、被告人缺少话语权甚至决定供述内容的自由。侦查机关关心的只是破案的口供及线索，对于其无罪或罪轻辩解不重视。审判阶段，受侦查中心主义影响，法官也往往采信侦查机关获取的有罪供述而轻视被告人的当庭辩解。

司法实践中，侦查人员为了立功受奖，为了向上级领导体现自己的办案能力又或者迫于无奈，在讯问犯罪嫌疑人时往往有选择地记录犯罪嫌疑人的供述，对案件定罪有帮助的话语就记下来，对定罪从轻或者是犯罪嫌疑人无罪的辩解，侦查人员就不记，不但不记有时还斥责犯罪嫌疑人，理由就是其不老实交代问题。有时让犯罪嫌疑人自己想好几种作案方式，分别说出来，侦查人员听到自己感觉满意的、能和目前的其他证据形成证据链条的，就选择这种作案方式加以记录。还有一些侦查人员听到了犯罪嫌疑人供述的案情前后不一样，其中一个是符合情理的，另一个不符合情理，但后者描述符合侦查人员的主观推理、有利于案件的侦破，于是侦查人员就理所当然地将符合自己主观推理的案情记录下来，这些都是违反实事求是原则的。从媒体报道及官方公布的资料

来看，很多刑事错案的形成都跟侦查人员有选择性地制作讯问笔录息息相关。

（二）刑讯逼供、引供、诱供、指名指事问供

1. 刑讯逼供

从国内外媒体披露的典型死刑错案来看，我国实践中非法逼供问题尤为突出。如在赵某海案中，1999年5月9日他被刑拘的一个多月里，多次受到刑讯逼供，让他感觉生不如死。关押期间，双手长时间被铐在一条板凳腿上，警方除了对其拳打脚踢，还不让其正常吃饭、睡觉，一打瞌睡就被人在头上放鞭炮。最后，赵某海实在受不了，就按照警方的说法承认了罪行，"他们让我说啥，我就说啥。不按他的说，就得挨打，打得我生不如死。"①基于逼取的9次相互矛盾的口供，无辜的赵某海以故意杀人罪被判处死刑，缓期两年执行。直到2010年5月9日，因"被害人"赵某裳突然回家，客观上证明此案的认定在事实上有误，才使在监狱服刑多年的"杀人犯"被法庭宣告无罪释放。此案的错判直接源于，司法机关过分依赖口供、且高度信赖其真实可靠性。同样，在我国大部分冤假错案的"侦破"中，均有类似的严重违法与人权侵犯情况。这些非法逼取的口供被直接作为证据采用，实为招致死刑错案频发的首要成因。

2. 变相刑讯逼供

由于刑讯逼供获得口供已经被法律明令禁止，且其形式容易被认定，而且刑讯容易造成的后果也较为严重，在当今监督越来越完善的司法环境之下，侦查机关办案人员倾向于适用那些能够给嫌疑人精神和身体造成极大痛苦，但方式隐蔽、后果不严重的变相肉刑的逼供方法。2013年最高人民法院发布《关于建立健全防范刑事冤假错案工作机制的意见》，规定只有被告人供述，没有其他证据的，不能认定被告人有罪。采用刑讯逼供或者冻、饿、晒、烤、疲劳审讯等非法方法收集的被告人供述，应当排除。除情况紧急必须现场讯问以外，在规定的办案场所外讯问取得的供述，未依法对讯问进行全程录音录像取得的供述，以及不能排除以非法方法取得的供述，应当排除。该意见标志着，法院在审判阶段对口供进行合法性审查时，对口供获取方式审查范围的扩大，不仅要审查是否有刑讯逼供行为，还要审查那些隐蔽的变相肉刑的行为。

3. 引供、诱供、指名指事问供

讯问过程中，侦查机关办案人员为了对嫌疑人施加心理限制，增加心理压力，激发嫌疑人供述欲望，有时会以一定利益作为如实供述的诱饵，或者以某些不利后果作为虚假供述的代价。有些情况下，侦查机关承诺的利益内容模糊、形式合法、不越职权；但在很多情况下，侦查机关承诺的利益内容具体、

---

① 办案机关承认"赵作海案"存在刑讯逼供［EB/OL］．（2010-05-11）［2018-02-15］. http://news.xinhuanet.com/legal/2010-05/11/c_1286531.htm.

形式违法、超越职权。前者在实践中一般被视为讯问策略的正确运用，而后者往往会被认为有引供、诱供、指名指事问供之嫌疑。嫌疑人供述的自愿性是影响其供述真实性的最为关键的要素，因此，审讯谋略与引供、诱供、指名指事问供的区别在于，审讯谋略对嫌疑人自愿性的影响不能影响其供述内容的真实性。但在侦查实践中，侦查机关为了快速获取嫌疑人口供，往往会大量使用引诱、胁迫、欺骗的方法，其中有些属于侦查谋略，但有很多已经足以影响嫌疑人供述的真实性，有在审判中被非法排除的风险。其中，诱供、指名指事问供的现象最为突出。

诱供，即侦讯人员用某种许诺作为交换条件而诱使被讯问人按侦查人员的意图进行侦查人员所期望的供述。如：示意被告人，只要坦白了就可以获得自由或者免于处罚等这种借助虚假许诺，并以此作为交换条件，从而使得被告人在诱惑的驱使下按照既定答案回答相关问题。区分正确的讯问技巧与诱供，关键不是在于是否借助了被讯问人员是否急于实现某种愿望的特殊心理，而是在于提供的许诺是否超出了法律许可的范围、超出了侦查人员本身的能力范围等，以及能否实现，还是仅仅作为一种手段、是虚构出来的，利用了被讯问人员对某种事物的渴望。正确的讯问技巧是投桃报李式讯问，是正确利用被讯问人员的心理甚至生理需求从而得到与案件有关的信息，这种需求是必须被付诸实践的。

进行指名指事问供，就是侦查人员在讯问被告人时，对于侦查未经掌握的问题向被讯问人员指出与案件有关的相关具体要素等问题的内容后，以此，使得被讯问人员进行有罪供述。一般包括以下方式：一是询问人员将案情细节透露给嫌疑人，让嫌疑人作出选择性回答。比如：被害人的衣服是黑色的还是白色的？二是把案件证据展示或提示给嫌疑人，让其作出选择性回答。比如：这把刀是你作案时用的刀吗？三是给嫌疑人设定某些前提条件，让其作出选择性回答。比如：如果你不是领导，王某还会给你送礼吗？

指名指事中要求回答的问题，也是侦讯人员未掌握的某些案件事实，针对这些事实，侦查人员也只是存有某种推想和假设，这些推测和假设并不一定是正确的，如果被告人按照侦查人员指的人或事进行相应供述，结果很可能导致虚假陈述，最后导致冤假错案。但是用查实的人或事讯问被告人，则是用证据说话的合法正确运用的讯问技巧。

（三）违反法定程序获取口供

1. 审讯主体不合法

在我国，由于侦查警力资源配置不足、侦查讯问制度不够完善及侦查人员自身法律意识淡薄等原因，司法实践中存在着不具备主体资格的人参与讯问的问题。一是辅协警参与讯问。辅协警作为公安机关独立领导的一支队伍，具有重要的辅助执法、维护社会治安稳定的作用。辅协警的存在大大降低了警察成本，节约了国家财政资源。但值得注意的是，辅协警并不具有侦查权，极少数公安机关因警力紧张等原因，默认辅协警参与讯问嫌疑人活动，甚至在辅协警讯问嫌疑人时发生刑讯逼供事件。二是实习的大学生、公安院校的学生参与讯问。这在侦查讯问程序中也是较为普遍的。上述两种情况均只一味满足法律在侦查讯问主体人数上的规定，而忽略了对讯问主体资格的要求，造成讯问人员组成情况混乱，其实质是"一人取证"。这不仅与《刑事诉讼法》设立有关条款的初衷相违背，破坏了侦查讯问程序的正当性，而且严重侵害了犯罪嫌疑人的合法权利。

讯问主体人数不足是侦查讯问过程中存在的关于讯问主体的又一问题。表现为讯问过程中只有一名侦查人员，同时负责讯问和记录工作。这一行为违反了《刑事诉讼法》关于讯问主体人数的规定。基于讯问场所的封闭性，当只有一名侦查人员进行讯问时就无法做到侦查部门的内部监督，难以确保讯问过程的绝对合法。此外，在"一人取证"的情况下更容易出现刑讯逼供等非法方法，轻则使口供被排除归于无效，使侦查讯问归于失败；重则会令讯问人员触犯刑法。

2. 违反全程录音录像制度

最高人民检察院最早于2005年12月发布了《人民检察院讯问职务犯罪嫌疑人实行全程同步录音录像的规定（试行）》，率先规定了针对侦查阶段讯问职务犯罪嫌疑人进行同步录音录像的"三步走"计划[①]。2007年3月9日，"两高三部"又联合发布了《关于进一步严格依法办案确保办理死刑案件质量的意见》，该意见第十一条规定：讯问可能判处死刑的犯罪嫌疑人，在文字记录的同时，可以根据需要录音录像。2012年《刑事诉讼法》第一百二十一条又以基本法律的形式正式确立了同步录音录像制度。同时，新的《公安机关办理刑事案件程序规定》《人民检察院刑事诉讼规则（试行）》也对该制度进行了细化规定。公安部在2015年出台的《公安机关讯问犯罪嫌疑人录音录像工作规定》更进一步细化了公安机关侦查讯问录音录像的范围条件、形式方法等。

一般来说，同步录音录像制度的功能设计主要在于遏制侦查人员的非法取证行为，保障讯问的合法性，但又不局限于此。该制度的设立无论是对于规范

---

① "三步走"计划。第一步，从2006年3月1日起，全国检察机关办理职务犯罪案件讯问犯罪嫌疑人必须全程同步录音；同时，最高检、省级人民检察院、省会（首府）市人民检察院、东部地区州市级人民检察院办理贿赂案件和其他职务犯罪要案，讯问犯罪嫌疑人时，还必须全程同步录影。第二步，从2006年年底开始，中西部地区州市级人民检察院和东部地区县级人民检察院办理贿赂案件和其他职务犯罪案件，讯问犯罪嫌疑人必须全程同步录音录像。第三步，从2007年10月1日开始，全国检察机关办理职务犯罪案件讯问犯罪嫌疑人必须全程同步录音录像。

侦讯程序本身，还是对于保护犯罪嫌疑人或者侦讯人员来说都大有裨益。不过，从自侦案件录音录像试点以来，到新《刑事诉讼法》实施后的今天，录音录像制度的实践状况并不乐观。其中较为突出的问题表现为：应录不录、录音录像未实现"全程"覆盖、选择性录音录像等。实践中，为了案件的侦破，侦讯人员在讯问犯罪嫌疑人时，难免会选择性地进行录音录像。比如只对有罪供述部分进行相应的录音录像，而对无罪辩解或否认犯罪的部分不录音录像；当侦讯人员违背程序要求，涉嫌刑讯逼供、疲劳审讯等行为时，为了规避法院的非法证据审查，同步录音录像就可能会被人为中断。这种情况下，录音录像呈现出的画面就都是合法的讯问场景，非法讯问行为被人为地过滤掉了，其预防刑讯逼供的功能价值也就无从体现。

3. 未在规定场所讯问

刑讯逼供等非法侦讯行为总是发生在特定的时空环境中，讯问场所是否合理、合法，与犯罪嫌疑人的人权保障和程序公正密切相关。根据修改后的《刑事诉讼法》第一百一十六条到一百一十七条的相关规定，对犯罪嫌疑人进行讯问的地点大致可以分为以下三类：看守所内，犯罪嫌疑人所在市、县内的指定地点或者其住所，现场口头传唤。这些规定对于遏制非法审讯、杜绝冤假错案、保障犯罪嫌疑人的合法权利都大有裨益。但是司法实践中，侦讯人员为了突破口供往往会利用专门办案场所或者其他场所的封闭性，对犯罪嫌疑人施加压力，以便突破犯罪嫌疑人的心理防线，获取有罪供述。侦讯人员囿于破案的压力或者绩效考核的需要，就可能会将犯罪嫌疑人长时间关押在办案场所，突破口供后才将其送至看守所；即便是送到看守所后，为了讯问的需要，也有将犯罪嫌疑人非法外提审讯的情形发生。

实践中，犯罪嫌疑人被拘留或逮捕以后，人身自由受到限制，对于侦讯人员的要求一般只能被动地予以配合。如果侦讯人员讯问在押的犯罪嫌疑人时，没有紧急情况故意不及时送看守所或者是送看守所后以讯问为目的将其带离看守所，在缺乏监督制约的场所进行讯问，即使期间使用了诸如刑讯逼供等不当的讯问方式，也难以被发现；如果侦讯人员在不受规制的场所不顾及犯罪嫌疑人的身体承受能力，长时间、不间断讯问或是经常在深夜讯问，以"疲劳讯问"的方式逐渐消磨犯罪嫌疑人的意志，由此获取的口供也难保真实性。因此，从这个角度讲，侦讯地点的选择就可能异化为侦查机关刻意规避法定程序的手段，讯问场所的失范也就可能成为刑讯逼供滋生的温床。

4. 违反合适成年人在场制度

未成年人的心理、生理发育尚不健全，侦查讯问的封闭性、强制性很容易使其产生恐惧心理，甚至会引起不良的生理反应。合适成年人在场可以在一定程度上消除他们的恐惧心理，缓解侦讯中紧张、压抑的氛围；还能监督、规范侦讯人员的讯问行为，防止侦查人员非法取供，保障未成年犯罪嫌疑人的合法权益。为此，2012年《刑事诉讼法》在第五编第一章未成年人刑事案件诉讼程序中专门增设了合适成年人在场制度。随后，《公安机关办理刑事案件程序规定》第三百一十二条到三百一十四条、《人民检察院刑事诉讼规则（试行）》第四百九十条对该制度也进行了更为详细的规定。立法引进该制度并在司法实践中推广，是基于对未成年人生理和心理特殊性的现实考虑，是保障未成年人合法权益的需要，是体现刑法谦抑性和刑事诉讼人性关怀的表现。但实践中，侦查讯问人员在讯问未成年犯罪嫌疑人时并没有严格遵守该制度。比如侦查人员故意不通知或者通知不到法定代理人，又或者是通知到了法定代理人，但法定代理人却未到场，而短时间内又难以找到其他合适的成年人。这些情况下是否应该继续讯问？如果讯问，那么由此收集的口供又该如何认定？此外，结合实践情况来看，到场的合适成年人也难以发挥实质作用，仅仅是"走过场"。这种情况下，为维护未成年人权益而设的合适成年人在场制度就在一定程度上被架空了。

5. 侵犯律师辩护权

根据我国《刑事诉讼法》的规定，侦查机关在首次讯问犯罪嫌疑人或者对犯罪嫌疑人采取强制措施时，应当告知其有权委托辩护人；对于犯罪嫌疑人是未成年人，聋、盲、哑人，限制行为能力的精神病人，或者可能判处无期徒刑、死刑，没有委托辩护人的，侦查机关应当及时通知法律援助机构指派律师为其提供辩护。除三类特殊案件以外，辩护律师在侦查期间持"三证"即可会见犯罪嫌疑人，看守所也应及时安排会见，至迟不得超过48小时。但我国刑事诉讼素来"重实体、轻程序"，在打击犯罪的大背景下，很多侦讯人员都认为，权利告知根本无足轻重，而且律师过早介入也会影响案件的侦破，甚至导致真凶逍遥法外。

但是，知悉权利是行使权利的前提，有效的律师辩护是保障控辩平等的基础。如果犯罪嫌疑人不知其有获得律师辩护的权利，或者虽然知晓权利却因种种因素的阻碍无法实现，比如侦查讯问人员未履行告知义务、应通知法律援助机构指派律师而没有通知、应允许律师会见却不允许。这些情况下"无知"的犯罪嫌疑人独自面对侦讯人员就会变得孤立无援，其口供的自愿性也难以保障。

因此，讯问时告知犯罪嫌疑人律师辩护权，保障律师辩护权的实现，虽然都是程序性要求，却为犯罪嫌疑人有效行使辩护权提供了前提条件。实践中，犯罪嫌疑人在面对侦讯人员的首次讯问时基本都是没有聘请律师的，侦讯人员为了及时破案，也不愿意犯罪嫌疑人在进行有罪供述之前即获得律师帮助。因此，有时难免就会出现侦讯人员侵犯犯罪嫌疑人律师辩护权的现象。犯罪嫌疑人作为比较弱势的一方，急需律师为其提供必要的法律帮助，若得不到及时有效的辩护，不仅会影响整个案件的诉讼进程，甚至还会酿成冤假错案。从这个角度来讲，侵犯律师辩护权，既不利于程序正义，也有损于实体公正。

三、侦查机关非规范化口供获取行为的危害

刑讯逼供从理论上和实践上对国家的刑事诉讼制度，对犯罪嫌疑人，对社会公众都会造成各种各样的危害，具体表现为以下几个方面。

（一）违背程序正义，极易造成冤假错案

威廉·道格拉斯曾说："权利法案的大多数规定都是程序性规定，这一事实并不是无意义的。正是程序决定了法治和恣意的人治之间的基本区别。"①刑事程序作为惩罚犯罪、保障人权的法律程序，涉及公民的人身、财产权利甚至是生命，其意义更加不容忽视。侦查阶段作为刑事诉讼的前期准备阶段，侦查质量的高低将会影响到案件的最后处理结果。在我国这种公安机关"一家独大"的局面下，犯罪嫌疑人面对侦讯人员本就缺乏有效的防御能力，面对侦讯人员的违法行为也就更加束手无策。

这种情形下，法定的讯问程序就成为保护犯罪嫌疑人免受侵害、对抗违法侦讯行为的有力武器。再者，公法领域"法无授权即禁止"，立法既然规定了讯问程序就应该严格遵循，一旦超越现有立法的授权实施了特定行为，就是对程序法的违反，就背离了程序正义的要求。尤其是刑讯逼供等非法收集证据的手段造成的后果往往使一些人屈打成招，从而形成冤案，放纵了真正的犯罪者，造成了不良的社会影响，损害司法机关的形象，损伤了法律的权威和严肃性。

（二）影响案件诉讼，导致有罪的人不能得到追究

《刑事诉讼法》第五十四条规定："采用刑讯逼供等非法方法收集的犯罪嫌疑人、被告人供述和采用暴力、威胁等非法方法收集的证人证言、被害人陈述，应当予以排除。收集物证、书证不符合法定程序，可能严重影响司法公正的，应当予以补正或者作出合理解释；不能补正或者作出合理解释的，对该证据应当予以排除。"根据法律规定，非规范化的口供获取行为重则成为刑讯逼供，导致口供被作为非法证据排除；轻则成为程序瑕疵，需要侦查机关作出补证和解释。但并非所有瑕疵都能补证，一旦不能补证或所作解释不被法庭认可，则有可能导致关键证据被排除，最终导致败诉，有罪的人得不到应有的追究和惩罚，严重损害了侦查机关的公信力。

（三）非规范化口供损害了刑事诉讼对实体正义的追求，降低了刑事

① 季卫东. 程序比较论 [J]. 比较法研究，1993 (2)：1-46.

诉讼的效率

刑事程序违法的后果折射到实体领域就是影响实体公正的实现。另外，审讯环境本就具有封闭性、强迫性，违反法定讯问程序收集口供，虽不能说都有刑讯逼供、非法取证的嫌疑，但却很容易让人产生非法取供的合理怀疑。纵观那些刑事冤假错案的蒙冤者，他们大多都是在侦查讯问中迫于压力，违背自己的意愿作出了虚假的有罪供述。孟德斯鸠说过："一切有权力的人都容易滥用权力，这是万古不易的一条经验。"①权力一旦越出边界就会损害公民的合法权益，为了制约权力就必须把它关进制度的笼子。

从这个意义上讲，法定讯问程序的存在，很大程度上是为了规制侦讯权力。侦查作为刑事诉讼的关键一环，对后续的诉讼进程及审判结果的影响很大。侦讯权力一旦超出了程序的框架，就极易增加虚假供述的风险，甚至酿成冤假错案，严重影响实体公正的实现。非规范化获取口供的行为可能冤枉无辜，从而增加案件的诉讼成本，并使以前的诉讼程序全部无效，同时导致刑事诉讼效率和效益的降低；严重挫伤被追诉者对程序公正性的信任，引起抵触情绪，必然导致上诉和申诉的大量增长，降低诉讼的效率；会使侦查人员过于依赖犯罪嫌疑人、被告人的口供，而怠于收集其他证据，当被刑讯者被证明是无辜的而不得不收集其他证据时，调查取证的有利时机可能已完全丧失；导致出现疑案和效益降低，使本来愿意如实供述的犯罪嫌疑人、被告人坚决不供述或进行虚假供述，就会使刑事诉讼出现负效率和负效益。

（四）非规范化取证严重影响国家司法的公信力

刑事程序法定原则是现代刑事诉讼中具有全局性指导意义的重要原则。但是囿于"重实体，轻程序"的诉讼传统，实践中很多侦查人员甚至是社会公众都认为只要能获取口供，违背一些程序的要求也无可厚非。在这种观念的驱使下，难免有些侦讯人员会无视立法的要求违背程序取供。长此以往，必然会降低法律的权威，影响司法的公信力。刑事程序中，违法的侦讯行为如刑讯逼供等，使犯罪嫌疑人丧失了诉讼主体的地位，沦为诉讼客体。此时，人不再是目的，而只是一种获取证据的手段或者工具。因此，侦讯人员违反法定讯问程序收集有罪供述，就会侵犯到犯罪嫌疑人应有的权利，甚至会冒犯一个人的基本尊严。更为严重的是，侦查阶段的违法行为还有可能成为冤假错案的罪魁祸首。"法律必须被信仰，否则它便形同虚设。"

刑事诉讼中，如果冤假错案频发，公民的基本权利得不到保障，渴望正义

① 刘根菊，杨立新. 对侦查机关实施强制性处分的司法审查［J］. 中国刑事法杂志，2002（4）：60-73.

的愿望迟迟无法实现，就会影响整个司法的公信力，更无益于公民法律信仰的建立。特别是侦查机关通过刑讯逼供获得口供，实质上是以一种犯罪来对抗另一种犯罪，违反了程序理性原则，损害了人们对司法程序正义功能的预期，从而使无罪者处于比有罪者更坏的境地。因为，在刑讯下，老实交代肯定会被定罪处罚，而奸猾、狡诈者，特别是累犯、惯犯，受到打击处理的人拒不交代却有可能被宣告无罪。一些有经验的惯犯在面对经验不足的司法工作人员的审讯时，就会有意激怒办案人员对其进行刑讯，达到逃避司法追究的目的。

第五章　错案预防的证据学对策

第一节　错案预防之制度因素——完善证据制度

　　防范刑事错案是一项系统工程，导致刑事错案的因素形形色色，但这些因素往往是通过证据问题表现出来，或者是转化为证据。可以说证据问题是导致刑事错案的罪魁祸首。因此建立良好的刑事证据制度具有十分重要的意义，既能使刑事司法活动规范、高效开展，及时、有力地打击犯罪行为，又能制约司法机关的权力，使人民群众的合法权益得到有效保障。但是，我国的刑事证据制度还不尽完善，我国于1979年制定《刑事诉讼法》，1996年和2012年两次对《刑事诉讼法》进行了较大幅度的修改，相关部门也作出相关司法解释等，尽管总体上对证据方面上的规定进行了完善，但仍未能建立起一套系统而全面的刑事证据规则。我国现行刑事证据规则立法和实际运行中存在的一些问题，既深刻地反映出我国刑事证据规则的不健全，也对我国保障人权、制约司法权提出了更高的要求。

　　随着法治建设的发展，我国的刑事庭审方式已经逐步向当事人主义转变，在庭审过程中控辩双方的对抗性也逐步增强，为了确保刑事诉讼证明的真实性和正当性，我国亟待完善有关的刑事证据规则，设立证据准入程序，树立起证据必须具有证据能力的观念，以此来指导司法实践、保障司法公正、提高司法效率。因此，以证据的证据能力理论为起点，将与证据能力有关的证据规则加以系统化，并探究其蕴含的深层价值，不仅可以丰富我国的证据理论研究，而且对促进证据立法、指导司法实践也具有重要的现实意义。可以说，刑事证据制度的完善从根本上是确立刑事证据规则。

一、刑事证据规则的内涵

　　刑事证据，是司法机关查明案情、认定犯罪、进行诉讼活动的基础。在现代诉讼中，基于证据裁判主义的要求，司法人员认定案件事实必须依据证据。在此意义上，诉讼证明实质上是一种运用证据推求已经发生之事实的回溯性认识活动；证据则是构成此项认识活动的基石。按照现代刑事诉讼的一般理论，证据要成为法院认定案件事实的根据，就必须同时具备两方面的特征：一是事实和逻辑上的可采信性；二是法律上的可采纳性。前者从属性的角度来讲是证明力，它指证据对于案件的事实有无证明作用及有多大程度的作用，它存在的依据就是证据资料与案件事实之间的关联关系，而后者表现在证据属性上就是证据能力，它是指证据资料在法律上允许其作为证据的资格。

在英美法系国家，称之为证据的可采性，指证据必须为法律所允许，可用于证明诉讼中的待证事实[①]。于能够进入庭审程序成为定案根据的证据来说，证明力是证据的自然属性，起到的是基础性的作用；而证据能力则是证据的法律属性，起到的是关键性的作用。从本质上讲，证据能力并不是证据本身具有的属性，是法律为了满足某种价值观念和一定外部政策的需要，从外部加于证据的特性。确定某一证据资料是否具有证据能力，不是以其是否具有证明力为标准，而是以其是否符合法律的要求为标准，因此产生了各种证据规则。

（一）刑事证据规则的内涵

刑事证据规则，是指使用、收集、核实、认定刑事证据时所必须遵循的准则，是一种法定的证明模式，其基本理论主张是：司法公正的核心就在于相同案件应该得到相同的处理。而要做到这种量刑的一致性，司法人员在收集和审查评断证据时，就必须遵守统一而且具体明确的规则，不能有任何自由裁量权。证据规则是"舶来品"，我国台湾地区称为"证据法则"。要深入理解刑事证据规则的内涵先要理解另一个概念，即刑事证据能力。证据能力这一概念本身的内涵包括以下几个方面。

第一，证据能力反映证据形式上的基本要求，而非证据内容上的实质要求。

第二，证据能力问题的实质是有关证据资格的问题，即证据资料是否可以被法庭调查，并作为认定案件事实的根据。

第三，证据能力和庭审活动密切联系。在刑事诉讼中，庭审阶段是最重要的阶段，因为这一过程将对被告人是否构成犯罪作出实质性的判断。因此，各个国家一般都对在审判阶段诉讼中的证据质证采信活动有着严格的规定。主要表现在，对证据可否用来证明犯罪的事实进行严格限制和资格审查。

第四，某项证据资料是否具有证据能力是由有关法律明文规定的，这是判断证据资料是否符合形式上的要求的客观依据和标准。在我国刑事诉讼理论与实践中，证据的合法性就等同于证据能力，也就是说证据是否具有证据能力是由法律规定的。证据能力这一概念在我国较早出现于台湾地区学者的教科书中。台湾学者蔡墩铭先生将其表述为："在特定之诉讼事件，一定之证据具有作为严格证明资料之法律上之资格。"他认为只有具有证据能力的刑事证据才

---

① 卞建林. 刑事诉讼法学 [M]. 北京：中国政法大学出版社，2008：217.

能用来证明犯罪。因此即使某一证据资料有证明价值，但是在形式上缺少证据能力也不能予以使用。台湾学者陈朴生将证据规则定义为："何种资料，可为证据，如何收集及如何利用，此与认定之事实是否真实，及使用之法律能否正确，至关重要。为使依证据认定之事实真实，适用之法律正确，不能无一定之法规，以资准绳。称此法则，为证据法则。"通过两位台湾学者的表述不难看出，刑事证据规则实则是将法律中有关刑事证据能力问题的规定进行总结归纳得出的一系列准则。

（二）刑事证据规则的分类

第一，可分为刑事证据能力规则和刑事证明行为规则。首先，刑事证据能力的规则规定的是什么样的证据资料可以作为证据被采纳的问题，包括：相关性规则、传闻证据规则、非法证据排除规则、最佳证据规则、意见证据规则等。其次，证明行为规则是指在诉讼过程中各方在制作、调查收集、审查判断、举证质证证据的时候必须遵循的行为准则。

第二，根据诉讼阶段的不同，可以将刑事证据规则分为取证规则、采证规则、查证规则和定案规则。

二、刑事证据规则的法律价值取向

虽然大部分国家都是以法律规定的形式将某些刑事证据材料纳入诉讼中来，同时又将另一些证据材料排除出去。但对于何种刑事证据应当被排除或采纳，在何种具体的情形下及在何种程度上被采纳等问题的回答就取决于这些国家的法律传统、在何种程度上尊重他们的宪法以及如何平衡个人权利和公共利益的保障等因素。说到底，刑事证据规则所限定的实际上是刑事证据的正当性问题，或者说是对刑事证据的一个价值上的判断。

在法律体系的大背景中，法律的价值是可能通过对立法过程、国家政策、司法实践等行为产生潜移默化的影响而表现出来的。实践中有很多的因素影响着刑事证据规则的设定。其中，国家安全、公民自由、司法公正是法律价值体系中最基本的三个方面。从刑事诉讼领域来看，维护国家安全主要体现于预防、控制、惩处犯罪等方面，而保护公民自由则主要集中于对公民的人权保障方面。纵观大陆法系与英美法系诸国，证据规则会将诉讼证明本身的需要和诉讼证明外政策的需要这两方面一起纳入考虑范畴，避免价值取向的单一性，寻求道德价值和法律价值之间的利益平衡，最大限度地兼顾两者，也就是目前我国司法界所追求的法律效果和社会效果的统一。所以作为证据规则的法律价值取向主要应基于以下几方面考虑。

第一，体现司法公正的追求。公正是法律的基本精神，是司法诉讼活动自身的必然要求，它包含实体上的公正和程序上的公正。从实体公正来讲，法律事实认定准确是其首先要追求的价值，因此刑事证据也就成为了刑事司法活动中实现实体公正的基础。就程序公正而言，就是通过证据能力对证明力的限制来体现。随着人们对于个人权利重视程度的不断提高，人们逐渐认识到诉讼本身的价值不能仅限于查明案件的事实，还应该保证整个诉讼活动能够公正正当地进行，用程序正义来保证实体正义的实现，证据规则正是程序正义制度中最重要的内容之一。所以法律必须对证据的来源、形式及收集提取证据的程序和手段进行具体的规定，以此来规范司法证明活动，特别是规范调查取证活动。这正顺应了英国古老的法典所云："正义不仅要得到实现，而且要以人们看得见的方式实现。"所以证据规则中对于证据的范围、证明责任和标准、证据收集的程序等方面的规定不仅表现出了司法必须公正的要求，而且其中也包含着丰富的法治思想，也就是在国家公共权力和公民的基本权利和自由之间平衡确立了清晰的取证规则①。

第二，限制和防止追诉机关滥用权力。刑事诉讼中利益最为对立的双方是追诉机关和犯罪嫌疑人、被告人。追诉犯罪行为、惩治犯罪嫌疑人既是追诉机关的职责又是追诉机关的权力，而只要有权力就可能出现腐败和专制的行为，因此限制追诉机关权力范围就是为了防止其滥用权力，保护公民的个人权利不受侵犯。在刑事诉讼这个特殊程序中，公民所对抗的是拥有强制力并且实力强大的追诉机关，公民处于极其弱势的地位，所以每一名犯罪嫌疑人和被告人都应被赋予一定的抵抗权，来保护他们所享有的人权、财产权、生命健康权等基本权利。所以现代刑事诉讼制度的文明性、科学性、民主性日益提高，世界各国关于非法证据对于刑事诉讼的危害性的认识日益提高，这就促使非法证据排除规则得到了承认与确立。在司法实践中，司法人员和侦查人员也应该转变思想观念，不要再用对待"敌人"的态度和手段去对待犯罪嫌疑人和被告人。

第三，排除具有虚假可能性的证据材料。在刑事诉讼中有很多证据资料局限于本身的特点，其自身具有很大的虚假可能，法律可以直接将其作为证据的资格予以排除，使其彻底被否定。例如英美法系中的传闻证据规则就体现了这一点：言词材料证据的真实性同时局限于证人本身的感知与记忆，以及表达能力等方面，还有语言本身的局限性，一旦证人在这几个方面的能力出现问题，或者理解出现了偏差、表达出现了错误就会影响证据的真实性。并且每个人都有趋利避害的本能，在诉讼活动中当事人和证人可能会基于自身利益的考虑，只进行对自己有利、对他人不利的陈述。因此需要设定一定的刑事证据规则来防止具有虚假可能性的证据资料进入庭审程序，以此保障诉讼证明活动中单个证据的可靠性。

---

① 马秀娟，尤林涛. 刑事证据规则若干问题思考 [J]. 湖北警官学院学报，2008（3）：16-19.

三、两大法系刑事证据规则的比较

证据规则的法律属性有：强制效力，明确的指导性，明显的程序性。证据规则的适用能够在确定性方面给人比标准和原则更大的安全感，有助于克服对于无序状态的恐惧。无论是英美法系国家还是大陆法系国家，只要事物具备相关性（证明力）和可采性（证据能力）就可以成为证据，而不管这种事物是以什么形式表现出来，并且证据的可采性从本质上说不是证据本身具有的属性，而是法律为了满足某种价值观念的需要从外部加于证据的特征，是一个严格的法律问题，因此存在证据规则的国家关于证据能力（英美法系称证据可采性）的规定就成了证据规则的核心内容。

（一）英美法系的刑事证据规则

总体来说，英美法系的证据规则受到实用主义的影响，较为凌乱，体系化程度相对较低。从全球范围来看，美国的证据制度独树一帜、特色鲜明，发展至今已经相当完善，正如其政治经济地位一样，在全球范围都占据重要地位，对许多国家都产生着不同程度的影响，许多国家都能从美国的证据制度中汲取养分，促进自身的发展。相对我国而言，美国虽为判例法国家，与我国属不同法系，但其证据制度却在众多判例的基础上，经过长期的积累和反复的修订，逐渐形成比较完善的制度体系，并且制定了《美国联邦证据规则》这样极具影响力的成文法规，这使得美国的证据制度成为众多国家学习借鉴的对象。而证据制度是诉讼活动中关于证据采信及运用的制度，其目的都是通过一系列规则规范诉讼中的证明活动，从而实现诉讼的公正和效率，这一点无论是大陆法系国家还是英美法系国家都是相通的，因此，美国刑事证据制度中必然有值得我国学习和借鉴的优秀成果。通过比较分析，应该且可以从中找到其对我国刑事证据制度进一步完善的一些启示。

美国作为一个联邦制国家，其证据规则体系不是集中统一的，而是和其他部门法一样是由联邦法律和各州法律组成的。现行的《联邦证据规则》制定于20世纪70年代，是其统一的也是最主要、最全面的证据法律文件。此外，美国各州还有自己的证据规则，如《加利福尼亚州证据法典》，但其内容与《联邦证据规则》基本一致，只有少数地方性的规定。《联邦证据规则》共八章，每一章又分为若干规则，实际上该法共包含10个方面的规则，即可采性的规则，司法认知的规则，民事推定的规则，证据关联性的规则，证人证言特免权的规则，证人的规则，意见和专家证言的规则，传闻的规则，鉴证和辨认的规则，文书、录音与照片内容的规则。

美国在诉讼上奉行的是当事人主义并采取陪审团制度，证据的收集、提出和质证均由当事人自己负责。为了规范当事人的举证、质证活动，防止对由非职业法官组成的事实裁判者——陪审团——产生误导，在长期的司法实践中通过判例形成了一套相对完整、系统的证据规则，主要集中在证据能力方面，如传闻证据规则、意见证据规则、任意自白规则等。20世纪60年代，为了规范侦查权利的运用，加强诉讼中的人权保障，维护程序正义，美国又进一步确立了非法证据排除规则。

在调查取证方面，美国法律给予律师很大的主动性，允许其全程参与案件调查，从而尽可能多地掌握案件相关证据，这样在后来的诉讼中可以提出有力的辩护意见；同时，掌握越多的证据，就越能够与控方进行对抗，越能真实地展现案件的本来面目，有利于陪审团和法官作出明智的判断。在举证方面，美国以宪法修正案的形式确定了被告人的沉默权，从而在宪法的层面使被告人的人权得到保障，其基本要求有二：一是被告人不得被迫提供证据或作出供述；二是被告人在受到指控时，有权不作对自己不利的陈述。在质证环节，美国奉行直接审理原则，法官通过庭审现场控辩双方所提供的证据来审查判断案件事实，而不是庭下的书面审理。同时，在美国，没有经过法庭调查、控辩双方质证的证据材料是不能作为证据而采信的，在法庭调查中，要求证人、鉴定人等必须出庭作证。在认证环节，主要涉及的就是前面所说的非法证据排除规则。美国通过一系列判例确定，违法的、无根据的搜查和没收所获得的证据，以及通过违法收集的证据和发现的证据均应排除。但由于犯罪浪潮的冲击，为增强有罪证据的力量，近年来联邦最高法院通过判例确认了逃避排除规则的一些例外，如"最终或必然发现"的证据不适用排除规则。

美国的诉讼制度基本上可以同时适用于三大诉讼。首先，美国有统一的证据立法，如《联邦证据规则》，而不是将证据规则分散于刑事诉讼、民事诉讼及行政诉讼的各自规则中去。虽然三大诉讼中关于证据存在一定的差异，但对于基本证据规则的运用是一致的、相同的，在刑事诉讼中可以适用的规则一般也可以在其他两种诉讼中得到适用。因为证据有其相对独立的体系，并不会因为诉讼性质的改变而发生较大的变化。其次，主要规范证据的可采性。证据的运用主要涉及两个基本问题，一个是什么样的材料应该或者可以作为证据被采用，即可采性的问题；一个是所采用的证据如何使用，即证据证明力的问题。美国的证据学专家华尔兹教授认为大多数证据规则都是关于什么应被采纳为证据的问题即可采性问题，证据的可采性是证据规则的灵魂。从整体上看，美国的证据规则几乎都涉及了证据的可采性问题，即什么样的材料可以被接受为证据使用是其规范的重点所在。这样做的好处在于能够在诉讼过程中事先确定证据的范围，防止无用证据不断被提交、诉讼陷入无休止的状态，防止不当证据被采用造成对陪审员的误导。当然，采取这样的证据规则是与美国的陪审团审判模式分不开的，因为在美国的诉讼中，最终根据所提供的证据去评判案件、做出裁决的是缺乏专业知识的陪审团，而不是法官。

通过对美国的描述，可以看到英美法系国家在多年的司法实践基础上形成了较完备的可采性规则。有学者将这些基于不同价值取向的可采性规则分为两大类：基于证据本身的立证价值考虑设立的规则和基于外部政策而设立的规则。

1. 基于证据本身的立证价值考虑而设立的规则

设立此类规则的目的在于保障证据质量，方便发现案件的实体真实。它主要包括以下六点。

第一，非法证据排除规则。如果一个证据不具有一定的使用价值，或者其具有一定的使用价值，但因其具有太多的偏见，或不公平的、混乱争议性的危险，依据关联性规则或司法实践中的某种政策予以排除。如英美法系当中的"不被强迫自证其罪规则"，它主要包括被告人的特权和证人的特权两个方面。被告人的特权有不被强迫进行宣誓或站在证人席上；证人特权是指在民诉、刑诉中证人有权拒绝回答可能使他们陷于刑事追诉或承担刑事责任的问题。如果出现被告人和证人强迫自证其罪的情况，所获得的证据将会被排除。

第二，优先规则，也称排除第二位证据规则、最佳证据规则。该规则是英美法系中一项关于文字材料的证据可采性规则。由于在司法实践中一种证据可能比另一种证据在经验上更具有确实性，所以就允许这种证据优先于其他证据提出。例如：根据优先证据规则，文字类型的证据材料的原始材料以其内容证明案件事实时，其证据证明力要优于复印件和凭借主观印象和记忆所作的口头陈述，也指原始的文字材料作为证据有优先权。

第三，传闻规则，或称分析规则，这在交叉盘问规则中体现较为明显。交叉盘问规则，它是指控辩双方各自的证人必须到庭候询，在出庭作证时应逐个进行，先由立证的一方对本方证人进行主盘问，随后由对方进行交叉盘问，即本方证人接受对方的盘问。英美法系普遍认为交叉盘问是"迄今为止所发现的最伟大的法律发动机"，它能揭露出证人的根本性缺陷[①]。因此，从审判经验来看，对于供述或者证言，如果不经过分析或者深入研究，是无法发现它的弱点或者漏洞的，因而不能把它们作为认定案件事实的根据。因此，在庭审活动之外的陈述，因为不能进行诉辩双方的交叉询问，所以不能作为定案证据进行使用。

第四，预防规则，或称防止规则。它是指采取一定的预防措施对容易形成虚伪证据或错误证据进行预防，防止其出现在刑事诉讼过程中。适用此规则的前提是预见某些证据可能存在的危险性，适用此规则的目的是保障证据的真实性，实现司法公正。

---

① 何家弘. 证据学论坛［M］. 北京：中国检察出版社，2000：436.

第五，数量规则，也称定量法则或补强证据规则。是指为了能够较为准确地认定案件事实，尽可能地保护犯罪嫌疑人和被告人的基本权利，对某些证明力相对较弱的证据要有其他证据对其进行证实之后才能够将其作为定案根据。正如贝卡利亚所说："证实犯罪的证据，可以分为完全的和不完全的。那些排除了无罪可能性的证据，我称之为完全的。这种证据，只要有一个，就足以定罪。不能排除无罪可能性的证据，则是不完全证据。这种证据要变成完全的，需要有足够的数量。"

第六，相关性规则，即具有相关性的证据才具有可采性，包括：没有相关性的证据，不具有可采性；品格证据没有相关性；其他犯罪或特定恶劣行为的证据没有相关性。

2. 基于外部政策而设定的规则

这个规则的明显特点是，假如证据材料具有一定证据的使用价值，但是基于外部的政策需要仍然要对其予以排除。其目的在于保证证据和证明的合法性、正当性。它主要包括以下两点。

第一，绝对排除规则。此规则主要适用于非法证据，它是指以非法手段或非法程序取得的言词证据和实物证据都不具有证据能力，不能在刑事诉讼中作为定案依据。在美国，采取过将"毒树"（违法所得的证据）和"毒树之果"（以违法所得证据为线索进一步获得的其他证据）一并严格排除的极端做法，但是近年来面对犯罪率的持续上升和极端暴力犯罪的大量出现，美国开始放弃这一极端做法，通过判例确认了排除规则的一系列例外。

第二，附条件排除规则。一般称为拒证特权，它是指如果证人具有拒绝作证的特权并且拒绝作证，那么即使证人证言与待证事实之间具有关联性，这个证言也要被排除。

（二）大陆法系的刑事证据规则

大陆法系关于证据能力的规则比英美法系要少得多，在一定程度上是大陆法系的法律规范讲求体系化和内在逻辑性的缘故，一般研究大陆法系国家的证据规则，只需掌握其立法内容即可。但在大陆法系国家尤其是德国对于证据能力还是有若干限制的，其法理依据无外乎程序禁止和证据排除理论。证据能力一般由刑事诉讼法典等制定法通过程序性限制来规定。有关这些证据法规定，有学者将其概括为由直接言词原则和一系列证据法则组成。具体如下。

第一，直接言词原则，也称口证原则，是指法官亲自听取双方当事人、证人及其他诉讼参与人在法庭上的口头陈述和辩论，从而对案件事实的真实性进行主观判断，以此为依据对案件作出判决。直接言词原则包括直接原则和言词原则，直接原则，又称直接审理原则，是指办理案件的法官、陪审员只能以亲自在法庭上直接获取的证据材料作为裁判之基础的诉讼原则。言词原则，又称言词审理原则，要求当事人等在法庭上须用言词形式开展质证辩论的原则。

第二，任意性法则。自白任意性法则要求，凡是通过违法或不正当的方式获得的被告人非自愿性自白，不具有证据能力。从内容上说，自白任意性法则大致等同于英美法系的"不被迫自证其罪"规则。在大陆法系中，这一法则属于程序禁止并且是绝对禁止，不会因为被告人事后同意而改变其违法性。因为供述并不是出于犯罪嫌疑人、被告人自愿作出的，而是通过违法的强制性手段获得的，所以这样的供述往往存在虚假的危险，大多数都不具有真实性；并且采用刑讯逼供等非法手段获取证据，会使犯罪嫌疑人和被告人因为承受不了精神和肉体的双重折磨而被迫承认自己有罪，这种做法是对犯罪嫌疑人和被告人基本权利的侵犯，也是违背人道主义原则的。

第三，关联性法则。指的是证据与待证法律事实之间有着内在与外在的关联性，而且这种关联性可以作为证明案件本身事实存在与否的根据。必须与诉讼中待证案件事实具有关联性的证据才能采纳，没有关联性的证据一律不予采纳。

第四，合法性法则。所谓证据的合法性法则，指法律规定了证据资料的取得方法或其要件时，诉辩双方在庭审中提交的证据要在证据的主体方面、形式方面、收集提取程序手段等方面都遵守并符合法律相关规定，才能被采纳为定案的证据。如果不是通过法定方式取得或者缺少要件的证据资料就是非合法证据，不具备证据能力，不得采纳。

第五，意见法则。意见法则将作为证据的陈述分为两类，一类是体验陈述，指陈述人就自己所经历的事实所作的陈述；一类是意见陈述，指陈述人对某一事项的判断和意见。

（三）两大法系刑事证据规则的比较与评论

关于刑事证据规则，两大法系在立法风格、体例上存在较大差异。主要体现在以下方面。

第一，两大法系对于证据能力限制的范围上存在差异。英美法系国家非常强调证据能力规则的设置，建立起了比较详细和完整的规则，对证据能力的限制范围非常广泛。而大陆法系国家对于上述英美法系国家所设置的规则绝大多数都没有设置，大陆法系国家比较强调庭审中调查的作用，一般不会制定法定的规则限定法官调查的证据范围。

第二，两大法系对证据能力进行限制时所考虑的重点是不同的。英美法系国家对于证据能力的限制在内容上更倾向于证据材料本身有没有立证的价值。英美法系之所以制定排除性规则，其主要原因是陪审员在法庭过程中要担任判定犯罪嫌疑人、被告人是否有罪的任务，陪审成员可能只注意到了某些有关联性的证据事实而偏离法律，无法查明案件真相。可见，英美法系对证据资格设置证据规则的目的主要是发现案件真实。而大陆法系国家更倾向于证据的外在表现形式和取证程序的合法，它排除特定证据的出发点并不在于保障事实的认定，而满足外部政策的需要。

第三，两大法系对于证据能力进行限制时的效力是不同的。在英美法系国家中，申请证据没有证据能力的诉讼权利归属于当事人，法官是不主动主张某项证据无效的，因此它属于相对无效。而在大陆法系国家，赋予当事人主张某项证据没有证据效力的权利，同时法官也负有主张和认定某项证据没有证据能力的职责，并且当事人的观点并不能对法官的判断产生影响和约束，因此它属于绝对无效。

第四，两大法系对于证据能力限制特例的规定上存在差异。英美法系是先由法律设定排除证据资料的一般规则，然后列举若干有证据能力的特例；而大陆法系则是在承认证据资料一般均具有证据能力的前提下，对于某些个别情况设置没有证据能力的特例。两大法系之间的差异，主要是由于两者的诉讼模式不同。大陆法系证据法则倾向于对证据能力进行法官裁量；而英美法系的证据法则倾向于对证据能力进行明确的法律规定。职权主义证据法的重心在于证据调查程序；而当事人主义证据法的重心在于证据能力。

如今，随着刑事诉讼制度的不断发展，将两大法系的立法模式有机地结合起来已经成为各国证据制度的共同选择。从发展趋势上看：大陆法系国家不再只强调职权主义的运用、依赖法官的裁量权将证据调查的任务交给法官，而是开始通过立法确立了一部分的证据排除规则，向证据资格的法定主义靠拢；而英美法系国家在明确设定证据规则的基础上也赋予了法官一定的裁量权。这种趋势缩小了两大法系在证据能力问题上的差别，并呈现出一定的共同性。主要表现在以下方面。

第一，在证据能力的内容设置上，大陆法系与英美法系在逐渐靠拢。首先，这一趋势突出表现为实体上对证据能力的规定上，二者逐渐趋向遵循某些共同的规则或者以貌似不同的规则表达相同的主题上。比如，二者都存在以单纯地排除某种证据方式为内容的规则。其次，这种靠拢的趋势还表现在通过不同的规则实现相同或相近的功能上。例如大陆法系的直接言词原则和英美法系的传闻证据规则。

第二，在证据能力的确定方式上，大陆法系和英美法系都在追求法定主义与裁量主义的有机结合。现代的英美法系中，在特定的情形下法律赋予法官一定排除证据的自由裁量权。由于法官享有排除证据的自由裁量权，这就缩小了法定排除的范围，使可采纳证据的范围得到了相应的扩展，使进入庭审程序的证据增多，更有利于惩治犯罪、维护国家安全，逐步与大陆法系接近。大陆法系传统上倾向于裁量主义方式，但也规定证据取舍的标准及决定的程序在一定范围内受法定规则的制约。大陆法系设立了判定证据能力的程序规则，法律对证据的提供和在法庭上的展示方式、顺序，以及诉讼参与人就各种证据进行辩论的程序等，都作出了明文规定。这样的做法优化了诉讼程序，更有利于保障程序正义、保护犯罪嫌疑人和被告人的基本权利，它与英美法系相融合的趋势在逐步加强。

第三，在证据能力限制所追求的法律价值上具有共同性。尽管两大法系在体现的具体方式、范围上不尽相同，但从二者所追求的法律价值来看，都既要考虑到诉讼证明上的需要，又要考虑到诉讼证明外政策上的需要。两大法系国家在此点上的共同性正是二者超越各自不同的诉讼模式和运作方式的局限，追求刑事诉讼价值理念上一致性的具体反映[①]。

四、我国刑事证据规则

（一）我国刑事证据规则的理论研究现状

在我国，证据规则仍是一个有待进一步深入研究的课题，刑事诉讼法学界在该领域的探索相对落后，到目前为止还缺乏对证据规则专门性、系统性的论述。在有关证据规则的讨论中，我国学者对证据规则这一术语的理解依旧存在一定的分歧。在立法体例上，我国对于证据制度的一般规定都包含在相应的诉讼法之中，证据法规范一直混同于诉讼法规范而没有独立的存在形式。因此，我国传统证据法理论对证据规则的理解主要是从证明的运行或操作程序的角度来进行的。不过随着国外对证据规则的不断完善及我国学者对证据制度的深入研究，大部分学者开始意识到过去对于证据规则这一概念的理解是存在偏差的。

在1996年前有关《刑事诉讼法》第一次修改的讨论中，我国学者对证据规则的争论主要集中在我国是否应当确立非法证据排除规则及在何种程度上确立该规则等问题上。修正后的该法并没有确立非法证据排除规则，但在庭审方式改革的同时却自发地规定了若干有关证据能力方面的规则。在最高司法机关贯彻实施1996年《刑事诉讼法》的司法解释中，这些规范证据能力的证据规则得到了进一步的完善和发展。在2012年前有关《刑事诉讼法》第二次修改的讨论中，我国学者们就该法是否需要二次修改，如果修改是大改、中改还是小改的问题进行了讨论。有的学者认为1996年《刑事诉讼法》中对于证据制度的规定基本上能满足打击犯罪和保障人权的双重需要，同时从维护法律稳定性的角度来看，不宜短时间内对该法进行二次修改。

---

① 肖建国. 证据能力比较研究 [J]. 中国刑事法杂志, 2001 (6)：80–92.

而主流观点认为1996年完成《刑事诉讼法》的第一次修改后，我国的经济、政治、社会形势都发生了巨大变化，"依法治国、建设社会主义法治国家""国家尊重和保障人权"先后入宪，人们的法制观念逐步增强，再次修改《刑事诉讼法》并且对证据规则进行进一步完善和补充与我国国情并没有冲突，在我国确立非法证据排除规则并没有障碍。2012年修改后的《刑事诉讼法》确立了非法证据排除规则，这在某种程度上表明我国对于刑事证据能力问题的研究有了一定的发展。

随着我国司法改革的深入，证据规则在司法活动中的地位和作用也日益突出。这些年来，我国最高人民法院、最高人民检察院先后通过一些司法解释，各地中、高级人民法院也拟定了适应各自辖区的证据规则试行案，进行了构建证据规则的初步尝试。但从这些初步尝试来看，由于认识角度方面的差异，我国并没有取得实质性的突破。虽然我国对于证据的定义由过去的"事实说"转变为"材料说"，但在实际操作中仍然强调在运用证据时要坚持"具体问题具体分析"的原则，结果造成我国的证据法学和证据制度无法取得跨越式的发展。我国迄今为止还没有制定单独的证据法，证据规则主要体现在诉讼法及一系列司法解释等法律规范中。而从刑事诉讼层面来看，我国现行诉讼法所确立的刑事证据规则存在明显不足，最集中的表现就是没有形成系统的刑事证据规则，与公众所认同的证据在诉讼中的灵魂作用不相适应。

(二) 我国现行刑事证据规则的内容及存在的问题

1. 我国现行刑事证据规则的内容

我国目前的刑事证据规则主要包含以下四项内容。

第一，非法证据排除规则。非法证据排除规则是指，除非法律另有规定，法庭不得采纳非法证据作为定案的根据。我国《刑事诉讼法》第五十条规定："严禁刑讯逼供和以威胁、利诱、欺骗以及其他非法方法收集证据，不得强迫任何人证实自己有罪。"第五十四条规定："采用刑讯逼供等非法方法收集的犯罪嫌疑人、被告人供述和采用暴力、威胁等非法方法收集的证人证言、被害人陈述，应当予以排除。收集物证、书证不符合法定程序，可能严重影响司法公正的，应当予以补正或者作出合理解释；不能补正或者作出合理解释的，对该证据应当予以排除。"

除一般规定以外，也对人民检察院、人民法院排除非法证据的义务作出了规定。例如，人民检察院接到报案、控告、举报或者发现侦查人员以非法方法收集证据的，应当进行调查核实。对于确有以非法方法收集证据情形的，应当提出纠正意见；构成犯罪的，依法追究刑事责任（第五十五条）。法庭审理过程中，审判人员认为可能存在本法第五十四条规定的以非法方法收集证据情形的，应当对证据收集的合法性进行法庭调查，对以非法方法收集的证据应当予以排除（第五十六条）。人民检察院应当对证据收集的合法性加以证明（第五十七条）。从国际公约的角度，我国还于1986年签署并批准联合国的《禁止酷刑和其他残忍、不人道或有辱人格的待遇或处罚公约》，该公约同样是我国证据合法性来源的法律渊源。

第二，原始证据优先规则。此规则是指表现为某种形式的证据比其他形式的证据具有更高的证明价值，而应该被优先采纳。我国的《刑事诉讼法》对于此规则没有明确的规定，但是《最高人民法院关于执行〈中华人民共和国刑事诉讼法〉若干问题的解释》第五十三条规定：收集调取的书证应当是原件。只有在取得原件确有困难时，才可以是副本或者复印件。收集、调取的物证应当是原物。只有在原物不便搬运、不易保存或者依法应当返还被害人时，才可以拍摄足以反映原物外形或者内容的照片、录像。书证的副本、复印件，物证的照片、录像，只有经与原件、原物核实无误或者经鉴定证明真实的，才具有与原件、原物同等的证明力。

第三，相关性规则。此规则要求进入诉讼程序的证据材料必须与案件事实有实质性联系。《刑事诉讼法》第一百一十八条规定："犯罪嫌疑人对侦查人员的提问，应当如实回答。但是对与本案无关的问题，有拒绝回答的权利。"第一百八十九条规定："公诉人、当事人和辩护人、诉讼代理人经审判长许可，可以对证人、鉴定人发问。审判长认为发问的内容与案件无关的时候，应当制止。"同时《刑事诉讼法》中也规定与案件无关的物品、文件不得扣押。以上这些法律规定，确立了我国的刑事证据相关性规则。

第四，补强证据规则。是指由于特定证据类型虚假的可能性比较大，法律规定此类证据不得单独作为认定案件事实的依据，只有在其他证据与其相互印证时，才能认定案件事实。目前，我国刑事诉讼中，不能单独作为认定案件事实依据的，主要是指犯罪嫌疑人的供述。我国《刑事诉讼法》第五十三条规定："对一切案件的判处都要重证据，重调查研究，不轻信口供。只有被告人供述，没有其他证据的，不能认定被告人有罪和处以刑罚；没有被告人供述，证据确实、充分的，可以认定被告人有罪和处以刑罚。"我国的补强证据规则处于起步阶段，它仅规定了需要补强的证据类型，但是对于补强证据需要符合什么条件、需要哪些内容、应采取什么方式、达到什么程度，都还没有十分明确完善的规定。

具体来看，我国《刑事诉讼法》中对证据规则的规定以积极限制为主，即通过法律的具体规定来明确哪些机关、哪些人员、经过怎样的程序和方法收集和提供的、来源于何处的、什么形式的证据是具有证据能力的，其基本要求如下。

第一，证据必须是由法定人员收集的。根据我国《刑事诉讼法》的规定，法定人员包括公安机关（包括国家安全机关）和检察机关的侦查人员，审判机关的审判人员，当事人及其辩护人、代理人。但是除上述法定人员以外的其他人可以向司法机关提供自己所收集掌握的有关证据，这些证据经过法定程序审查认定以后可以进入庭审程序。

第二，证据必须是经过法定程序收集的。我国《刑事诉讼法》对证据的收集程序作出了较为详细的规定。涉及收集证据的方式、手段、步骤和途径。如《刑事诉讼法》第一百一十六条至一百二十一条，规定了讯问犯罪嫌疑人的程序与禁止性事项，明确了关于收集犯罪嫌疑人口供的具体方法、步骤。其中新增的第一百二十一条规定："侦查人员在讯问犯罪嫌疑人的时候，可以对讯问过程进行录音或者录像；对于可能判处无期徒刑、死刑的案件或者其他重大犯罪案件，应当对讯问过程进行录音或者录像。""录音或者录像应当全程进行，保持完整性。"这一规定可以对侦查人员收集口供的过程进行有效的监督。又如《刑事诉讼法》新增的关于技术侦查手段取得的证据，其合法性规定为：法定的案件类型，即危害国家安全犯罪、恐怖活动犯罪、黑社会性质的组织犯罪、重大毒品犯罪或者其他严重危害社会的犯罪案件（第一百四十八条）；依照法定审批程序（第一百四十九条）；通过技术侦查手段取得与案件有关的证据材料（第一百五十条）可以作为依据使用；通过"机会提供型"诱发犯罪所取得的证据材料（第一百五十一条）可以作为证据使用；而"犯意诱发型"诱发犯罪所取得的证据材料不具备合法性（第一百五十一条）。

第三，证据必须具有合法的形式。为了保障证据的事实内容具有客观性，我国法律对证据的表现形式作出了明确规定。依据2012年《刑事诉讼法》第四十八条第二款的规定，证据包括以下八种，即物证，书证，证人证言，被害人陈述，犯罪嫌疑人、被告人供述和辩解，鉴定意见，勘验、检查、辨认、侦查实验等笔录，视听资料、电子数据。除此之外，2012年《刑事诉讼法》第五十二条也新增规定，赋予行政机关在行政执法和查办案件过程中收集物证、书证、视听资料、电子数据等证据材料的能力。此处值得一提的是，"电子数据"这一新的证据类型的增加有利于对高科技、智能化犯罪的打击，将行政执法与刑事司法证据对接，有效节约了司法资源，加快了诉讼程序的运转，关键是要确保证据收集时的合法性和公正性。

第四，证据必须经过法定程序查证属实。《刑事诉讼法》第四十八条规定："证据必须经过查证属实，才能作为定案的根据。"刑事诉讼过程中的每个阶段都由不同的主体担任证据查证属实的任务：在侦查阶段，公安机关应当对收集、调取的证据材料予以核实（第一百一十四条）；在审查起诉阶段，检察机关必须查明证据是否确实充分（第一百六十八条）；在审判阶段，证人证言必须在法庭上经过公诉人、被害人和被告人、辩护人双方质证查实以后才能作为定案依据（第一百八十九条）；公诉人、辩护人应当向法庭出示物证，让当事人辨认，对未到庭的证人的证言笔录、鉴定人的鉴定意见、勘验笔录和其他作为证据的文书，应当当庭宣读。审判人员应当听取公诉人、当事人和辩护人、诉讼代理人的意见（第一百九十条）。

第五，提供证人证言的主体必须适格。《刑事诉讼法》第六十条第二款规定："生理上、精神上有缺陷或者年幼，不能辨别是非、不能正确表达的人，不能作证。"《刑事诉讼法》第一百二十条和第一百二十四条分别规定讯问笔录、询问笔录应当由犯罪嫌疑人、证人签名或盖章，此规定也是为了在一定程度上保障证人证言的主体适格。

2. 我国现行刑事证据规则存在的问题

《刑事诉讼法》第一编第五章（第四十八条至第六十三条）对刑事诉讼中有关证据的内容进行了规定。虽然此次修改力度较大，并且妥善解决了司法实践中迫切需要解决的一些现实问题，如刑讯逼供导致冤假错案的问题。对于证据制度，比如证据的概念和种类、非法证据排除规则、不得强迫自证其罪、证人出庭作证等也作出了补充和完善。同时，《最高人民法院关于执行〈中华人民共和国刑事诉讼法〉若干问题的解释》《人民检察院刑事诉讼规则》中也修改了相应内容，但是由于我国的刑事诉讼制度自身尚处于发展完善的阶段，刑事诉讼法典更多关注的是程序的合理建构，因此有关刑事证据制度的规定仍旧显得十分粗糙且原则性过强，有些规定存在直接冲突，如新增的"不得强迫任何人证实自己有罪"与第一百一十八条关于"犯罪嫌疑人对侦查人员的提问，应当如实回答"的规定。因此，单纯依靠《刑事诉讼法》的部分修改仍然无法完全适应司法活动的需要，也无法全面实现国家安全、公民自由、公平正义等法律价值。在证据法的层面上说，我国当前刑事诉讼立法都没有完整形成证据规则的内在逻辑体系，尽管已经确立非法证据排除规则，但对证据的证明标准、证据能力（我国法律称为"证据的合法性"）的规则化、体系化程度仍有待加强，其缺陷和不足显而易见。

第一，刑事证据规则立法层次较低。我国的刑事证据规则主要散见在《刑事诉讼法》，最高人民法院《关于执行〈刑事诉讼法〉若干问题的解释》，最高人民检察院《人民检察院刑事诉讼规则》，最高人民法院、最高人民检察院、公安部、安全部、司法部《关于办理死刑案件审查判断证据若干问题的规定》和《关于办理刑事案件排除非法证据若干问题的规定》等司法解释中。从刑事证据规则的数量和内容来看，《刑事诉讼法》对刑事证据规则的规定与相关司法解释的规定没有任何优势可言。这也在一定程度上导致了刑事司法实际适用的不是《刑事诉讼法》，而是大量的"司法解释"，但这些"司法解释"，总体上说，立法位阶太低（或者根本就不属于"立法"范畴），权威性得不到保证，适用范围、法律效力受到限制。并且，以"司法解释"的形式来大量调整涉及公民生命、自由和财产的问题，是不规范的，其效力也令人质疑。

第二，刑事证据规则缺乏体系性和完整性。我国没有专门的证据法，未能建立起一套系统而全面的刑事证据规则，有关刑事证据规则也仅散见于各刑事法律法规及"两高"的司法解释之中，如非法证据排除规则、原始证据优先规则、相关性规则、补强证据规则。虽然"两高三部"联合制定的两个证据规定在我国刑事证据规则建构过程中具有积极作用，补充和完善了有关刑事证据规则的一些内容，但在整体内容上仍较为单薄，仍缺乏体系性和完整性，也在一定程度上影响了证据规则的实际运用。现行法律简要规定了非法证据排除规则、补强证据规则等少量证据规则，但总体而言，并不存在系统完备的刑事证据规则。

第三，刑事证据规则法源过于分散、种类不明确。我国刑事证据规则的法律来源相对分散，种类不明确，刑事证据规则无法形成体系。如此粗线条的刑事证据规则在一定程度上影响了证据规则的司法适用，使其难以对司法证明活动发挥应有的指导、调整和规范作用，导致一些非法证据、传闻证据充斥法庭。并且，现行的证据规则多从积极方面对证据证明力进行原则性规定，较少对证据资格从消极方面进行排除性规定，比如没有明确规定传闻规则、自白任意性规则、意见证据规则、最佳证据规则等。

第四，刑事证据规则证明力不明确、缺乏可操作性。总体来看，我国现行的刑事证据规则，"规范证据能力方面的规则不仅数量有限，而且质量普遍不高"，"多是从正面就证据力或证据力受限制的情况作出原则性规定，缺少具体的可采性或排除性的规定"，"而规范证据证明力的证据规则大有后来居上之势"，如没有明确的传闻证据规则，对证人出庭的问题采取模棱两可的态度，意见证据规则的规定笼统、缺乏可操作性，等等。国外的刑事诉讼理论一般认为，刑事证据规则设置的作用，在于合理限制进入庭审的证据材料，以提高诉讼效率，确保诉讼公正。我国的刑事诉讼理论对此也持肯定态度，但是就立法和司法解释的规定来看，并非如此。

我国《刑事诉讼法》第四十八条规定：可以用于证明案件事实的材料，都是证据。证据包括：（一）物证；（二）书证；（三）证人证言；（四）被害人陈述；（五）犯罪嫌疑人、被告人供述和辩解；（六）鉴定意见；（七）勘验、检查、辨认、侦查实验等笔录；（八）视听资料、电子数据。证据必须经过查证属实，才能作为定案的根据。根据这一法律条文的规定，在我国，凡是符合上述法定形式和能够证明案件真实情况实质要件的材料，都具有证据能力，都可以采纳为法庭证明活动所使用的证据。我国立法关于证据的上述限定只具有极其有限的排除力，以此作为衡量证据能力的标准，对于限定法庭调查的证据范围几乎毫无作用。以我国初步确立的非法证据排除规则为例，我国《刑事诉讼法》第五十四条规定："采用刑讯逼供等非法方法收集的犯罪嫌疑人、被告人供述和采用暴力、威胁等非法方法收集的证人证言、被害人陈述，应当予以排除。收集物证、书证不符合法定程序，可能严重影响司法公正的，应当予以补正或者作出合理解释；不能补正或者作出合理解释的，对该证据应当予以排除。""在侦查、审查起诉、审判时发现有应当排除的证据的，应当依法予以排除，不得作为起诉意见、起诉决定和判决的依据。"从上述规定可以看出，法律并不限制非法取得的物证、书证进入庭审程序，只是这些证据确属于以非法手段获得的，并不能补正才将其排除在"定案根据"之外，而非在庭审之前就将其予以排除。其结果必然导致法庭调查范围的不当扩大，最终对诉讼效率产生消极的影响。

第五，目前我国的刑事证据规则一方面呈现出明显的大陆法系证据规则的特点，如立法上关于证据规则的规定缺乏体系性，散见于诉讼法和相关司法解释之中；从证据规则的性质来看，基于职权主义和客观真实的要求，对法官调查证据的范围没有进行严格的限制，关于证据能力的问题也很少加以直接规定。但另一方面，在立法上，我国证据规则的规定也缺少完备性和明确性。在证据理论上，我国也缺少大陆法系国家理论上将证据规则予以归纳、整合的传统。

第六，证明的各个环节仍有缺憾。在取证环节，我国《刑事诉讼法》第一百一十八条规定：犯罪嫌疑人应当如实回答侦查人员提出的与案件相关的问题。这表明，对侦查人员与本案有关问题的提问，犯罪嫌疑人负有如实回答的义务，既不能拒绝回答，也不能虚假陈述，既不能捏造事实，也不能隐瞒事实或避重就轻。在这种情况下，犯罪嫌疑人没有像英美国家中那样享有沉默权，而只有如实供述的义务，那么可以说在某种程度上给予侦查人员强制犯罪嫌疑人如实供述的权利，表现在司法实践当中就是，侦查人员认为犯罪嫌疑人应当主动供述案情，配合办案人员的调查取证，一旦嫌疑人态度恶劣，就会以其所负有的义务为借口，采取某些违反规定的手段强制嫌疑人供述案情，这一方面纵容了刑讯逼供等非法取证行为，不利于案件真实情况的调查；另一方面也损害了嫌疑人的基本权利。根据我国《刑事诉讼法》的相关规定可知，在对犯罪嫌疑人侦查讯问的整个过程当中，始终是由侦查机关所控制和主导，嫌疑人只是被动地接受侦查机关所进行的一系列侦查讯问活动，基本上不会有其他方面因素的介入。

在这种相对比较封闭的环境当中，犯罪嫌疑人明显处于弱势，在双方力量悬殊又没有第三方监督的情况下，犯罪嫌疑人的合法权利就很难得到有效保护，这种制度上的缺失也给侦查机关的非法取证行为提供了滋生的土壤。此外，我国《刑事诉讼法》第九十六条规定："犯罪嫌疑人在被侦查机关第一次讯问后或者采取强制措施之日起，可以聘请律师为其提供法律咨询、代理申诉、控告。"由此可知，犯罪嫌疑人可以聘请律师为其提供法律咨询和帮助的时间是在被侦查机关讯问后或者采取强制措施之日起。第三十三条规定："犯罪嫌疑人自被检查机关第一次讯问或者采取强制措施之日起，有权委托辩护人。"

由此可知，侦查机关在对嫌疑人的第一次讯问时律师是无权在场的，这显然不符合国际上讯问开始即可获得律师帮助权的惯例。这种条件下，律师不能及时介入讯问阶段，对嫌疑人在讯问过程中的合法权利的保护就显得比较无力，侦查机关就更加可以"为所欲为"，根据自己的主观判断，逼问嫌疑人口供，导致原本就处于弱势的被告更加缺乏基本权利保障，控辩双方的地位失衡更加严重，从而更容易让案件向控方预设的方向发展，影响司法的公正性。

在质证环节，我国《刑事诉讼法》第五十九条规定："证人证言必须在法庭上经过公诉人、被害人和被告人、辩护人双方相互质证且查实以后，才能作为定刑的根据。"也就是说作为裁判依据的证据都必须通过质证，但是第一百九十条又规定公诉人、辩护人"对未到庭的证人的证言笔录、鉴定人的鉴定意见、勘验笔录和其他作为证据的文书，应当当庭宣读"。

很显然，后者的规定为证人、鉴定人的不出庭留下了制度缺口，在某种程度上可以说是对证人、鉴定人等可以不出庭作证的默许。而在司法实践当中，由于多种因素影响，证人往往会倾向于不出庭作证而只提供证言。证人、鉴定人等可以为查明案件事实提供重要的线索和依据，有时甚至会左右整个案件的判决结果，其在诉讼中的重要性不言而喻。但就是这样重要的角色，在我国当前的刑事庭审当中却经常看不见其身影，法官为了效率起见，自然也同意证人不出庭而只根据其所提供的证据材料对案件进行书面审理，这其实违反了庭审当中的直接言词原则。

不难看出，证人不出庭的情况在我国当前的庭审当中已经是一个比较严重的问题，长此以往，其势必影响我国刑事审判的公正性与合理性，究其原因，根本上还是在于现行《刑事诉讼法》当中关于证人、鉴定人等条款还不够完善、详细，缺乏有效的规范，现有的几条粗略的规定是远远无法满足司法实践的需求的。这就需要在今后的诉讼法修订当中逐步去完善、细化，对整个证人制度形成比较系统全面的规范。

在认证环节，什么证据可以被采信，什么证据必须排除，这对案件事实的认定、对案件判决的结果都可能产生重要或者直接的影响。因此，在认证环节当中，非法证据排除规则就显得十分关键。我国《刑事诉讼法》中的相关规定只有第五十条，"审判人员、检察人员、侦查人员必须依照法定程序，……严禁刑讯逼供和以威胁、引诱、欺骗以及其他非法方法收集证据"。1998年最高人民法院《关于执行〈中华人民共和国刑事诉讼法〉若干问题的解释》中规定："凡经查证确实属于采用刑讯逼供或者威胁、引诱、欺骗等非法的方法取得的证人证言、被害人陈述、被告人供述，不能作为定案的根据。"这些条款虽然基本上肯定了我国的非法证据排除规则，但光有规则是行不通的，必须落实到司法实践当中才能发挥其应有的作用，不然这些法规就会被架空、形同虚设，随之也会产生诸多的司法问题。

由于没有明确规定对非法证据排除的具体程序，才导致在司法实践当中缺乏可操作性，从而使得大量通过刑讯逼供等方法得来的证据不能被及时排除，成为法庭定罪判刑的依据，造成了一系列严重冤假错案，极大地损害了司法的公正性和权威性，对当事人更是造成无法弥补的伤害和损失。最高人民法院、最高人民检察院、公安部、国家安全部、司法部联合出台《关于办理死刑案件审查判断证据若干问题的规定》（下称《规定》），其中对审查和排除非法证据的程序进行了具体规范，进一步完善了我国的非法证据排除规则，对今后的司法实践具有重要的指导意义，但其中仍然有不尽如人意的地方。

一是在言词证据方面，《规定》仍然只是规定通过刑讯逼供、暴力、威胁等手段获得的言词证据不能作为定案依据，但究竟如何认定暴力和威胁，却没有给出具体的解释，这样仍然会在司法实践当中留下缺口，办案人员为了获取其所需要的口供，依然可能采取一些比较隐蔽的、变相的手段，例如对嫌疑人进行长期讯问，使用疲劳战术、饥渴战术等冷暴力手段，同样会损害嫌疑人的合法权利，从而迫使其就范，这实际上取得了和刑讯逼供一样的效果。那么通过这些手段获取的言词证据该如何认定，其是否可以被作为证据而采信，这都需要进一步规范；否则，此类现象仍会阻碍司法公正的实现，阻碍对嫌疑人合法权利的保护。

二是在实物证据方面，我国《刑事诉讼法》第一百三十四条规定："为了收集犯罪证据、查获犯罪人，侦查人员可以对犯罪嫌疑人以及可能隐藏罪犯或者犯罪证据的人的身体、物品、住处和其他有关的地方进行搜查。"第一百三十九条规定："在侦查活动中发现的可用以证明犯罪嫌疑人有罪或者无罪的各种财物、文件，应当查封、扣押；与案件无关的财物、文件，不得查封、扣押。"可以看出，在对收集实物证据的过程中，完全由侦查机关所主导，只要其认为用的物品、文件都可以进行搜查或者扣押，没有实际上的约束，存在较大的自由空间，缺乏有效监督。即使是对嫌疑人实施逮捕，也可以先斩后奏，先行拘留，再补办相关手续升级为逮捕。

总之，我国目前对侦查人员取证程序方面限制较少，存在监管缺失，从而使对非法实物证据的判断困难重重，实践中关于非法实物证据的争议也相对较少。

（三）我国刑事证据制度缺陷原因分析

1. 证据制度缺陷之宏观原因分析

第一，相关立法不够完善。我国现行《刑事诉讼法》对我国刑事诉讼制度和司法制度的重大改革，既顺应了依法治国的潮流，也推动了我国的法制建设，但它存在一个较大的问题就是关于证据的规定可操作性差，证据在刑事诉讼中的运用缺少必要的规范。关于证据制度的重大问题只出了题目，没有做文章。在原则上举起了法治和保护人权的旗帜，而在具体的规定中却没有落实。其中一些规定的缺少，架空了《刑事诉讼法》所定的重要原则，如法律规定证人在一般情况下应出庭作证，但现实中关键证人不出庭作证已为常态；虽然法律禁止刑讯逼供，反对以威胁、引诱等方式取证，而且规定排除以这些方式获得的言词证据，但是以非法方式获得的实物证据及由此衍生的"毒树之果"并没有明确规定。这不仅使刑事制度的改革大打折扣，甚至流于形式，而且严重影响了司法公正。此外，有关刑事证据规范的缺乏，也使司法人员在刑事诉讼中处理各种不同类型的问题时无可遵循。

总之，立法有明文规定的，由于用语不精确或缺乏配套细则，在司法适用中得不到良好的贯彻；而立法没有明文规定的，执行者更是从部门利益出发，一些具体行为甚至偏离了法制轨道。高层次立法缺位，使许多下位部门对证据规定作了具体解释，这些解释不仅零散、缺乏系统性，且不同部门之间的解释相互矛盾，有的甚至与有关的法律冲突，这严重破坏了法的统一性与和谐性。

第二，司法权的滥用现象较为普遍。2012年新《刑事诉讼法》的修改中，主要内容之一就是把我国传统的纠问式庭审方式改为抗辩式庭审方式，从而使我国刑事诉讼证明重心发生转移，即控辩双方开始取代审判人员法庭调查的角色，这符合健全法制、保障人权的社会进步的方向。但由于证据制度仍然是建立在1996年《刑事诉讼法》基础之上的，它的滞后性显而易见，由于没有立法的良好规范，我国的证据制度往往倾向于公权力一方。如《刑事诉讼法》虽然扩大了律师的调查取证权，律师征得证人或者其他有关单位和个人同意可以向他们调取证据，但又对其做了种种限制，且没有赋予律师强制取证权。相反，法律却明确赋予公安机关、检察机关强制取证权。

我国的证据制度有利于司法活动按照司法机关的意愿展开，但同时容易造成司法权的滥用。在证据收集中，由于没有给予犯罪嫌疑人沉默权，还一定程度上存在着"口供是证据之王"的错误观念，导致一些侦查人员采取非法刑讯等方法采集证据。在一些案件中，一些法官有时通过主观好恶来进行证据的不合理采信。还有些法官没有找准自己的角色定位，丧失中立立场，不自觉地扮演着追诉者的角色，对公诉人的证据偏听偏信，进而致使司法权滥用现象时有发生，这严重影响司法公正的实现，更不利于当事人合法权利的保护。

第三，司法活动监督机制不健全。在我国现行的刑事法律中，侦查机关的权力没有得到行之有效的规范和制约。首先，我国《刑事诉讼法》规定的强制措施中，仅仅逮捕必须由检察机关批准，其他的如扣押物品、拘留、取保候审和监视居住等都不需要检察机关的批准，侦查机关可自行决定是否采取以上的强制侦查措施。此外，侦查机关对监听通讯、秘密录音或录像等侦查手段的使用完全可以自行决定，缺乏有效的监督。其次，关于讯问犯罪嫌疑人制度，我国实行的是谁侦查、谁羁押、谁讯问制度，仍然未将侦查机关和羁押机关在讯问犯罪嫌疑人方面的职能分开；同时，法律关于羁押机关在监督制约侦查机关的违法讯问活动、保障被审讯人的合法权益等方面的职能规定得仍然比较粗糙。立法未明确规定讯问过程全程录音或录像，这不利于对侦查活动的监督。此外，在侦查阶段，律师不能及时介入案件，并且在范围上也受到限制。在此阶段，律师仅能以法律援助者的身份对被告进行有限的帮助，如了解当事人所涉嫌的罪名、为犯罪嫌疑人提供法律咨询等，会见犯罪嫌疑人也要区分情况、得到侦查机关的批准，对于案情、卷宗等都无权查阅，当犯罪嫌疑人被讯问时，律师无权在场对讯问过程的合法性进行监督。检察机关作为法定的监督机关，理应对侦查机关的侦查行为进行监督，但在司法实践当中，检察机关的监督权很难付诸实践，一方面是由于大部分刑事案件的侦查活动主要由侦查机关负责，检察机关直接侦查的案件较少；另一方面是因为目前的立法没有对检察机关的相关检察权作出明确的规定，导致其对侦查机关的监督不能发挥实质性的作用。这样，整个侦查阶段就被侦查机关一家"垄断"，难免滋生诸多问题。

第四，部分司法人员综合素质不高。在诉讼文明日益彰显的21世纪，在提倡依法治国的现代中国，实现法治的现代化已经显得尤为迫切。它的实现，除了法律规范的进一步完善之外，更需要将这种外在的规范内化为司法人员的信仰和行为。而当前，由于种种原因导致部分司法人员综合素质低，从而影响了司法的公正性和纯洁性，进而致使冤假错案时有发生，严重影响了依法治国的进程。这主要表现在：首先，由于历史的因素，我国司法人员普遍存在着"重实体轻程序、重打击轻保护"的观念，这种观念虽然有利于打击犯罪、维护社会的稳定，但却缺乏对诉讼程序价值的重视，对人权的保障不够，不符合现代社会法治时代的要求。其次，对国家惩罚权性质及来源的错误认识。从历史的角度看，国家所享有的惩罚权并非与国家同时产生，它不是国家本身所拥有的，即不是原生权利，而是公民出于对国家的信任而让渡的一种个人的自然权利。

公民这样做的目的是希望由国家具有惩罚权的机关来公正地行使惩罚权，进而维护公民的合法权利和利益。这个目的决定了国家行使惩罚权的有限性。因此，对刑罚权而言，法无明文授权即禁止。但是部分司法人员本末倒置，他们误以为只要能更好地保障国家和公共利益，那么即使使用过激的手段来行使惩罚权也不为过，从而导致冤假错案的发生。另外，源于侦查思维定势的影响。刑事侦查活动是围绕"有无犯罪事实、犯罪嫌疑人是谁"展开，通过案发现场的犯罪证据来逐步揭开案件真相并将罪犯绳之以法的过程，贯穿始终的是"有罪推定"的"指导思想"，即侦查人员在收集原始证据的基础上，初步断定案情梗概，确定犯罪行为和嫌疑对象，进而通过不断寻找新的证据，与之前的证据相互印证，来证明之前所形成的"有罪推定"的认识。

由于人类自身的局限性，再加上案情的扑朔迷离，司法人员无论是在对证据本身的客观合法性上，还是在对证据进行分析判断的基础上，锁定的嫌疑人都难以保证客观真实。但此时，部分司法人员却具有一定的盲目自信的心态，他们基于经常性的办案经验，从而对自己先前的有罪判断怀疑甚少，并以此为依据采取非法手段收集符合他们所认定的案情的证据，这样会与真相背道而驰。此外，部分司法工作人员还具有功利主义的执法理念，这也是造成他们素质不高进而影响司法公正的一个方面。

2. 证据制度缺陷之微观原因分析

法律是制度化解决问题的程序和原则。总的来说，我国目前的《刑事诉讼法》实现了审判方式的历史性转变，同时在有关方面也增添了许多新的规定，但从总体上看，它的体系仍然有待改善，尤其是在刑事侦查和相关证据制度方面，立法方面逻辑结构不够完整，涉及有关侦查和当事人权益保护方面的重要程序，或是太过粗糙只有大致框架，或是未出台新的规定，以致在实践中缺乏较强的可操作性，进而给相应的司法机关及其人员行使职权留下法律的真空地带，这种缺乏制度性约束和保证的权力不利于实现法治的现代化。

第一，证据裁判原则缺位。刑事诉讼活动离不开证据，是围绕运用证据、认定案件事实而展开的，证据对于完成刑事诉讼任务、实现司法公正发挥着基础性作用。证据是准确认定案件事实的主要手段，证据是有效实现司法公正的基石，证据是当事人维护合法权利的重要依据。

在现代诉讼中，证据的重要意义和证据裁判原则密切相关。证据裁判原则，又称证据裁判主义，是指对案件争议事实的认定应当依据证据，它包括三个方面。首先，裁判的形成必须以证据为依据；其次，裁判所依据的证据是具有证据能力可采性的证据；最后，作为裁判根据的证据，必须达到法律规定的证明要求。证据裁判原则作为刑事诉讼的一项基本原则，已为现代法治国家和地区所普遍确认。它的确立是刑事司法中理性证明方法产生和发展的重要前提。

证据裁判原则强调的是以证据为依据，虽然我国的《刑事诉讼法》中体现了证据裁判的精神，如对一切案件的判处都要重证据，重调查研究，不轻信口供；合议庭进行评议，应根据已经查明的事实、证据和有关法律的规定……但是，由于我国的证据制度仍然建立在纠问制审讯的基础上，只强调发现真实事实，而忽略了证据资格的问题，只重视证据价值问题，这种不探讨证据资格、允许用残酷的方法收集证据的制度不利于真实事实的发现，且侵犯了人权，与依法治国的进程相去甚远。日本有学者认为，"证据裁判主义中的证据能力概念是十分重要的，证据能力是指能够成为证据的资格"，这在日本的刑事诉讼法规中有明确的体现，而这恰恰是我国所缺乏的。

第二，沉默权制度缺位。沉默权又称反对自我归罪的特权，它是被指控人在刑事诉讼中所享有的一项基本权利，即犯罪嫌疑人对司法机关的讯问有权利拒绝陈述，不被强迫自证其罪，并且不因拒绝陈述而被司法机关作出对其不利的法律推定。

沉默权具体包括四方面。一是犯罪嫌疑人没有义务向追诉方或法庭提供任何可能使自己陷于不利境地的陈述或其他证据，追诉方不得采取任何非人道或有损嫌疑人人格尊严的方法强迫其就某一案件事实作出供述或提供证据。二是犯罪嫌疑人有权拒绝回答追诉官员的讯问，有权在讯问中始终保持沉默。三是警察、法官、检察官应及时告知嫌疑人享有这一权利并不得因其行使这一权利而作出对其不利的推论。四是犯罪嫌疑人有权就案件事实作出有利或不利于自己的陈述，法庭不得将嫌疑人在迫于外界压力下的陈述作为定案的证据。

沉默权是现代法治国家刑事司法制度的一项重要内容，它是对人格尊严、自由意志的尊重，有利于体现司法公正、程序正义，且能有效地防止刑讯逼供的发生。但是，我国并没有赋予犯罪嫌疑人、被告人沉默权，相反还在《刑事诉讼法》中规定犯罪嫌疑人、被告人对侦查人员的提问应当如实回答。这一陈述的法定义务不仅使犯罪嫌疑人、被告人在面对指控时无权保持沉默，而且给了侦查人员以强制嫌疑人按其预断进行交代的职权，而一旦他们认为回答不合其意，就难免进行刑讯逼供以获得他们预期的口供，形成恶性循环。此外，在西方法治国家，律师帮助权也是沉默权的重要内容，即沉默不仅指不愿意回答还包括要求律师帮助。虽然我国规定了律师的辩护制度，但由于对律师的帮助权有很大的限制，如律师只能在当事人被第一次讯问后或采取强制措施时才可以介入案件调查中，在此之前，律师均不能参与其中，而刑讯逼供也往往多发于此阶段，这样导致律师不能给予犯罪嫌疑人及时有效的帮助，一定程度上使非法取证行为有机可乘。

第三，直接言词原则缺位。直接言词原则为现代刑事诉讼所要求，也为有关的国际公约所确认，现代各国的刑事诉讼法也都承认直接言词原则，但在确认方式和实际贯彻程度上有相当差别。直接言词原则由直接原则和言词原则所组成，由于二者均以有关诉讼主体在场为先决条件，所以被视为一项原则。它既是一项诉讼原则，又是一项证据原则。

从证据原则角度看，直接言词原则要求从事法庭审判的法官必须亲自听取证人证言、被害人陈述和其他诉讼参与人的陈述、在法庭上提出任何证据裁判材料均应以言词陈述的方式进行、证据只有经过法官以直接采证的方式获得才能作为定案证据、任何未经在法庭上以言词方式提出和调查的证据均不得作为法庭裁判的证据等方面。该原则与证人出庭作证密切相关，对证人证言一般排除以书面证言的方式提供，而要求证人出庭作证，如此方可实现法庭上控辩双方的辩论、质证，从而使法官的判断有客观基础。但是，我国《刑事诉讼法》没有明确规定直接言词原则，虽然相关条款体现了这一精神，但贯彻并不彻底。如证人出庭作证的标准仍然存在模糊之处，法律没有强制作证的相关规定作为支撑。证人保护制度不健全，证人及其近亲属的安全不能得到切实保障——实践中既没有具体的保护措施，也没有专职的保护人员及行之有效的保护机制，使得保护证人的规定好似一句口号。立法没有将直接言词原则作为一项基本原则规定下来，实践中必然造成法官对证人出庭作证的重要性和必要性缺乏足够的重视，也就不会积极地去落实证人出庭作证。证人补偿制度的缺失，致使一些证人因担心出庭而造成误工和经济损失而不愿出庭作证等。

第四，非法证据排除规则不健全。大约在20世纪初，非法证据排除规则在美国诞生，随后被其他国家借鉴和吸收。一般认为非法证据排除规则主要是指公安、司法机关及其工作人员违反法定程序取得的证据不得作为对犯罪嫌疑人定罪依据的规则。概念包含几层意思，非法：在取证过程中侵害了被告人的合法权利；非法取证：采用刑讯逼供或者威胁、利诱、欺骗等方法获取证据的行为；排除：非法证据不得用作定案的根据或指控的根据。

非法证据排除规则中的非法证据包括非法取得的言词证据和实物证据。非法言词证据指公安、司法人员在刑事诉讼过程中，采取实施酷刑或者其他足以导致犯罪嫌疑人、被告人以及被害人、证人作出的非自愿性陈述或辩解。非法实物证据指公安、司法人员在调查取证过程中，通过违反法定程序——诸如非法搜查、扣押等手段——而取得的物证、书证、勘验笔录、视听资料等实物证据。非法证据排除规则是一个社会文明程度的反映，它有利于保障人权，即对侵犯个人权利的限制、对人权保障的张扬；有利于维护司法尊严，体现了法律是不可侵犯的，法院不偏袒政府的侦查起诉部门；有利于阻止警察违法，同时也利于防止证据的虚假性。

但是，就我国来看，非法证据排除规则仍不健全，具体表现为：一是立法中对非法证据排除规则规定比较笼统，缺乏明确和细化的执行程序；二是对非法实物证据能否作为定罪依据态度模糊且没有配套的法律规范；三是对非法口供排除规则没有与其他证据规则配套，没有形成逻辑的刑事证据规则体系；四是对侦查阶段的取证程序缺乏有效的监督制约机制。总的来说，由于立法和司法解释对非法证据排除规则的规定过于粗略，因而缺乏具有可操作性的程序保障机制。所以，即使我国对刑讯逼供、诱供及其他非法手段获取的言词证据已经作了明文禁止，但是这并不意味着我国已经确立了非法证据排除规则。虽然对非法取得的物证出台了新的司法解释，但可操作性仍然相对滞后，这严重制约着司法公正的实现。

五、完善刑事证据规则的举措

17-18世纪后，起源于英国普通法的证据规则，以两种途径传播到世界各地。第一种途径是伴随着在世界范围内的殖民扩张，英国开始在其殖民地强制推行包括证据法在内的英国法律制度，逐渐形成了一个以继受普通法为特征的英美法系。现在，在英美法系国家里，基本上沿袭了普通法上的证据规则，一些国家如美国根据本国的需要对证据规则进行了较大的发展。第二种途径是基于完善本国刑事诉讼制度的需要，欧洲大陆的一些国家主动吸收、借鉴英国法的一些合理做法，也开始确立了一定数量的证据规则。经过数世纪的发展，证据规则已经超出某一特定的国家，并在一定程度上形成了一些为多数国家所公认的证据规则。两大法系国家在此点上的共同性正是二者超越各自不同的诉讼模式和运作方式的局限，追求刑事诉讼价值理念上一致性的具体反映。

对于我国来说，在刑事证据规则制度方面，不能仅仅只借鉴两大法系中的一个，应当是结合两者的优点，立足我国的实际国情，通过提高证据立法层级，完善刑事证据取证、举证、质证、采证制度。根据我国刑事证据规则的立法现状，结合英美法系与大陆法系刑事证据规则区别，笔者认为，就规范证据证明力规则应作如下完善。

（一）完善刑事证据取证制度

1. 确立沉默权制度

在证据能力限制所追求的法律价值上两大法系具有共同性。尽管两大法系在体现的具体方式、范围上不尽相同，但从二者所追求的法律价值来看，都既要考虑到诉讼证明上的需要，又要考虑到诉讼证明外政策上的需要。

在我国，虽然修改后的《刑事诉讼法》增加了不得强迫任何人证实自己有罪的规定，但对于我国是否有必要确立沉默权，法学界仍存在意见分歧。沉默权是指犯罪嫌疑人在侦查阶段有保持沉默的权利。广义的沉默权还包括被告人在审判时的沉默权。沉默权原则在西方国家具有深厚的理论渊源，其发展也经历了一个漫长的过程，总的来说经历了四个阶段。

第一阶段称为无控诉沉默权规则。这是历史上最早存在的沉默权规则，实际上意味着法官不得主动对任何人提起刑事诉讼程序。

第二阶段称为无证据沉默权规则。这一规定理解为：法律反对在没有任何适当理由或根据的情况下将一个人交付审判。

第三阶段称为不受强迫的沉默权规则。它包括两层含义：第一，在没有控告或没有适当根据的情况下，任何人都有权保持沉默；第二，如果有足够的理由怀疑一个人实施了某种罪行，并且对其提出了控告，那么这个人不能保持沉默，但法官或侦查人员也不能使用拷打、威胁或者施加罚金、监禁等刑罚的方法强迫其回答提问。

第四阶段称为米兰达规则。米兰达规则的内容几乎已经家喻户晓，20世纪60年代，美国的沉默权发展成为著名的米兰达规则。尽管沉默权具有道德的合理性和诉讼上的合目的性，并且在世界各国的刑事诉讼程序中得到确认，但是，我国自古以来无论是在立法上还是在司法上都不承认犯罪嫌疑人、被告人享有沉默权。相反，无论是在立法上还是在司法实践中，均对犯罪嫌疑人、被告人的供述给予高度重视。冷静思之，公安机关一直对如实陈述义务如此重视，很大的原因在于对刑事诉讼中犯罪嫌疑人、被告人的口供赋予了很多它本没有的含义。在我国古代，由于科技水平不高，犯罪嫌疑人的口供在侦破案件方面几乎是唯一的突破口，所以法律规定可以刑讯逼供。

但到了现代，科技水平明显提高，各种高科技侦查手段层出不穷，我国刑法中仍然规定如实回答的义务，从中反映出公安机关在内心里对口供的偏爱。这种偏爱是导致如实回答义务和刑讯逼供存在的共同心理基础，若这种共同心理基础无法被打破，即使在法律上明确禁止刑讯逼供，实践中也会存在刑讯逼供。因此，要完善刑事证据规则就必须确立沉默权。

2. 明确补强证据的适用范围

我国《刑事诉讼法》第五十三条规定："对一切案件的判处都要重证据，重调查研究，不轻信口供。只有被告人供述，没有其他证据的，不能认定被告人有罪和处以刑罚；没有被告人供述，证据确实、充分的，可以认定被告人有罪和处以刑罚。"这一规定实际上就是要求对自白进行补强。这不仅是指单个被告人的自白，还包括共同犯罪人的自白、另案共同犯罪人的自白及不予追究刑事责任的共犯自白。对于共同犯罪人的自白和另案共同犯罪人的自白是否需要补强证据，我国学术界和司法实践都存在着"肯定说"和"否定说"，本书在此问题上支持否定说。自白任意性规则要求，凡是通过违法或不正当的方式获得的被告人非自愿性自白，不具有证据能力。

从内容上说，自白任意性规则类似于英美法系的"不被迫自证其罪"规则。在大陆法系，这一法则属于程序禁止，且是绝对禁止，不因被告人事后同意而改变其违法性。由于供述不是犯罪嫌疑人、被告人自愿作出的，所以这样的供述往往存在虚假的危险，大多数都不具有真实性；并且采用刑讯逼供等非法手段获取证据，会使犯罪嫌疑人和被告人因为承受不了精神和肉体的双重折磨而被迫承认自己有罪，这种做法是对犯罪嫌疑人和被告人基本权利的侵犯，也是违背人道主义原则的。对于共同犯罪人的自白，认为共同犯罪人的口供仍是口供性质。共同犯罪人的口供也是对自己的相关案件事实所作的陈述，只能适用补强规则。倘若共犯自白可以作为补强证据，那么也是从主观到主观，以自白证自白，其结论依然可能不确定。即使被告人的自白和共犯人的自白相一致，也并不等于其真实性。因为共犯人或在事前有攻守同盟、或事后有相互串供、或有受刑讯逼供等违法取证的行为，这种一致性可能具有不可靠性，阻碍实体真实的发现。另外共同犯罪人的自白不同于证人证言。在刑事诉讼中，就案件事实所作的陈述属于哪一种形式的证据，主要取决于他们的诉讼地位。

这种诉讼地位的区别决定了共同犯罪人口供与证人证言的性质不同。共同犯罪人的自白依然是与自己罪责相关的陈述，并不单纯是以第三人身份就自己感知案件事实所作的陈述。对于另案共同犯罪人的自白，认为另案共犯人虽然分离程序审理，但他们就案件事实所陈述的内容并没有改变，依然属于口供性质。因为另案共同犯罪人和本案共同犯罪人在共同犯罪中，由于其所处地位和作用不同，他们所存在的利害关系及陈述具有真实性和虚伪性并存的特点，不会因另案处理而消失。

3. 完善非法证据排除规则

非法证据排除规则，是指在刑事诉讼中，对侦控与审判机关采用非法手段收集的证据应当予以排除，不得作为证据采纳。自第二次世界大战后，正当程序革命在世界范围内兴起，非法证据排除规则被各国广泛地用作遏制刑事诉讼中的刑讯逼供、威胁、引诱、欺骗等非法取证行为。

近年来，大陆法系国家的立法中也逐渐出现了一些排除特定资料证据资格的规则。第二次世界大战后，德国逐渐接受这样一个原理：如果在公开的审判或刑事判决中公开某种信息，而这种公开可能会违背公民所关心的合法利益，即使国家得到这些信息完全通过合法手段，也要被禁止使用。1988年的《意大利刑事诉讼法典》也引入了一些带有英美法特征的证据排除规则，规定"在违背法律禁令的情况下获得的证据不得加以使用"。且该法典还作出了性质上类似于英美法系传闻规则的关于法庭调查中禁宣读特定笔录的规定。

日本刑事诉讼法明确规定了传闻规则、自白规则，并且，最高法院在

1978年判例中进一步肯定了非法物证排除规则。非法证据排除规则所排除的范围包括有通过非法手段获取的言词证据、物证及在非法获得的证据的基础上进一步收集的证据（即"毒树之果"），但世界各国对这三类非法证据排除的范围的适用各有差异。

第一，非法言词证据的排除。非法言词证据通常是采用刑讯逼供等野蛮手段获取的，其严重侵犯了公民的尊严、健康、甚至生命等自然人最为重要的权利。美国通过一系列的判例诸如1943年的麦克纳普安、1957年的马勒利案及1966年米兰达等案件确立。此外，非法言词证据的排除还得到了一些国际公约的承认，例如，联合国1984年通过的《禁止酷刑和其他残忍、不人道或有辱人格的待遇或处罚公约》第十五条规定："每一缔约国应确保在任何诉讼程序中，不得援引任何确属酷刑逼供作出的陈述为证据，但这类陈述可引作对被控施用酷刑逼供者使用的证据。"

第二，非法物证的排除。非法物证的排除在各国各地有不同的适用方式。第一种是全部排除，主要为意大利、俄罗斯所采用。如《意大利刑事诉讼法典》第一百九十一条关于"非法获取的证据"的规定：（1）在违反法律禁令的情况下获取的证据不得加以使用；（2）可以在诉讼的任何阶段和审级中指出上述证据的不可使用性。第二种方式为美国所采用，即原则上排除，设置若干例外。美国在1914年的威克斯案等一系列判例中确立，违反联邦宪法第四修正案关于搜查、扣押的规定所获取的物证不得作不利于被告人的证据。但随着美国进入20世纪80年代后，面对不断高涨的犯罪浪潮的冲击，美国联邦最高法院逐步设置了一些例外。主要有"最终或必然发现的例外"、"善意的例外"、"质疑的例外"、"私人搜查的例外"及"在国外取得的证据的例外"等。第三种方式是由法官裁量排除。此种方式被英国、德国、日本、我国台湾地区等地采用。如英国1894年《警察与刑事证据法》第七十八条第一款规定，在任何诉讼中，法庭在考虑到包括证据收集在内的各种情况后，如果认为采纳这一证据将会对诉讼的公正性产生不利的影响，以至于不应将它采纳为证据，就可以拒绝将控诉一方据以提出指控的这一证据予以采纳。

第三，"毒树之果"的排除。"毒树之果"（fruits of the poisonous tree；）"毒树"指违法收集的证据；"毒树之果"指的是以"毒树"为线索进一步获得的证据。德国将"毒树之果"称为"波及效"。在美国，不仅非法收集的言词证据和实物证据必须予以排除，"毒树之果"也必须予以排除，但存在若干例外，主要有"最终或必然发现的例外""独立来源例外""稀释的例外"等。

但在有的国家则仅排除"毒树"，而食"毒树之果"，如英国。英美法系国家由于对证据能力进行限制时所考虑的重点不同，对于证据能力的限制在内容上更倾向于证据材料本身有没有立证的价值。英美法系制定排除性规则，其主要原因是陪审员在法庭过程中要担任判定犯罪嫌疑人、被告人是否有罪的任务，陪审成员可能只注意到了某些有关联性的证据（事实）而偏离法律，无法查明案件真相。其对证据资格设置证据规则的目的主要是发现案件真实。

与此相比较，我国作为大陆法系国家更倾向于证据的外在表现形式和取证程序的合法，它排除特定证据的出发点并不在于保障事实的认定，而满足外部政策的需要。英美法系非法证据排除规则，可以为我国提供借鉴。我国2010年"两高三部"《关于办理刑事案件严格排除非法证据若干问题的规定》出台，在实体上确定了非法言词证据的内涵和外延，在程序上规定了排除非法言词证据的操作程序。该文件既规定了实体构成性规则，即规定了什么是非法证据，非法证据的排除范围及法律后果；又规定了程序保障性规则，即排除非法证据的具体规则，由何方启动该程序、进行专门的听证，谁承担证明取证合法性的责任等，较以前有关法律和司法解释更为清晰明了，应当说对我国的非法证据排除规则的构建起到了重要的推动作用。但是，也应清醒看到其内容仍存在一些不周全之处，有必要进一步加以完善。

一是进一步明确非法言词证据的定义。该规定对非法言词证据的规定仍显粗疏，尚不能全面反映对犯罪嫌疑人、被告人、证人证言、被害人陈述的非法取证方式，对刑讯逼供、暴力、威胁以外的其他"非法手段"究竟包括哪些未予以明确，将引起不同的理解，给司法实践带来一定难度，从而影响非法证据排除规则的执行效果。因此，为了准确界定非法言词证据的定义，应当在界定其内涵的基础上，对其外延作出明确具体的规定。根据现实情况，法律可以先规定排除下列非法言词证据：① 采取使人在肉体或精神上遭受强烈痛苦的行为而获取的言词证据；② 采取非法拘禁、违法羁押方法而获取的言词证据；③ 采取威胁、引诱、欺骗方法而获取的言词证据。由于威胁、引诱、欺骗的方法较难认定，笔者建议有必要建立判例指导制度，通过个案对威胁、引诱、欺骗的含义作出界定，便于司法实践中把握和操作。

二是进一步合理界定非法证据的范围。按照理论通说和国际通行做法，刑事诉讼中的非法证据包括非法取得的言词证据、实物证据及非法取得的延伸证据（即"毒树之果"）。而该规定所涉及的非法证据仅包括非法言词证据、非法物证和书证，没有涵盖非法证据的全部范围。该规定共有15个条款，其中规定非法言词证据的条款占绝大多数，达13个条款，而规定非法物证、书证的仅有1个条款，两者内容明显失衡，实质上主要是对非法言词证据的排除做了规定。另外，对非法物证、书证排除的条款内容不具体，实践中难以把握和操作。因此，应当全面、合理地界定非法证据的范围，在此基础上对各种非法证据的排除程序和排除方法都作出具体明确的规定，便于整体把握和实际操作。

三是进一步完善非法证据排除的相关程序。虽然该规定对非法言词证据排除程序作出了规定，但仍不够全面具体，一些具体程序如何展开仍难确定。笔者建议，可从以下三个方面进行完善。① 完善权利告知程序。将犯罪嫌疑人有权提出非法证据排除申请作为一项重要诉讼权利写入《权利义务告知书》，检察机关应当在收到侦查机关《移送起诉意见书》后的法定期限内送达犯罪嫌疑人，审判机关应当将告知书与起诉书副本一并送达被告人，并进行必要解释说明，保障犯罪嫌疑人尽早知晓自己的诉讼权利。② 调整提出申请时间。该规定将法庭审理阶段被告人及其辩护人提出排除非法言词证据的最后时间设定为法庭辩论结束前，这样的规定虽然有利于被告人的保护，但并不合理。因为法庭辩论阶段的主要任务是由控辩双方对法律适用问题进行辩论，而证据审查已在法庭调查阶段完成，如在法庭辩论阶段再提出，意味着又要就证据的合法性进行审查，与法庭辩论的目的要求不符，也会造成庭审程序的混乱。为此，建议目前阶段将提出申请的时间提前在法庭辩论前，待证据交换展示制度建立后，可将提出申请的时间调整至庭审前。③ 设置独立的审理程序。该规定对排除非法证据的审理程序未作明确规定，为此建议设立独立的审理程序，对于被告人在庭审前提出排除非法证据申请的，可单独举行非法证据排除的审理程序；对于被告人在庭审中提出排除非法证据申请的，则应暂停庭审程序，另行举行非法证据排除的审理程序。

四是进一步建立健全配套法律制度。实行侦查机关与羁押机关分离制度，羁押机关加强对羁押人员入所和接受讯问后的身体检查，强化对侦查机关讯问活动合法性的监督；同时，建立讯问同步录音录像制度，进一步严格规范讯问行为。

（二）完善刑事证据举证制度

大陆法系国家，采取职权主义审判方式，法官对程序的进行和证据的调查起主导作用，证据的取舍及其证明力的大小由法官自由依其人格、能力、知识和经验作出评价。所以，为了充分发挥法官的主观能动性，查明案件事实，立法并不对各种证据证明力的大小作出规定，也不对各种证据材料是否具有证据能力、能否作为法庭证明的证据使用作具体规定，只是通过建立诸如直接审查、言词审查等原则对审查判断证据的程序规定得较为严格。

因此，在大陆法系国家，具体证据材料是否具有证据能力基本上是一个法官自由裁量的问题，很少关涉证据规则。证据出示制度，是在特定的控辩双方之间进行证据信息的交流，能使控辩双方在庭审前进行充分的准备，对证据进行认真审查和思考，以明确案件争议的焦点，保障庭审的辩证、质证的针对性，在防止审判的拖延和无序、遏制刑讯逼供、减少司法资源的浪费等方面起到了重要的作用。应充分考虑我国的国情，同时注重借鉴英美法系国家有关证据出示制度的合理做法。建立和完善我国刑事证据出示制度，重点在于确立并扩大刑事证据出示的范围。

第一，就控方而言，检察机关应在提起公诉的次日起，向辩护方出示下列证据，并允许辩方律师到检察机关查阅、复制或拍照：① 在侦查、起诉阶段获得的与案件指控有关的所有证据材料，包括被害人在侦查机关的第一次笔录，检察机关主动寻找到的补充取证材料；② 在庭审时准备使用的证据材料，包括被告人在侦查机关所作的供述和辩解，有关证人、鉴定人的姓名、住址等情况。

第二，就辩护方而言，应在控方证据出示后7天内，将在庭审时准备使用的证据材料向控方出示：① 在庭审时准备传唤到庭作证的证人或者鉴定人的姓名、地址等情况；② 在庭审时准备使用的物证、鉴定结论等证据。此外，有必要设定证据出示制度的例外情况。证据出示制度的例外情况包括：① 有关国家安全机密的证据；② 有关妨碍侦查的证据及卧底警察身份的证据；③ 涉及重大商业秘密、知识产权等证据。对证据是否应当出示及应当出示的内容发生争议时，控辩双方可以接受法院的司法审查，即在开庭前对某项争议证据，应向法院提出证据出示的书面申请，然后由法院对该项证据作出是否准许出示的裁定。凡没有依照法律规定或法院命令而出示的有关证据，不得在法庭审判中使用，违反使用而影响程序公正的，受损害的一方可以提起上诉。

（三）完善刑事证据质证制度

完善刑事证据质证制度，笔者认为主要从完善传闻证据规则出发加以完善。所谓传闻证据，是指用以证明所述内容是否真实的目击证人（包括被害人、鉴定人）当庭陈述以外的口头或书面证言。具体而言，传闻证据包括三类：① 非目击者的当庭陈述；② 目击者的书面证言；③ 警察或检察官在侦查或起诉阶段制作的证人的书面笔录。所谓传闻证据规则，又称传闻证据排除规则，是指除具有法定的例外情形，传闻证据不具有可采性，不得提交法庭调查质证的规则。在证据理论上，之所以要排除传闻证据，主要是因为：一是目击证人在陈述时没有宣誓，不受伪证罪的威胁，虚假的可能性比较大；二是对传闻证人无法进行交叉询问，无法甄别其真伪；三是由于传闻证据大多经历了两次以上的转述，误传的危险性很大，不足以采信。但在某些情况下，如果转述他人的证言不妨碍其真实性，传闻证据是可以接受的。

因此，这一规则是存在例外情况的。也就是说，只要是在法定例外情况下，司法机关是可以采纳传闻证据的。比如，根据美国《联邦证据规则》之规定，传闻证据规则有两种例外情形：一是陈述者不能到庭作证的例外；二是陈述者是否到庭无关紧要的例外。陈述者不能到庭作证的例外是指陈述者因行使拒绝作证的特权，或因记忆不清，或因死亡、患病、身体虚弱等原因无法出庭作证，而例外允许传闻证据在法庭上提出。

根据美国《联邦证据规则》及相关判例的规定，陈述者不能到庭作证的例外的适用情形有：① 先前证词；② 临终陈述；③ 对己不利的陈述；④ 关于个人历史或家庭历史的陈述；⑤ 因对方的原因未能出庭作证；⑥ 其他例外。陈述者是否到庭无关紧要的例外是指某些陈述者可信度非常高，陈述者是否出庭对其可信性影响不大，因而陈述者既可出庭，也可不出庭。根据美国《联邦证据规则》及相关判例的规定，陈述者是否出庭无关紧要的例外主要适用于以下情形：① 表达感觉印象；② 刺激的发泄；③ 当时的精神、感情和身体状态；④ 处于医疗或治疗目的的陈述；⑤ 被记录的回忆；⑥ 关于日常行为、活动的记录；⑦ 在日常行为、活动的记录中没有记载；⑧ 公共记录和报告；⑨ 重要的统计资料；⑩ 缺乏公共记录或没有记载；⑪ 宗教组织的记录；⑫ 婚姻、洗礼和类似的证明；⑬ 家庭记录；⑭ 有关财产利益的文件记录；⑮ 文件中反映财产的陈述；⑯ 陈年文件中的陈述；⑰ 市场报告；⑱ 学术论文；⑲ 关于个人、家庭历史的名誉；⑳ 关于边界、一般的历史名声；㉑ 性格方面的名声；㉒ 先前定罪的判断；㉓ 关于个人、家庭和边界的判决；㉔ 其他例外。传闻证据排除规则，是对抗式审判制度得以实现的重要手段，传闻证据规则要求证人亲自出庭作证，是保障对抗制审判程序得以顺利运作的有效机制，有利于保证案件裁判的准确性，从而有利于实现诉讼平等、诉讼民主等价值目标。

根据我国现行《刑事诉讼法》和相关司法解释的内容，法律一方面规定证人出庭作证的义务，一方面却又广泛地允许证人不出庭，无条件地允许阅读庭外陈述，赋予了书面证言成为定案证据的可能性，显然使法律规定的证人出庭义务成了摆设。司法实践中，法院广泛采用书面证言的做法，既损害了当事人的程序性权利，又增加了事实认定错误的危险性。

第一，将现有的法律加以整合，明确规定"了解案件事实的人应当出庭作证。除法律另有规定外，法庭不应采纳庭审之外的证人陈述作为定案根据，无论是书面陈述还是他人到庭转述"作为传闻证据排除的一般原则。

第二，规定一些必要的例外情形。一是明确证人或被害人可以不到庭作证，而向法庭提供书面证言的缘由。主要有：① 证人或被害人已经死亡的；② 证人或被害人下落不明的；③ 证人或被害人患有严重疾病、行动不便，无法到庭的；④ 证人或被害人不在中国境内，无法到庭的；⑤ 证人或被害人遭到威胁或报复危险的；⑥ 因路途遥远，交通不便，无法到庭的；⑦ 因自然灾害等客观原因无法到庭的。如果证言是有关案件事实的实质性、关键性、唯一或主要的证据，法庭应当尽可能通过视听传输系统进行询问或者在审判前程序为当事人提供询问机会。关键证人没有到庭并且没有赋予被告人其他质证机会的，一般不得作为定案的决定性依据。二是赋予特定主体制作的陈述笔录以证据资格。主要是审判外在检察官面前所作的陈述，如果原陈述人确有正当理由无法到庭并且具有可信性的，可以作为证据使用；审判外在法官面前所作的陈述，可以作为证据。三是严格限定传来证据的证据资格。继续延续我国证据理论和制度对传来证据证据资格一向予以认可的态度和做法，但应当明确规定，只有在控辩双方都同意的情况下，法庭可以许可证人到庭转述原陈述人的陈述。如当事人在主询问结束前及反询问中都没有提出异议，可以视为默认同意。四是明确规定可以作为证据使用的具有高度可信性的文书类型。主要是：① 公务员对其职务上能够证明事实而制作的文书，如户籍副本和公证副本；② 在正常业务过程中制作的文书，如商业账本和航海日志；③ 与上述文书具有同等可信程度的文书，如被广泛使用的名册、年表、数据表等。需要特别指出的是，虽然上述所列书面陈述可以作为证据，但是其证明价值还需要法官根据情况综合判断。此外，被告人的庭外陈述除了用来质疑其庭上陈述的可信度外，不能直接作为认定案件事实的根据。

第三，应当赋予法官一定的自由裁量权。法官根据证人证言的关联性大小、要求原陈述人出庭作证是否将造成不适当花费或者拖延，以及衡量司法公正的利益，可以决定是否许可书面证言或传来证据。

（四）完善刑事证据采证制度

所谓关联性规则，是指只有与案件事实有关的材料才能作为证据使用。在美国，所谓关联性，是指证据必须与案件的待证事实有关，从而具有能够证明案件待证事实的属性。美国《联邦证据规则》第四百零一条对相关证据的定义是这样的：相关证据指证据具有某种倾向，使决定某项在诉讼中待确认的争议事实的存在比没有该证据时更有可能或更无可能。关联性是证据被采纳的首要条件，关联性规则是英美法系的一项基本证据规则。英美证据法对证据的关联性极为重视，要求控辩双方在审判过程中出示的证据必须与其主张及争议的事实有关联性，以此来限制法庭调查和法庭辩论的范围。

英美证据法之所以要求证据必须具有关联性才可以采纳，主要有两方面的理由。第一，英美法系实行陪审团审判制度，由陪审团认定案件事实。为了防止当事人将没有关联性的证据在法庭上出示，导致陪审团错误地认定案件事实，所以要求必须遵循关联性规则，以免陪审团被当事人提出的无关联性证据误导。第二，要求证据必须具有关联性有利于限定法庭调查的范围。英美法系采取当事人主义审判方式，法庭调查和法庭辩论由当事人主导，提出何种证据完全由当事人决定，如果不加以限定，会导致案件证据的调查程序拖沓冗长，导致审判旷日持久，影响诉讼的顺利进行。

类似行为规则经常被简单定义为：不能以犯罪嫌疑人、被告人在其他场合实施过类似犯罪行为来证明当前的犯罪行为就是犯罪嫌疑人、被告人实施的。也就是说，不能以被告人在其他场合实施过类似行为来证明本案的犯罪行为也是被告人实施的。比如，不能以被告人曾在其他场合驾车过失撞伤他人，就证明这次交通事故也是行为人实施的。

但是，由于绝大多数类似行为证据都予以排除，实践中可能导致许多案件都无法作出有罪认定，英国近年对类似行为证据的排除出现了松动。传统上，类似行为证据排除是原则，采纳是例外，英国近年对此进行了修改，改为采纳是原则，排除是例外。但是，为了防止误导陪审团，英国立法规定，在允许采纳类似行为证据时，法官应当提醒陪审团，不能仅仅依赖类似行为证据作出有罪认定。也就是说，先前的劣行不足以充分证明被告人实施了犯罪，还必须有其他证据予以补强。

除英国外，其他国家和地区仍坚持类似行为证据排除是原则，采纳是例外。类似行为规则的例外主要有四点①用于证明关联事实。类似行为规则要求排除的只是类似，也就是相似的行为作为证据。如果两个行为在逻辑上是有关联的，那么类似行为证据就可以被采纳。比方说，强奸案件的被害人在以前与被告人私通的事实，可以用来证明在本次事件中当事人之间可能是通奸而非强奸。②用于证明主观心理状态。如果两个或两个以上的行为单独看起来是偶然的，但是作为一个整体来看，属于一系列故意犯罪中的一环，那么，可以用类似行为证据来证明行为人主观上是故意而非过失的。③用来反驳辩护。通常，控方不能主动用类似行为证据来证明犯罪嫌疑人、被告人实施了与类似行为一致的犯罪，但如果被告人主动进行辩护的话，那么类似行为可以用来反驳被告人的辩护主张。④用于佐证证言，包括被害人陈述的可信性。如果几个证人在没有串通的情况下，对几次事件的表述都显著的相似，那么这几项证言可以相互佐证其可信性。证据的关联性是一个事实和逻辑问题，必须由法官或陪审团在家庭个案中进行判断，因为自法定证据制度退出历史舞台后，各国证据法对关联性证据规则作出了详细规定。

关联性规则，是证据被采纳的首要条件。我国《刑事诉讼法》及相关司法解释关于证据的相关性规则的规定比较笼统，均没有具体规定哪些证据没有相关性而不可采，在适用相关性规则的同时需要受到哪些限制，这些都需要进一步深化。

一是对证据相关性的定义作出界定。两大法系国家分别在证据法典或相关判例中对证据相关性的定义作出了明确的规定。当今英美法系国家证据法普遍认为证据相关性的具体内容应当包括证明性和实质性两个方面，而我国传统的相关概念实际上只包括了证明性的内容，并未提及证据实质性的要求。并且我国现有的法律规定和相关性理论对证据的证明性要求过高，要求必须具备客观性和真实性的条件，容易造成与证明力概念的混淆，对法官如何进行理性裁判缺乏一定的约束指引。对此，应当借鉴英美法系证据法对相关性的界定，在立法上明确规定证据相关性的定义。

二是对"相关的证据应当采纳，不相关的证据不得采纳"的规则作出明确规定。通过对英美法系证据法的考察，证据的相关性不仅是证据排除的根据，而且也是证据采纳的标准。我国应当在证据立法中明确规定"相关的证据应当采纳，不相关的证据不得采纳"的规则。对于相关性的判断标准，除了法律明确规定没有相关性的证据外，其他证据的相关性问题，由法官根据具体争议点进行判断。

三是完善证据相关性的限制规定。可以充分借鉴英美法系国家证据法中，有关品格证据、类似行为、特定诉讼行为、特定事实行为、被害人过去行为等证据相关性的限制性规定及例外情况的规定，完善我国的相关性证据规则的具体内容。

四是明确相关性规则的排除情形。运用证据相关性规则要受到其他证据规则的限制，有关联的证据材料不一定能被作为证据使用。在立法中应当主要确立以下排除情形：非法证据排除规则和例外、传闻证据排除和例外、意见证据排除规则、无补强证据排除等。通过刑事证据规则的适用，对某一证据资料能否成为诉讼证据在法律资格上进行限制，是刑事证据制度中的重要组成部分，而刑事证据制度可以说是刑事诉讼制度最核心的部分。

近几年，虽然我国刑事诉讼的立法和理论研究有了长足的进展，但刑事证据立法远未形成系统、完备的证据规则体系，现有的刑事证据立法存在粗糙、缺乏操作性等缺陷，难以满足打击犯罪和保障人权的现实需求，因此有必要尽快建立和完善我国刑事证据规则体系，遏制刑讯逼供，推进依法治国的进程。在建立和完善我国刑事证据规则时，应当从我国的国情出发，在建立和完善我国刑事证据规则的过程中，通过借鉴两大法系国家立法和实践的有益经验，大力充实规范证据能力的证据规则，适当完善规范证明力的证据规则，积极建立相应的配套制度，切实增强证据规则的规范性和操作性，充分发挥证据规则在刑事诉讼中的应有作用，实现人权保障，使程序正义和实体正义得以充分实现。

▶▶▶ 第二节　错案预防之主观因素——强化证据意识

证据是刑事诉讼的基础和灵魂，没有证据，就没有刑事诉讼。证据问题贯穿了整个刑事诉讼制度和程序。这不仅反映了立法者的证据意识，同时对刑事诉讼的所有参与者提出了要求，即参与刑事诉讼必须有证据意识。作为一种理性自觉，证据意识要求人们能够正确认识证据的本质及其诉讼价值，并能够自觉运用证据认定事实和解决争端。同时，证据意识也是一种本能，是人们在诉讼中或者诉讼外自动养成收集、保存、运用证据的习惯。

证据是司法公正的基石，证据意识决定着人们对于证据基本问题的态度。首先，应当对"证据意识是什么"有一个正确的认知。

一、证据意识的内涵

证据意识是法律意识的一部分，属于意识范畴。根据辩证唯物主义的理论和观点，意识的形成应遵循认识的一般过程，经由感性认识和理性认识两个阶段，具体表现为认识、情感、评价和运用等。

意识是人们的头脑对客观物质世界的反映，是感觉、思维等各种心理过程的总和，其中的思维是人类特有的高级形式，法律意识则是广大人民的法律观、法律感、法律要求和法律知识的总和。从认识论的角度来进行分析，法律意识又分为法律心理和法律思想体系，法律心理是人们关于法和法律现象的直观的、不系统的感觉或情绪，属于低层次的法律意识；法律思想体系则是人们关于法和法律现象的系统的和理论化了的思想观念或学说，属于高层次的法律意识。

而所谓证据意识，是指人们在社会生活和交往中对证据作用和价值的一种认知的心理状态，是人们在面对纠纷或处理争议时自觉收取、保存、运用证据的心理觉悟。对于证据，人们所处的认识阶段不同，形成的证据意识各异，具体表现也不同。对非法律专业或职业的普通社会公民而言，其法律意识往往不高，其证据意识往往处于感性认识阶段；对于法律职业者或者司法人员而言，其证据意识则应处于理性认识阶段，表现为对证据的一定评价和运用，在证据基本原则、功能、规律等基本方面的自觉认知状态和理性思维方式。就司法人员而言，证据意识强，意味着对证据相关知识和问题具有深刻的理解、整体的把握和自觉的运用，意味着能够自觉地把证据的基本理念、原则、规律、知识运用到具体证据问题的处理中，最大限度地找到证明犯罪嫌疑人有罪或者无罪的证据，再现案情的"庐山真面目"，从而为正确适用法律奠定基石。

在现代诉讼活动中，证据意识问题已经摆在司法工作人员面前，已经引起了司法主体的高度重视。一般而言，司法主体应具备较强的证据意识，具体如下。

（一）对证据地位的认识较为清晰

能够充分认识到证据在司法活动中的本原地位。司法裁判是根据证据认定案件事实，再依据案件事实适用法律的过程，案件中所有事实，包括犯罪人员、时间、地点、动机、手段、经过、后果及罪名、情节等的认定，都需要法律所认可的证据来证明；同时，把证据作为认定案件事实的根据和基础，也是为诉讼各方提供了统一、明确的"参与"规则，有利于控制司法人员的主观随意性及个人偏私，从而达到对正当程序的维护，进而实现诉讼制度的设计价值；并且，证据是制约诉讼发生、发展和终结的主要因素，在对犯罪嫌疑人的立案、采取强制措施及侦查终结、法庭判决等整个诉讼过程中，证据都具有决定性作用。

（二）对证据知识的理解较为深入

对于证据分类的知识不局限于简单化、低层次的归类问题的认识，而是把证据分类和各类证据的特点及证明价值结合起来理解，从而在取证工作中注重全面收集证明案情的有罪证据和无罪证据、直接证据和间接证据、言词证据和实物证据、原始证据和传来证据，并对获得的各种证据去粗取精、去伪存真，分清主证、辅证，有力地证实案情。

（三）对证据规则的运用较为自觉

目前，我国的证据规则仍处于初创阶段，虽然具体规则的数量不少，但散见于诉讼法和有关司法解释中，不够全面和系统。证据意识较强的司法人员，能够较好地掌握相关证据规则的内涵，并自觉加以运用。在取证过程中，能够注重依法规范取证，避免破坏证据材料的合法性；能够注重发挥现代侦查手段和物证技术的作用，科学地提取、固定、保管有关证据，保证证据的证明力；能够有意识地根据有关线索察访有关证人、重视利用证人证言求证案件事实；能够注重提高讯问能力，合法获取口供，并在需要的情况下对口供进行补强，充分实现证据的证明价值。

（四）对证据理论的掌握较为系统

以分析、运用证据为例，不仅能够以证据能力和证明力要求的客观性、关联性、合法性和真实性、可靠性为标准对每个证据进行逐个审查，又能够结合证据分类及证据间的联系对多个证据进行分组审查，还能够对应相应阶段的证明标准对于全部证据进行综合审查和评断。

二、证据意识的作用

证据意识的作用从根本上讲属于意识对主体行为的影响作用，即证据意识对主体实施证据相关行为的影响。证据意识的作用有多种表现：决定着主体对于证据基本问题的态度，制约着其取证、举证、质证、认证等解决证据问题的能力并影响着具体的司法证明活动。但证据意识的最重要作用在于"填补"，即证据意识可以弥补具体证据规则的缺漏和主体证据知识的不足，从而促进主体正确地进行证据的收集、审查和认定，谨防冤假错案的产生。

刑事诉讼的各个阶段中，证据意识同样具有重要的填补价值，又以侦查阶段尤为突出。这是由侦查阶段的特点决定的：从证据的角度看，侦查阶段的核心任务是发现、收集犯罪嫌疑人有罪或者无罪的证据。

公诉和审判阶段则主要是审查和认定侦查阶段收集的证据，是在既有证据范围内进行证据评断。而证据收集带有很大的不确定性，表现为在收集何种证据、证据收集方式方面存在很大的偶然性、发散性和随机性，因此侦查工作的特殊性决定了证据意识更为突出的重要作用，深层次的原因有二。

其一，犯罪案件千变万化、无章可循，决定了在证据收集方面难以形成统一的规则和做法，往往只能具体问题具体对待。虽然我国刑法规定了各种犯罪的构成要件，决定着侦查各种犯罪的取证要点，但证据收集的具体工作仍存在着无穷的变化，侦查人员办理案件，几乎无模式可循，只能根据案件具体情况寻找线索和收集证据。并且，随着社会生活的发展和科技的进步，新型犯罪层出不穷，犯罪嫌疑人的反侦查手段不断提高，侦查工作难度加大，侦查人员的惯常取证思路和传统取证手段受到严峻挑战，侦查取证趋于复杂，具体取证方式的变化量增多。不难想象，在发现证据这一侦查起点上，具体的证据知识和证据规则发挥的作用较小，而较强的证据意识却能较好地启示侦查人员发现线索、收集证据，从而在一定程度上防止冤案的产生。

其二，我国目前的证据立法不尽完善，取证规则中以义务性规则为主，几乎没有权利性规则[①]。在我国《刑事诉讼法》中，用以规定证据规则的条文不足40条，主要包括询问、讯问、现场勘查、辨认、侦查实验、鉴定、搜查、扣押等取证规则，缺乏可操作性；在最高人民法院制定的《关于执行〈中华人民共和国刑事诉讼法〉若干问题的解释》、最高人民检察院制定的《人民检察院刑事诉讼规则》、公安部制定的《公安机关办理刑事案件程序规定》中，取证规则数量增多，操作性增强，但多为基本法律所确定的证据规则的汇总和注

① 何家弘，刘品新. 证据法学 [M]. 北京：法律出版社，2004：359.

解，缺乏协调性。因此，在目前的侦查工作中，破获犯罪的取证难度大，而立法规定的取证规则却不完备，鲜有指导作用。这种状况下，充分发挥证据意识的作用，自觉地把证据的基本知识、规律、原则、理念运用到具体证据问题的处理中，必将在一定程度上弥补没有法律依据和指导的缺憾。

三、证据意识淡薄的原因

毋庸讳言，受历史传统和法律文化等的影响，中国人的证据意识是很淡薄的。两千多年的封建社会制度对意识形态领域的影响可以说是根深蒂固的，在很长一段时间内是很难消除的，对证据意识的影响也是不可避免的。历史是持续不断发展的过程，人们的意识形态也随着物质世界的继承延续而具有延续性，因此，古代的证据制度势必会对人们的意识产生影响。从中国古代的证据制度来看，它是以"人证"为中心的，审案者往往在司法实践中"以五声听狱讼"，或采取"钩距问案"等"人证"调查方法而忽视物证的收集、保存和运用，这无疑会削弱人们的证据意识，尤其是对待物证的态度。现如今，司法人员在办理刑事案件过程中还存在着重口供、轻其他证据的思想。刑事诉讼的过程是一个证明的过程，也就是依法收集各种证据证明案件事实的过程。但少数的司法人员受口供是"证据之王"的不良的影响，在办理刑事案件中比较重视口供的收集而轻视其他证据的收集、保全，造成不能客观全面地收集证据，从而导致案件证据不足，给认定案情带来困难。

此外，一些司法人员对刑事证据学的理论掌握不够。司法人员的来源是很广泛的，有军队转业干部，有普通院校的大中专毕业生，还有公安院校的毕业生。虽然这些人员都经过了短期的上岗培训，对刑事证据学有了一定的认识，但相当一部分人对如何依法取证还没有一个全面的理解和把握，依法取证的意识不强，以致在实际侦查取证工作中经常出现程序违法问题。

还有些司法人员仍然存在重实体法、轻程序法的思想，在办理刑事案件的过程中，比较重视实体法上的东西，重视犯罪嫌疑人的行为是否构成犯罪，而对程序法即办理刑事案件的程序重视不够，甚至在个别司法人员看来，程序是可有可无的事情，这就必然导致不依法定程序收集证据，造成违法取证。

四、强化证据意识

《中华人民共和国宪法》规定："中华人民共和国实行依法治国，建设社会主义法治国家。"这就表明，我国在今后的很长一段时间内，将实行依法治国的政策。树立证据意识观念是社会主义法治国家的司法活动必然的要求，是与国际司法接轨的现实要求。

（一）转变司法理念是提高证据意识的前提

1. 强化人权保障理念

就中国的执法理念而言，权力治人的观念远远强于权利保障的理念。权力治人的观念使公、检、法三机关的配合多于制约。在审判前，基本上就是线性结构，公安机关与检察机关相互配合以期共同完成实现追诉犯罪嫌疑人的诉讼目的。这种情形突出表现在对非法取得证据的排除上，虽然法律及相关司法解释对于非法取得的证据作了予以排除的规定，且检察机关对于公安机关的侦查行为负有监督职责，但是实践中对于公安机关非法获得的证据很少被检察机关排除。权力治人的观念在侦查阶段表现得尤为突出，无论是制度设计还是具体执法，权力治人的观念遍布其中。我国现行的侦查模式基本呈线性结构，是侦查机关对犯罪嫌疑人的单方行为，侦查机关的侦查权力过大且其侦查行为缺乏必要的制约。

权力一旦缺乏必要的制约，必然会存在被滥用的可能，而权力被滥用，最为直接的受害者就是侦查对象。纵观被媒体曝光的多起刑事错案，不难发现，几乎所有案件中都存在或轻或重的权力被滥用的情形。要想改变这一局面，至关重要的就是彻底转变权力治人的观念，要树立权利保障的理念。权力治人的观念从根本上讲是没有将犯罪嫌疑人、被告人的权利予以考量，而是完全将其作为诉讼的客体来对待，在侦查活动中，完全将其作为无个体利益的纯正侦查对象来处置。因此权利保障理念的确立必然会使侦查结构或是侦查行为朝着有利于犯罪嫌疑人、被告人权利保障的方向转变。

2. "口供本位主义"观念的转变

"口供本位主义"对于刑事司法人权的保障是一大障碍。仅从我国目前的立法规定来看，我国的证明方式是以物证为本位的，具体体现在《刑事诉讼法》的第四十三条及第四十六条。但是从司法实践来看，由于我国的侦查技术落后、侦查投入不足等原因，我国的证明方式实际上还是以口供为中心的，一般是侦查机关在掌握了一定的犯罪线索以后，立即讯问犯罪嫌疑人，然后以犯罪嫌疑人的供述为线索收集其他证据。因此在侦查过程中与口供本位伴生的是刑讯逼供，从而对犯罪嫌疑人、被告人的人权造成侵犯。在审判过程中，虽然法律明文规定没有被告人供述，证据确实充分的可以认定被告人有罪和处以刑罚，但在司法实践中，法院没有被告人供述时通常不敢下判。在审判过程中与口供本位共存的是诉讼效率的降低。因此在刑事诉讼证明方式上必须从口供本位转向物证本位。虽然诉讼证明方式的转换是一项长期而艰巨的系统工程，但是鉴于刑事司法人权的保障，这一转变是必须进行的。

3. 强化程序理念

重实体、轻程序的观念对于诉讼中人权保障的消极影响是极其严重的。重实体、轻程序的观念在诉讼中的直接后果就是忽略所有只求事实真相的查明，在查明事实真相的过程中对人权保障问题不做过多考虑。而程序本位主义，是一种旨在强调程序本身的功能和价值的观点，这种观点认为，刑事诉讼程序的评价标准是程序本身是否具有一种独立于程序结果的内在的善。这一观点强调在诉讼中，只有承认程序的价值和作用，才能保证实体正义的实现。程序不仅仅是工具和手段，更重要的是程序本身具有正当性。程序的正当性要求执法机关严格按照法定的程序办案，只有这样形成的结果才能得到公众的信赖。在某种程度上，程序本位在避免把被追诉者当成一个诉讼客体、不讲程序只讲查明"事实真相"上发挥着积极的意义，换句话说，程序本位对于遏制非法收集证据具有不可取代的作用。因此，我国的刑事诉讼观念有必要从重实体、轻程序转向两者并重，最终转向程序本位。这对于人权保障建设是至关重要的。

4. 树立"证据第一"的思想

司法人员要充分认识证据在刑事诉讼中的地位和作用，牢固树立"证据第一"、以证制胜的思想。修改后的《刑事诉讼法》围绕证据问题作了多处重要修改，其基本精神集中到一点，就是证据是刑事诉讼的核心，是左右刑事案件的决定因素，全部刑事诉讼活动包括立案、侦查、提起公诉、审判、执行，都是围绕着证据这个核心进行的。因此，司法人员一定要坚持无证不定案的原则，从思想上进一步肃清封建主义"有罪推定"思想的残余影响。要坚定不移地把收集、核实证据作为办理刑事案件的中心环节，所有的工作都要以此为出发点和落脚点。要从"抓人破案"向"证据定案"转变。要在证据规格和标准上把"破案"与"庭审"的要求结合起来，切实实现侦查办案由"抓人破案"向"证据定案"的目标转变。只有牢固树立起"证据第一"的思想，才能保证办案质量，保证刑事诉讼的顺利进行。

（二）掌握证据知识是提高证据意识的基础

司法人员应认真学好刑事证据学，提高收集证据、审查判断证据和运用证据认定案件事实的能力。司法人员的工作是围绕着证据进行的，涉及收集证据、保全证据和审查判断证据等，其本身就是一门科学，即刑事证据学。如果司法人员对此一知半解、不能很好地理解和掌握，那么就不可能做到有计划、有目的地依法收集运用证据，也就不可能把案件办好。因此，认真学好刑事证据理论，尽快从以往习惯型、经验型的办案模式中走出来，自觉地运用刑事证据理论指导侦查工作，并在工作中逐步加深对刑事证据理论的理解和掌握，从而增强证据意识，逐步提高收集证据、审查判断证据和运用证据认定案件事实的能力。

1. 了解证据的特点

首先，证据具有相对性。刑事诉讼中，认定案情应当有证据支持，但是证据证明的案情和客观实际发生的案件事实并不完全一致。证据再现客观事实的哲学基础是证据本身的存在和证据的证明对象之间存在因果关系。而哲学研究结果表明，因果关系是相对的。因果关系的相对性表现为一因多果、一果多因，因果之间由于视角不同，存在无穷的环节，使得因果之间的必然联系变得难以确定。因此，要深刻认识证据证明的案情与客观的案件事实存在一定的距离，即用证据证明案件事实的司法证明活动本身具有一定的相对性，而证据证明的案情和客观案件事实之间的关系与相对真理和客观真理的关系实质上相同。

认识证明的相对性，培养相对证明的意识，一方面，有助于侦查人员在取证过程中注意遵照法律的要求取证，既注重实体法关于犯罪构成的要求，又注重程序法关于证明标准及取证活动的规定，使最终证据证明的案情达到依法裁判的需要，而绝非客观事实的完全再现。另一方面，可以提醒侦查人员避免轻易地认为收集到的证据已经确凿、充分，从而鞭策其进一步取证，努力实现证据证明的事实向客观事实尽可能接近。

其次，证据必须系统化。用证据证明全部案件事实，并非某一两个证据之力所能完成，而必须构建一个证据系统：以一个个证据为要素，以证据间的相关联系搭建证明网络，并最终形成证据间相互印证并有一致证明方向的证据系统。换言之，认定案件事实根据的不是孤立的某个证据，而是一系列证据个体相互联系所组成的有机整体，即证据系统。确立证据系统的意识，注重系统的整体功能，有助于加深对"孤证不定案"的理性认识，更好地贯彻《刑事诉讼法》第五十三条"只有被告人陈述，没有其他证据的，不能认定被告人有罪和处以刑罚"的规定。确立证据系统的意识，注重系统内的有机联系，有助于对证据之间及证据与案情之间协调一致性的审查，排除证据间的矛盾和排除证明的其他可能性。而在构建证据系统的过程中，也要注重利用证据的相关性：利用每个证据与案情的相关性，深入分析该证据与案情之"关联"的本质，充分发挥该证据的证明价值；利用证据之间的相关性，在已收集证据之间建立证据链条，证明某项"待证事实"；利用已收集证据与未收集到的潜在证据之间的相关性，以明确进一步的取证方向。

最后，证据具有动态性。证据是证明案件真实情况的客观存在，具有稳定性的一面，也具有发展变化的动态一面：随着时间、条件的变化，原有的证据

（物证、人证）可能发生一定变化甚至被破坏、灭失，也可能发展产生新的证据，即再生证据；而证据的数量也可能因犯罪现场遭受自然力、人力作用或证人流动而逐渐减少。因此，确立证据发展变化的意识，可以引导实践中一方面及时地提取、固定证据，另一方面适时提取再生证据。

2. 把握证据的可查性

在刑事诉讼活动中，立案和侦查属于诉讼的初始阶段，大量的基础性案件事实调查和证据收集工作都是在此阶段完成的。在随后的检察院起诉和法院审判阶段的主要任务就是对公安机关所提供的证据材料的审查和采纳问题，主要是诉讼主张和证据形式审查问题。因此，侦查工作是最基础、最本质的事实调查和证据形成过程。一个刑事案件是否最终能够得到公正的判决和处理，主要取决于公安机关的基础工作，即事实调查和证据收集工作能否做得扎实可靠。在案件的初始侦查、调查工作中，侦查人员必不可免地会接触到一些诸如群众的报案、检举、揭发及犯罪嫌疑人自首等材料，这些材料能否作为真正的证据去使用，前提条件是对他们所反映的事实情况要进行必要的调查。

但由于案情不同，不同的报案人、检举揭发人及自首材料所反映的情况，有些具有可查性，有些不具有可查性，也就是说，不具有侦查人员的亲历性"事实"情况。在此种情况下，就会产生对报案、检举、揭发、自首材料的内容真假性无从断明的情形，也就意味着在今后的诉讼阶段中，无法将其作为证据使用。由于案件事实本身作为一种客观存在的物质性现象，随着时间的发展及与其他不同事物的相互作用始终在不断变化发展，甚至消失。因此，客观及时调查，发现事实，为证据形式的形成奠定必要的事实内容基础，是首要的任务。如果说，有了一定的群众报案、检举、揭发、材料，但经过调查，无法发现事实情况，则这些材料不能作为证据使用。

3. 理解证据的可证性

把握证据的可证性，主要强调的是证据的形式问题，即解决如何让检察官、法官、诉讼参与人、参与旁听的人员能够看到、听到、感觉到案件事实存在的方法、手段问题。《刑事诉讼法》规定了证据的法定形式，在立案、侦查阶段，要切实按照法律规定的证据形式来反映案件事实问题，这关系到证据的有效性。侦查实践中存在的一个最大的难题，就是有些事实情况客观存在，但能否使用法定的证据表现形式来反映是有难度的，如气味性、声音性物质，易腐烂变质性事物，不易或不许拿到法庭上的事物（如淫秽性物品、易燃易爆危险性物品等），需耗费大量人力、物力资源方能发现的事实而不具有条件的（如犯罪嫌疑人交代作案后将凶器扔到黄河中；杀人地点在沙漠，杀人后尸体被黄沙掩埋，不能够确定具体地点和发现），等等。针对不同情况，要采用符合法律规范的证据形式进行变通，使之符合证据法定表现形式的规定要求，不能够查实的，则不能够作为证据使用并对事实进行认定。

4. 明确证据的系统性

案件从开始发生到最终结束的发生发展过程中，会产生不同的和案件存有紧密联系的人、事、物，形成一个比较复杂的案件系统，而且客观上也必然会形成一个较为复杂的案件证据系统。要做到较为完整和清晰地反映案件的全部过程和事实情节，需要掌握一定的技巧。

① 按照时间顺序反映案情，形成证据锁链。从哲学原理上讲，任何事物的运动都离不开时间和空间，时空条件是运动着的事物的存在方式。犯罪嫌疑人只要在客观上实施违法犯罪行为，就有一个开始到结束的过程，离不开时间条件，而且作案时间因素，也是刑法上犯罪构成要件的重要组成部分，依法需要进行证明。犯罪嫌疑人作案时间的认定，主要依靠其在犯罪过程中所接触到的不同的人和物来反映。在使用证据形式进行反映时，要做到特定时间有相关证据进行认定，全部作案过程时间一定要形成连贯性，中间不能有空档，要严格防止时间上的不同一和矛盾现象的产生，出现在作案时间上的认定或反映不同一现象，一定要进行合理的排除和解释。

② 按照空间顺序反映案情，形成证据锁链。犯罪嫌疑人只要实施犯罪行为，就离不开一定的空间，即犯罪地点和路线，这也是刑法规定的犯罪构成要件之一，依法需要进行证明。使用法定证据形式对作案地点和路线进行证明，要求按照对犯罪分子在客观上组织、计划、预谋、具体实施、逃跑、销赃等具体案件中存在的路线将地点因素有机地进行组合，形成地点方面的证据体系，要求在反映犯罪地点、路线方面的证据体系也同样要形成连贯性，要有一组证据进行证明，证据之间不能够存有矛盾。

③ 按照具体情节，做到一事（或物）一旁证锁链。犯罪嫌疑人在具体实施犯罪行为的过程中，不可避免地会接触到一些具体的人、事、物，这些具体的人、物、事，都是全部案件情况的具体构成部分和环节，对于具体认定案情具有极其重要的意义，因此，对于那些具有法律意义的具体情节，一定要使用法定证据表现形式进行固定和保全，使其能够切实发挥证据的证明作用。由于这些在案件中存在的人、事、物本身就有可能是证据，因此，具体要求做到：根据在案件中与这些人、事、物发生关联的相关其他事物形成旁证（佐证）性证据锁链。

④ 按照案情条件进行相关调查，形成证据锁链。案件事实调查本身也是有条件的，这就是侦查人员所掌握的线索情况，在案件调查初期，具体案件中的具体情况是不同的，一定要切实把握好入手点，根据具体案件中的不同情况，找准需证明和有利于调查活动进行的具体对象范围。例如，有的案件中，有被害人陈述，能够较为完整地反映案件情况，就可以将其陈述作为调查的切

入点；有的案件存有犯罪嫌疑人供述、辩解情节，这种情况，也有利于侦查人员调查活动的开展进行，也可以将其作为案件调查的切入点；有的案件在犯罪现场存有较多的与犯罪嫌疑人发生关联的物品、痕迹，也可以将其作为案情调查的切入点。总之，要具体情况具体对待，并将调查的情况，即事实情况，使用法定证据形式进行固定和保全，并形成相互关联的证据体系。

5. 遵循证据的合法性

任何一种客观存在的事物，从哲学理论上讲，都有内在形式与外在形式两种情形。证据的内在形式与外在形式有区别也有联系。证据的内在形式，一般是指直接反映案件事实的法定证据形式；证据的外在形式通常是指承载法定证据形式的物质材料。一般来讲，证据的内在形式能够直接反映犯罪嫌疑人作案的事实情节，但不能够反映出侦查人员的调查活动情况，而证据的外在形式则能够将案件事实情况与侦查人员的侦查、调查程序，调查手段、方法及调查的结果等情况全面地联系起来进行反映，客观上起到保障证据调查合法性的作用。这是法律所要求的，也是由案件的内容与形式（违法性和程序性）统一体的现实性所决定的，是对公安民警提出的必然要求，因此，作为一名侦查人员要在思想上切实注意法定证据的外在形式合法问题；否则，即便证据事物客观存在，但由于取证、制证、保全证据的手段、方法不合法，同样也会失去证据的法定证明活动效力，从而导致侦查活动无功而返，客观上会放纵罪犯，不利于打击犯罪、保障人民群众合法权益。

（三）明确证据制度是提高证据意识的保障

1. 全面认识"以事实为根据，以法律为准绳"是我国《刑事诉讼法》的重要原则

此处"事实"非指纯粹意义上的客观事实，而指证据证实的事实，因为客观事实往往无法再现，只能通过证据去无限接近，所以定案所依据的事实只能是证据所证明的事实，即只有证据证明的事实才能形成刑事诉讼中的案情。这一点对司法人员来说并不难理解，但在司法工作中全面贯彻这一点并不容易，可谓"知易行难"。"行难"的最大障碍是某些司法人员往往存在先入为主的主观臆断，也就是说，在收集证据之前，往往根据自身经验和推理在头脑里形成了所谓"客观案情"，然后按照所认定的"案情"安排取证。因此，侦查人员只有牢固树立用证据证明案件事实的意识，才能时刻提醒自己脑子中的"案情"至多是一种合理的猜测和推理而已，该"案情"的任何一个层面和环节都必须有证据支持，否则就要修正"案情"，直到"案情"有了充分的证据支持为止。

2. 正确理解《刑事诉讼法》第四十八条的规定

不同的证据观念对于人们的客观证明活动方式有着极大的影响，因此，有必要对我国法律关于证据的本质问题的规定有一个客观的正确认识。我国《刑事诉讼法》第四十八条的规定在理论上被称为证据"事实观"，也被称为"官方"证据观。长期以来，这一法律规定不断地遭到学者们的批判，这从理论研究方面来讲，其实是十分正常的。但其中有一种批评观点值得引起注意。批评观点指出："本条文第一款所揭示的证据内涵与后文内容是相互矛盾的。既规定证据是证明案件真实情况的事实，又规定证据必须经过审查判断查证属实。如果说证据是证明案件真实情况的事实，那么证据就无须查证属实，如果说证据作为定案依据须经查证属实，那么说明证据尚有通不过审查而被否定的可能。在同一法条里的前后矛盾，使人们对证据内涵的认识更为模糊，在理论上也就使证据的定义更加难以取得统一的意见。"

这种批评意见在逻辑上是成立的，而且在客观实践层面存在的部分证据虚假性问题也为这种观点的成立提供了事实基础。这就提出了一个问题，就是究竟应当怎样理解《刑事诉讼法》第四十八条的规定，难道法律的规定是错误的吗？显而易见，案件中的证据失实现象，是由法律利害关系和主客观诸因素共同造成的，正是因为证据本身就存在"真与假"这两种可能性，因此，对证据事物的审查就显得尤为必要，如果虚假性证据通过了完整的证明活动程序仍然没有得以解决，那只能够是一个是否真的想把案件事实证明清楚或者是证明活动能力问题了。应当将《刑事诉讼法》第四十八条的规定看成一种法律对证明活动主体的人的证明活动方式的应然性要求，这样就能够正确地去执行好法律。因为，案件的真实性问题与案件的事实性问题永远是相互对立、相辅相成的。司法人员所能够做到的，就是尽最大可能去发现案件事实并使用法定的证据形式来反映之，以正确地解决案件的真实性问题。

（四）贯彻证据意识是提高证据意识的宗旨

1. 从执法主体与法律规定关系中树立证据意识

刑事诉讼作为专门的法律活动，对主体法定性的要求更为明确和细致，包括对执法机关的要求和对执法者个人的要求两个方面，由宪法、诉讼法、组织法及检察官法、法官法等法律加以规定。在我国司法体制中，严格意义上的执法主体只能是人民检察院、人民法院及其适格人员，但诉讼的具体职能可以按照法律规定赋予公安、安全等其他具有司法性质的政府职能部门承担。法律确定的主体的地位、职责及其与证据之间的相互影响，对于证据意识的树立具有十分重要的推动作用。

（1）主体地位与证据

刑事诉讼中主体的地位取决于法律规定，包含两层含义：一是谁应当是刑事诉讼的主体，二是主体地位应当依据什么来取得和确定。在我国法律制度中，这两项内容基本由《中华人民共和国宪法》《中华人民共和国刑事诉讼法》《中华人民共和国组织法》等予以规定，以体现相应的权威性，具体则体现于《刑事诉讼法》中。修改后的《刑事诉讼法》第三条规定、公安机关承担刑事案件的侦查、拘留、执行逮捕、预审任务。检察机关承担批准逮捕、提起公诉和直接受理案件的侦查任务。人民法院负责审判任务。其他任何机关、团体和个人都无权行使这些权力。该条的特点在于以授权和排除两种方式，强化了诉讼主体地位的法定性和排他性。在刑事诉讼活动中，公安机关以行政机关的身份承担刑事诉讼职能，取得相应法律地位，角色虽然较为特殊，但任务明确。人民法院专司审判，身份法定，具有明确而清晰的司法性质。检察机关在刑事诉讼中的角色更为特殊。我国检察机关专司检察权，承担法律监督职责，从法律规定及司法实践看，地位具有双重属性，即既是法律监督机关又是诉讼机关。检察机关作为法律监督机关，体现的是检察机关在国家权力体系中的地位，作为诉讼机关，则体现的是在诉讼制度中的地位，二者前者为主，后者是前者实现作用的具体路径之一。明确这一点非常重要，它意味着检察机关对证据的态度，应当与单纯办案机关不同。证据之于单纯办案机关，只关乎认定事实与裁量刑罚，之于检察机关，则不仅仅关乎罪与罚，而且为了监督。总体来看，公安机关是侦查机关，启动刑事诉讼。检察机关是法律监督机关，保障刑事诉讼活动依法进行。人民法院是审判机关，确定最终刑罚。无论哪个机关履行哪种职责，作出决定的依据必须完全相同，即都必须围绕证据，依法进行。

（2）职责与证据

在刑事诉讼中，单就参与刑事诉讼的国家力量而言，公安机关以查明事实为目的寻找证据；人民法院以裁判为目的使用证据；检察机关依据地位的双重属性使用证据，具有与前两个机关不同的特殊性，即检察机关既为查明事实、正确裁判使用证据，也为保障刑事诉讼活动的顺利性、合法性而使用证据。在使用证据的过程中，作为法律监督机关，既要判断证据本身与案件的关联程度，又要查明取证主体、证据来源、证据形式、证据内容合法与否，并对通过违法犯罪方式获取证据的行为进行查处，从而构成对证据更为广泛、更为完整的审查。

职责与证据的关系还可以通过任务与证据来加以说明。刑事诉讼的任务虽然在诉讼法典之中有明确规定，但该规定只是就法典本身的作用而言的。

① 各诉讼主体在刑事侦查、检察、审判乃至于执行过程中的任务，会因法律分工而明显不同，形成诸如侦查与证据、强制措施适用与证据、审查起诉与证据、审判与证据以及诉讼监督与证据等对应关系，从而使刑事诉讼的阶段

性特征不断明显化。

②侦查与证据的对应关系产生于诉讼之始。《刑事诉讼法》第一百一十三条、第一百一十四条规定，侦查机关的责任在于收集、调取有罪无罪、罪轻罪重的证据材料，并要对证据材料予以核实。随诉讼进程而产生的强制措施适用与证据的对应关系，包含的是对强制措施慎重运用的要求（例如，《刑事诉讼法》第七十九条的规定）。在审查起诉与证据的对应关系中，要求查明的是证据是否确实、充分（例如，《刑事诉讼法》第一百六十八条的规定）。在审判与证据的对应关系中，要求达到的标准是案件事实清楚，证据确实、充分（例如，《刑事诉讼法》第一百九十五条的规定）。在诉讼监督与证据的对应关系中，要求达到既能保障诉讼顺利进行又能保障诉讼合法进行的标准，并通过强化法律监督手段、强化职务犯罪侦查、增强可操作性等条文，形成对证据全面性、合法性等完整规定（例如，修改后的《刑事诉讼法》第四十七条、第五十五条、第一百一十五条、第一百七十一条等的规定）。如此来看，对证据的要求是随诉讼的进行而不断提高的，其中，公安、审判等诉讼主体任务的阶段性特征最为明显，证据也对应表现出阶段性特征。检察权行使则不同，由于其任务具有双重属性，对证据的要求必须结合诉讼任务和监督任务从整体考量①。

尽管刑事诉讼主体、职责具有多元化特征，但总体来看，各诉讼主体的地位决定使用证据的立场，职责决定使用证据的目的，任务决定使用证据的手段，而所有这一切又必须统一于惩罚犯罪、维护公平正义的刑事诉讼总体目标；否则，任何证据意识都是没有实际价值的。

2. 在把握诉讼规律过程中树立证据意识

树立当代证据意识，就是要围绕刑事诉讼规律的关键要素，以证据为核心实现两种平衡：一种是自由用权与职能和案件事实之间的平衡，使自由裁量既不违背职责又不违背事实；另一种是诉讼进程和结果与事实和法律之间的平衡，以保证刑事诉讼价值的最大化实现。

（1）司法制度与证据

从理论上说，司法制度是司法规律的制度化表现，直接决定证据制度的形式和内容。我国刑事司法制度由相关法律加以规定，由实体制度和程序制度两大部分构成，从犯罪及其构成、处罚和诉讼主体、任务分工、指导原则等方面，搭建起了具有中国特点的制度体系。《刑事诉讼法》从第四十八条至第六十三条，用16个条款构建了中国式的刑事证据制度，极大地提升了我国刑事诉讼制度的科学性。检察机关全程参与刑事诉讼，并就证据的取得和运用等进行监督，构成我国刑事诉讼制度的鲜明特点。在诉讼的整个线性过程中，检察

---

① 汪建成，付磊. 刑事证据制度的变革对检察工作的挑战及其应对 [J]. 国家检察官学院学报，2012（3）：3-9.

机关既是监督者又是判断者和亲历者，既在诉讼过程之中，又在诉讼过程之外。从制度的规定性来看，公安和审判机关使用证据，只与查明事实和裁量刑罚有关，而检察机关使用证据，既不能从单纯的公诉机关的角色出发，也不能游离于程序之外而以监督者自居。对于检察机关而言，证据既是定案的依据，又是检察机关履行职责的支点。

（2）案件性质与证据

从法律规定来看，刑事犯罪案件的性质需要相关证据加以证明。在此，证据的作用在于证明是否构成犯罪和构成何种犯罪，即触犯了什么罪名。在刑法分则中，罪名是按照轻重排列的，能起到比较性质严重与否的作用，但在具体案件中，罪名本身无法表明同类犯罪性质严重与否，例如，张三和李四同样构成盗窃罪，两个盗窃罪的罪名无法比较，只能通过数额或者其他情节来比较。过于重视犯罪性质，会导致产生如下两种情形：一种情况是容易按照刑法分则中罪名的排列来确定犯罪的严重程度，忽略对案件本身证据的重视；另一种情况是对证据的重视程度与案件的性质即罪名成正比关系，罪名越严重，对证据的审查往往就越严格。实际上法律并无此类规定。正确的做法是对所有案件的证据都应当用统一的标准进行衡量，而不论犯罪行为的危害性大小。在具体案件中犯罪危害性大小只与犯罪构成有关，与罪名无关。案件性质与证据的关系还有另一层内容，即案件性质与证据的取得方式、证据的种类有关。例如，杀人案就必须取得与死亡有因果关联的实物证据和言词证据以及鉴定意见等，而贪贿类犯罪，除具备相关的言词证据外，还需要依据案情取得账簿等书面证据和其他实物证据。

（3）定罪量刑与证据

依据修改后的《刑事诉讼法》第一百九十三条的规定，证据分为定罪的证据和量刑的证据。这意味着在刑事诉讼过程中，定罪活动和量刑活动是一种依证据进行的活动，而且需要有两种不同的证据支撑，不能互相替代，也不能缺少任何一种。两种证据的收集、判断、运用，应当包含在侦查、起诉、审判等刑事诉讼的全过程中。证据与定罪量刑的关系，包括四层含义。第一层是没有证据，既无法确定有罪，也无法确定相应的刑罚。在刑事诉讼中，定罪量刑必须围绕证据进行。第二层是证据的存在价值在于定罪量刑，与此无关者，不能视为证据。第三层是证据虽是事实，但并非所有事实都是证据，成为证据的事实须由法律规定。第四层是证据的作用是多向的，罪的有无、罚的轻重皆需证据证明。

（4）诉讼阶段与证据

刑事诉讼的不同阶段，对证据的要求不同，立案阶段需要有证据确定案件有无发生，侦查阶段需要有证据确定犯罪构成是否具备，审查起诉阶段需要有证据判定是否符合起诉标准，包括有证据证明侦查活动是否合法，审判阶段需要有证据支撑审判活动顺利进行。可以看出，随诉讼阶段的推进，诉讼主体对证据的要求有所不同，而证据本身的证明内容、证明效力也在发生相应变化。

（5）证据形式与证据

修改后的《刑事诉讼法》规定了八种证据形式，但没有规定哪种犯罪需要由哪种形式的证据来证明。因此，需要注意两点。一是犯罪形式与证据形式。从理论上说，犯罪形式与证据形式之间存在着某种程度的对应，任何犯罪都应该有相对应的一种或者几种形式的证据起主要证明作用。二是不同形式的证据的收集、审查、判断与运用，有着不同的法律要求、技术要求，不能一以贯之，而是要区别对待。证据形式的多样性决定着收集、审查、判断与运用证据的方式和标准的多样性。

3. 在具体工作中树立证据意识

首先，对于侦查人员而言，提高证据意识，充分认识证据在刑事诉讼中的地位和作用，还要落实到收集证据、分析证据、运用证据证明案件事实等具体过程和环节中。

（1）提高收集证据的意识

收集证据是指寻找、发现、提取、固定、保管证据的过程，是侦查继而公诉、审判刑事案件的起点；收集证据的质量决定着侦查水平和办案质量，意义重大。因此，提高收集证据的意识，要求侦查人员树立证明案件事实的办案观，将自己作为证明案件事实的第一责任主体，提高取证的积极性、主动性，潜心研究、正确掌握、熟练运用取证工作的方法和策略，尽可能地发现证据，加以科学提取、妥善固定和保管，防止其被毁灭，以确保证据的客观性，保全证据的证明价值。具体包括以下方面。

第一，在寻找和发现证据工作中，要耐心细致，积极提高从细枝末节、蛛丝马迹中发现线索的意识；要机智灵活，提高从与"待证事实"有时间联系、因果关系或其他关联的情况入手发现间接证据、形成证据链的意识；要注重科学，提高采取必要的策略方法和技术手段、在复杂的社会环境和自然环境中寻找证据的意识。

第二，在提取、收集证据时，依法定程序收集证据，杜绝威胁、利诱、欺骗、刑讯逼供、违法询问、非法搜查、非法扣押等违法取证，确保证据的合法性；及时收集证据，在有限时间内把证据取齐取实，以免贻误战机，使得相关证据发生性状变化或遭受人为破坏；全面收集有罪证据和无罪证据、言词证据和实物证据、直接证据和间接证据、原生证据和再生证据、证明主观意识的证据和证明客观事实的证据；根据证据形式的多样性，利用物证技术学等学科的相关知识，提高司法证明手段的科技水平。

第三，注重及时固定证据，防止已获取的证据随着时事变更灭失或丧失证明价值。一方面要注重固定证据本身，对于勘验、检查、搜查、辨认的情况，应当及时制作笔录予以固定，其中现场勘验一般还应绘制勘验图；对于口供类等易变言词证据，可以使用对讯问全程录音录像的形式加以固定。另一方面要从证明力的角度和确保证据稳定性的角度注重证据固定的有效性，对于案件中提取的微量物证、生物物证及各种痕迹，及时进行科学鉴定和检验以固定其证明力；对于数字化资料等电子证据，在采取科学方法提取时，可以同时采取将其制作情况和真实性经犯罪嫌疑人确认或经有关部门鉴定等方式予以进一步固定。

第四，注重妥善保管证据，以保护证据在诉讼中的价值。保护证据的特定价值，即防止证据遗失或被替换；保护证据的证明价值，即防止证据变质或被损坏；保护证据的法律价值，即防止证据因保管手续不健全而失去法律效力[1]。实践中，可以采取为证据制作"证据标签"等方式，确保有完善的证据移交手续和保管手续，形成完整的证据保管链条。

（2）提高分析证据的意识

分析证据贯穿于侦查工作的始终，往往和收集证据交叉进行。侦查初期，收集的证据材料往往是主客观掺杂、真假相混的，必须进行分析评判。侦查中，也要经常对已获取证据进行分析评判，以指导和促进进一步的证据收集工作；侦查即将终结时，更要分析审查所收集的证据，以确定能否确实充分地证明案件的真实情况。分析证据的内容，应围绕证据的证据能力、证明力和证明价值来进行：既要分析证据的合法性、客观性和关联性以判定其能否被采纳为诉讼中的证据，又要分析证据的真实可靠性以判定其能否被采信为定案根据，还要分析证据的证明价值以判定对案件待证事实的证明情况。分析证据的步骤，一般按照分析单个证据、比对相关证据、审查全部证据的顺序，由浅入深、从个别到整体、循序渐进地进行。

（3）提高运用证据的意识

运用证据，就是对所收集的证据进行分析审查后，找出证据与案件事实之间的客观联系，并通过对证据的使用来认定案件事实。提高运用证据的意识，主要是提高证明力，对案件证据进行科学的梳理整合，形成证据体系，并与证据标准相比对，以判断是否达到对案件待证事实的有效证明。在构建证据体系时，要充分认识每个证据材料证明力的有限性，善于将孤立存在的单个证据联系起来，合理安排，相互印证，形成一个有机的整体，锁定犯罪事实；要注重

---

① 何家弘. 证据调查［M］. 北京：法律出版社，1997：155.

发挥间接证据的证明作用，必要时将间接证据划分为能够单独证明直接证据的间接证据、能够组合证明直接证据的间接证据和能够证明其他间接证据的间接证据，进行相关组合或有序排列，形成完整的证据锁链，实现整体的证明价值；要悉心体会组合证据的技巧，以事件为主线，以时间为顺序，以反映犯罪构成为结构，以案件实际情况为基础，因案而异地组合证据，提高办案质量和效率。构建后的证据体系，需要用证据标准来检验其有效性。在立案、批准逮捕、侦查终结、审查起诉、定罪量刑的不同阶段，证据标准的高低不同，意味着对证据运用的要求相应地高低不同。就我国《刑事诉讼法》规定的认定案件事实的"确实充分"证明标准而言，不仅要求案件的证据体系"确凿可靠"，还要求能够"充分证明"。所谓充分证明①，即所收集的证据足以证明所要证明的案件事实，实际即要求证明系统的完备性、一致性和排他性。

其次，对于公诉人员而言，应当加强证据审查，提升公诉和监督水平。在刑事诉讼中，检察机关负有公诉和监督双重职能。作为公诉机关，人民检察院负有客观公正指控犯罪的职责。强化证据意识，就是要求人民检察院在审查起诉时，做到"重证据，重调查研究，不轻信口供"，注意审查侦查机关或部门收集的证据是否客观全面，有无违法取证行为。在出庭支持公诉时，要用证据说话，对于每一项指控，都要提出确实充分的证据予以证明，切实履行修改后的《刑事诉讼法》第四十九条规定的举证责任。此外，公诉人还要正确认识检察官的客观义务，注意维护被告人的正当权利。诉讼监督也要用证据说话。

修正后《刑事诉讼法》的修改，有些新规定加强了人民检察院在诉讼监督中的证据审查意识。如修改后的《刑事诉讼法》第五十五条增加规定了人民检察院对于非法取证的审查与核实，即人民检察院接到报案、控告、举报或者发现侦查人员以非法方法收集证据的，应当进行调查核实。对于确有以非法方法收集证据情形的，应当提出纠正意见。再如，按照修改后的《刑事诉讼法》第八十六条的规定，如果人民检察院认为侦查活动有重大违法行为的，可以通过讯问犯罪嫌疑人、询问证人、听取辩护律师的意见等方式，来予以核实。有了侦查人员非法取证的证据，提出纠正意见就会更有效力，纠正违法侦查行为才会更有效果。

最后，对于审判人员，应当强化证据裁判意识，确保刑事案件质量。证据裁判原则是现代证据制度的基础性原则，其核心在于强化证据意识，强化证据对于认定事实的基础地位。刑事诉讼关涉公民人身自由甚至生命的限制或剥夺，为了防止主观臆断，确保案件办理质量，法官应当强化证据裁判意识，努力做到以下三点。一是认定案件事实，必须以证据为根据。证据是证明案件事实的唯一手段，也是正确处理刑事案件的质量保障。现代诉讼彻底将"神判"

① 何家弘. 证据调查［M］. 北京：法律出版社，1997：162.

丢弃，证据裁判原则成了证据规则的"帝王条款"，支配所有犯罪事实的认定，但"拍脑袋"断案、按照长官意志断案等违反理性的认定事实方式仍然存在。要防止法官恣意擅断，就要从源头上严把证据关和事实关，做到一切都靠证据说话，没有证据，就没有事实，更不能认定被告人有罪。二是认定事实的证据必须是合法有效且经法定程序查证属实的证据。采取非法手段取得的证据，不仅侵犯了犯罪嫌疑人、被告人的合法权利，也影响对案件事实的准确认定。对此，修改后的《刑事诉讼法》确立了不得强迫任何人证实自己有罪的原则，并完善了非法证据排除规则，维护了司法的纯洁性。此外，修改后的《刑事诉讼法》还完善了证人、鉴定人出庭作证制度和专家辅助人制度，为证据质证提供了制度保障。三是认定案件事实的证据必须达到法律规定的证明标准。证明标准是检验刑事案件质量的试金石，它既是衡量控方是否适当履行其举证责任的尺度，也是检验法官认定案件事实是否达到法律要求的标准。修改后的《刑事诉讼法》第五条把证明标准解释为"排除合理怀疑"，按照比较权威的解释，指对于事实的认定，已没有符合常理的、有根据的怀疑，实际上达到确信的程度。刑事证明是相对的，没有证据固然不能认定案件事实，但有了证据也不一定就能认定有罪，若证据不足，不能排除合理怀疑，按照疑罪从无的"铁则"，应当推定被告人无罪。

4. 在司法实践中树立证据意识

字面上的法律变成生活中的法律，需要司法实践作为媒介，将证据制度演化成定罪量刑的依据，因此，在司法实践中树立证据意识不能忽视。笔者认为，主要包括以下几点。

（1）取得证据与排除证据

根据修改后的《刑事诉讼法》第四十九条至第五十三条的规定，证据取得的判断标准在于主体、责任、手段、程序、形式、内容等方面是否合法。在证据内容关联的情况下，上述几个方面全部合法，则证据有效；反之，则为无效证据。由于诉讼过程的复杂及取证主体的多样性，所取得的证据不可能全部有效，而且即使是合法证据，也需要经过审查与判断，因此，排除无效证据必然成为重要环节。一般情形下，无效证据包括非法证据及与本案定罪量刑无关的证据两种。无效证据的排除，可以从主体、责任、手段、程序、形式、内容等方面判断。

（2）内心确认与客观标准

证据是事实，但证据需要判断，这就为客观的证据加上了主观的内容。这意味着证据是否具有客观性、能否被运用，需要由司法官员的内心来确认。于此，司法官员的个人素质及执法环境，就成为必须直面的现实。

（3）证据运用的最终目的与最高形态

《刑事诉讼法》第五十三条规定，对一切案件的判处都要重证据，要做到证据确实、充分，即定罪量刑的事实都有证据证明；据以定案的证据均经法定程序查证属实；综合全案证据，对所认定事实已经排除合理怀疑。显然，证据运用的最终目的并不在于证明犯罪存在和处以刑罚，而在于最大限度以法定方式和法定程序还原案件真相。证据运用的最高形态在于所有证据的取得都是合法的；所有应该有的证据都没有缺失；所有证据都是原始的、直接的，或者说是真实可信的，能形成完整的证据链条。

在司法实践中，树立符合刑事诉讼特点、适应时代需要的证据意识，必须强调树立以下理念。

（1）要始终贯穿改革理念

在改革的大背景下，刑事证据的适用、完善及理论研究，具有独特的政治、经济、文化和社会环境，证据制度建设必须与此保持总体适应。证据制度从简单向完善的发展，不会毕其功于一役，不能求全责备，要用改革的眼光看待我国刑事证据制度的今天和未来。

（2）要始终贯穿民主理念

民主是普遍的社会价值。对于刑事诉讼而言，民主体现在两方面：一方面，要有广开言路的意识，要善于听取所有诉讼参与者的意见，兼听则明，偏听则暗；另一方面，要通过诉讼民主，体现刑事诉讼法的价值，通过强化证据意识，规范执法，约束权力，维护秩序，保障利益。

（3）要始终贯穿人权理念

主要就是要准确把握角色定位，明确责任要求，依法审查和判断证据，从端正态度、保护权利、节约资源与时间等角度，在刑事诉讼的所有环节，体现每一个人的价值与尊严，而不是把自己当成一个单纯的犯罪打击者，把别人当成打击的直接或者潜在对象。从发展趋势看，对人权的尊重与保障，势必会成为衡量刑事诉讼立法与执法民主和文明程度的重要标志。

（4）要始终贯穿协调一致的理念

从形式上看，刑事诉讼是各种利益博弈的过程，目的在于实现法定效果。而从本质上看，刑事诉讼的效果是基于事实和法律产生的，既要全面考虑诉讼参与人的利益和公权力之间的配合与制约，又要充分考虑诉讼过程的流畅进行，实现打击与保护的有机统一，不能因为对被告人合法权益的保护而忽略被害人的诉讼地位，不能因为对审判权的维护而忽略法律监督权，而是要充分考虑对被告人、被害人合法权益的全面保护，对侦查权、检察权和审判权的合理规范，对诉讼活动整体的有效监督，真正彰显程序法的法律价值。

（5）要始终贯穿目的正当的理念

树立目的正当的理念，就是指要以刑事诉讼的整体价值和国家法治建设的总体需要为目标来判断和使用证据，而不是以部门或者地方利益为目标，更不能机械、教条、僵化执法及就案办案。证据制度是刑事诉讼之中的关键制度，既不能割裂它与其他刑事诉讼制度间的有机联系，也不能抛开经济基础和其他法律制度、将证据制度孤立起来。如果说证据是刑事诉讼结论的最重要依据，无证据便无诉讼，无合法的证据便无合法的结论，那么，证据意识则是证据制度能否发挥作用的重要环节，没有良好的证据意识，再好的证据制度也只能是纸上的，无法现实化。

5. 司法人员提高证据意识的途径

由于司法人员的证据意识应是理性层面的，是主体对证据基本原则、功能、规律等基本方面的自觉认知状态和主观思维方式，因此提高证据意识也应该遵循学习—思考—实践—总结的途径来进行。首先，善于学习，学习证据学基本知识和原理，系统理解和掌握相关理论，初步形成对证据知识的思想认识；其次，勤于思考，把学到的知识与从习惯型、经验型的办案模式中获得的一些感性认识相对照思考，并加以抽象、升华为科学的思维程序和方法；再次，深入实践，在证据学知识、理论、思想的指导下，有目的、有针对性地进行取证、审查证据、认证等工作，逐步提高收集证据、审查判断证据和运用证据认定案件事实的能力，并在实践中训练思维技巧；最后，不断总结知识、理论应用于实践的成功经验和失败教训，并概括到新的理论高度，形成确定的、理性的、能动的、能够有效指导办案实践的主导思想意识和主观思维方式。

▶▶▶▶ 第三节　错案预防之客观要素——规范取证行为

收集到确实充分的证据，是准确处理案件、实现刑事诉讼目的的前提。刑事证据收集是指公安司法机关在刑事诉讼中运用法律许可的方法和手段，发现和提取证据并予以固定的诉讼活动。它贯穿于整个侦查活动的始终，是查明案件事实的前提[①]。公安机关在侦查阶段的证据收集主要包括四个方面：证人证言的收集、辨认和指认的证据收集、鉴定意见及法医鉴定意见的收集、犯罪嫌疑人自首、检举立功证据的收集等。

收集证据工作包括发现证据、提取证据和保管证据三个步骤，它们是证据调查工作的核心，既相互区别又相互联系。发现证据，是提取证据的前提，而提取证据是发现证据的目的，保管证据是发挥证据证明作用的保证。发现证据不等于提取证据，只有发现证据才能提取证据。只有对已提取的证据进行审查

---

① 樊崇义. 证据法学 [M]. 北京：法律出版社，2004：87.

判断，才能不断发现新的证据，开始新一轮取证工作，最终查明案情。提取证据后必须妥善保管证据，如果对已经提取的证据保管不善，则无法在法庭上进行质证，无法发挥其证明作用①。

侦查取证行为是刑事诉讼中主要的证据收集活动，侦查过程中所收集的证据是刑事诉讼证据的主要来源，侦查证据是公诉成功的生命，也是庭审活动中运用证据规则审查的主要对象，由于刑事侦查活动有着与其他诉讼活动完全不同的特殊背景与要求，因而，有必要规范侦查取证行为。

一、规范取证行为的意义

（一）促进依法行政

法治的一个核心要素在于国家权力机关严格按照法律办事。如果国家权力机关带头违反自己制定的法律，那么它就无权要求社会民众去遵守法律，出现这种情况，法治就会成为一句空话。公安机关是我国的重要行政机关，是我国实施"依法治国"战略的重要部门，在刑事侦查过程中严格按照刑事证据收集规则活动，是落实有法必依、执法必严法制原则，做到依法行政的基本要求，对于促进社会主义法治建设具有重大意义。而严格执行法律（包括执行实体性和程序性法律），对有着过于注重侦查权传统的我国来说，公安机关侦查行为能够严格依照法定的诉讼程序来开展侦查活动，是对我国依法治国的重要体现。

（二）有利于保障人权

刑事诉讼同民事、行政诉讼最大的不同，就是它是国家以社会整体的名义对公民个人发动的一场追诉活动。可以说，刑事诉讼是国家和个人之间发生冲突最为激烈的一个领域，个人权利的最大危险来自国家对犯罪行为的追诉活动。因此，如果不对国家的追诉活动加以适当的限制，侦查机关就会凭借强大的国家力量和惩治犯罪的道德优势恣意妄为，从而侵犯公民的合法权益。如果不对这种权力加以限制的话，那么每一个公民随时都将处于被追诉的不确定状态当中，公民的人权将毫无保障。规范公安机关侦查活动的法定程序，尤其是将其置于法定的刑事证据收集规则的约束之下，侦查机关就会按照法律规定的程序开展追诉活动，从而无法任意侵犯公民特别是犯罪嫌疑人的人权。

（三）有利于提高工作效率

客观地说，刑事证据规则在运用过程中的确有可能对查明案件事实真相和提高办案效率构成一定的威胁。比如说，通过非法搜查、扣押获取的实物证据或者是通过刑讯逼供得来的犯罪嫌疑人供述等证据，本可能对查明事实真相、

① 何家弘，南英. 刑事证据制度改革研究 [M]. 北京：法律出版社，2002：27.

破获案件起到十分重要的作用，但是按照证据规则的要求这样得来的证据不能作为定案的依据。那么，是不是执行刑事证据收集规则就降低了办案效率，不利于查明案件事实呢？当然不是。在刑事证据收集规则的约束下，侦查机关会少走不少弯路，尽量直接获取法官能够采信的证据；否则，在法院审判过程中，一旦证据的来源不合法，必将花费大量的时间来审查控方提供的证据，甚至要承担败诉的风险，导致本应受到法律制裁的嫌疑人逍遥法外。

（四）实践价值

证据是一切案件定案定罪的前提和依据，案件的成立与否建立在充足的证据基础之上，如果没有证据就难以定罪，案件就不能成立。这好比建房基础不牢大楼就不能建成，就是建成也要倒塌。同时，证据是划清此罪与彼罪的重要依据，如果证明界线不清，没能形成证据链，同样也很难将犯罪分子绳之以法，也就不能实现打击犯罪、保护人民的目标。因此，证据收集工作的好坏就决定着整个案件关键，可见证据的重要性和必要性是显而易见的[①]。必须承认，在办案过程中，刑事证据的收集中还存在不少的问题，在客观上也使得个别案件不能深入地办下去，给工作带来了被动，执法公信力也遭到质疑。当今社会正处在一个转型期，各种社会矛盾和社会问题交织叠加，社会治安形势错综复杂，刑事犯罪的发案率居高不下。

公安机关处在司法体系最前沿，是打击犯罪、保护人民的第一道屏障。而在实际工作中，一些侦查办案人员对我国《刑事诉讼法》规定的证据制度理解不透，证据意识较为淡薄，取证水平不高，在证据的收集和运用中还存在诸多问题，直接影响到侦查破案的质量。国外一些发达国家在这方面的制度规定较为完善，比如美国和德国，他们不仅有指导性很强的证据规则，而且刑事证据规则在警察侦查阶段的运用也比较成功。相比之下，我国的刑事证据规则的理论体系有待完善，公安机关在刑事侦查中对这些规则的运用水平参差不齐，刑事证据规则的操作性也有待加强。因此，如何充分发挥公安机关的职能作用，适应新形势下公安执法工作的需要，正确掌握刑事侦查中证据收集、运用的原则，是应该认真思考和解决的问题。随着我国进入改革全面推进、经济快速发展、社会结构调整变动、新旧体制交替并存的时期，刑事犯罪呈高发态势，且犯罪手段日趋智能化、技能化、群体化，犯罪危害加剧，侦查工作难度越来越大。

在实际工作中，侦查人员怎样有效地获取证据，并加以综合利用，仍缺乏科学、客观、系统的研究，在一些案件的侦破中走了不少弯路，甚至误入歧途，久侦不破。更有甚者，还可能出现冤假错案。究其原因，相当一部分是办案人员对我国现行的刑事诉讼法证据制度理解不深，不能有效获取和正确运用

---

① 宋士杰. 证据学新论［M］. 北京：中国检察出版社，2002：147.

犯罪证据所致。现行的《刑事诉讼法》对刑事执法人员的证据意识作了严格要求。

刑事证据规则是我国刑事立法中的核心立法之一，其实施效果如何直接关系到刑事立法的社会效果，对于维护社会稳定意义重大。现有的刑事证据规则的制定是我国结合多年来的司法行政工作和审判工作经验与刑事侦查工作基本规律要求的产物。但是由于社会的快速发展，现实对于立法已经提出了越来越多的挑战，如何使现有制度适应社会的不断发展是立法者必须面对的重大理论课题。公安机关尤其是基层公安机关是刑事证据收集规则适用的第一线，在公安工作中有效地贯彻证据意识，强化刑事证据规则的实践性，对于证据规则的立法价值实现发挥着不可替代的作用。

同时，通过公安机关对刑事证据收集规则的合理适用，可以有意识地检验现有制度的可操作性问题，便于找到相关规范改进的制度方向和具体规范要求。任何犯罪行为都是在公安司法机关立案以前发生的，要正确办理刑事案件，必须查明案件的事实。要查明案件事实，则必须要切合实际，周密地制订调查计划，深入进行调查研究，广泛收集能反映案件真实情况的各种相关证据，并对已经收集的证据进行科学的审查判断，从而确定下一步侦查工作思路。可以说，收集证据是查明案件事实的前提，是办理刑事案件的首要工作。现行刑事证据制度要求侦查、检察和审判人员在具体的司法实践中必须做到从实际出发，深入调查研究，全面收集能够证明犯罪嫌疑人有罪或无罪的各种证据，及时准确地查明案件的客观真实情况，严禁刑讯逼供和以其他非法的方法收集证据。

二、规范取证行为的法理基础

（一）侦查取证的对象

侦查取证的对象问题涉及侦查机关通过侦查活动所要收集证据的含义与类型。对于证据的含义或概念，目前在国内学界并没有形成一个统一的观点。就整体来看，占主流地位的观点主要有三种：其一是事实说，其二是材料说，其三是定案根据说。现行《刑事诉讼法》第四十八条对证据的定义，如果不是被人为地断章取义、各取所需，而是将其三款作为一个整体来分析，不难发现，现行《刑事诉讼法》在证据概念上实际上采用的就是一种综合说，即证据是事实、材料、定案根据的统一。对证据的定义必须划分不同层次，分别加以综合、抽象、概括才能准确揭示证据的基本含义，而在此过程中应注意一般与特殊、共性与个性之间的协调与平衡，也就是说既要从总体上对证据的基本属性与特征予以高度的概括，也要对证据在不同诉讼阶段中的作用与意义予以必要的关注。

因此，笔者认为，应从两个层面来定义证据的概念：首先，从一般意义上来看，所有阶段、所有形式证据所具有的共性特征可概括为一种证据材料，此种证据材料并非一般所指证据之具体载体，而是内容与形式的统一。因为任何事实要想为外界以一定形式所感知，或以一定形式从思维与认识走向实际，必须通过一定的有形载体方能实现，也就是说事实在诉讼中的最终表现只能通过一定的证据形式加以展现，事实必须通过证据材料才能进入诉讼，诉讼中的证据材料是事实与事实表达方式的统一体，而定案根据究其实质只不过是经庭审查证属实的证据材料，因此，证据就是一种内容与形式相统一的证据材料。其次，证据从动态来看表现为从证据资料向定案根据的转化。侦查取证的对象从其含义与特征来看只能是一种证据资料。强调侦查取证的对象只是证据资料，是在侦查阶段贯彻无罪推定原则的有力保障，是促使侦查人员排除先入为主成见全面收集证据的有益方法，也可使侦查人员认清自己的诉讼任务，节制侦查成本与侦查手段的投入，从而加强侦查阶段对犯罪嫌疑人的人权保障。

（二）侦查取证中证据审查基本内容

侦查取证过程中的证据审查与审查起诉阶段的证据审查一样是由侦查机关或检察机关单方所进行的非诉讼形态证据审查，为了成功支持公诉、充分履行职责、突出人权保护，侦查取证中的证据审查应对证据能力与证明力进行全面的初步审查，即全面审查证据的客观性、关联性与合法性。

1. 客观性审查

客观性审查是对证据内容的审查。侦查取证中审查证据的客观性，主要目的在于审查证据的可信度。首先，侦查获取的证据要具备基本的可信度，必须是一种客观存在物，即为案件事实所遗留下的客观痕迹、物品与影像，而非个人主观判断、臆测与想象。其次，证据必须是自然存在的，排除任何伪造、编造的可能性，不包含任何形式的虚假成分。对证据客观性的审查，主要从证据的来源、取证的过程、犯罪嫌疑人、证人的背景并结合案件的具体内容由侦查人员依据侦查经验、逻辑推理、调查核实及证据之间的相互印证实施。

2. 关联性审查

关联性审查也是对证据内容的审查。审判阶段对证据关联性的审查重点在于审查证据是否与案件事实之间存在一定的联系。由于侦查取证的对象为证据资料，因而与作为定案根据的证据相比，在关联性的具体要求上也存在显著区别，加之侦查活动作为一种事后对历史事实的回溯，由于侦查人员认识能力的局限性，在案情分析、侦查途径选择、侦查方向划定方面不可避免地具有一定的不确定性与反复性，此时不具有关联性的证据材料在彼时会发现又具有一定的关联性，因此，在侦查取证中只要所收集的证据资料与案件事实具有表面上的联系，即可认为具备证据资料应有的关联性。而在审判阶段，基于关联性评价标准原则上应予以排除的品格证据，在侦查阶段却是判断犯罪嫌疑人是否具有犯罪动机、发现犯罪嫌疑人等侦查活动的先导，为侦查所必需，但需要强调的是，品格证据在侦查中的作用仅限于作为侦查先导而不能作为确定犯罪嫌疑的依据。在侦查取证中审查证据的关联性，其主要目的并非排除品格证据，而在于合理确定侦查范围、节制侦查手段。

3. 合法性审查

合法性审查主要是对证据形式的审查。审判阶段及审查起诉阶段对证据合法性的审查是一种事后审查，侧重于对违法证据的制裁与被损权利的救济，而侦查取证中证据合法性的审查是一种事前要求与事中审查，其核心在于强调强制侦查法定主义在侦查中的实施。对公民人身权利与财产权利实施强制的任何侦查行为，比如搜查、扣押、拘留、逮捕，在实施之前必须办理必要的手续，经有权部门或人员批准方可进行；即使经许可实施之后，在行为过程中还应当严格遵守相关具体程序的要求与手段限制，比如讯问犯罪嫌疑人应由侦查人员两人以上进行，不得诱供、刑讯逼供等。只有在事前强调合法性的前提、事中重视程序与手段的合法，才能使侦查过程中所收集的证据资料符合证据合法性的基本要求，经得起审判的检验，并从根本上避免违法证据的产生。

（三）侦查取证的证明标准

根据传统定义，所谓证明标准，"又称证明要求、证明任务，是指承担证明责任的人提供证据对案件事实加以证明所要达到的程度。"[1]由此定义可知，证明标准以证明责任的存在为前提，证明标准是证明责任产生与免除的衡量依据，而证明责任又被细分为两种责任：收集、运用证据证明案件事实的证明责任与审判中提出证据证明自己主张的举证责任[2]。

因此，证明标准也可被划分为证据收集的证明标准与法庭审判证明标准。证据收集的证明标准又可被划分为两个层次：理想标准与现实标准。由于证据收集的最终目的在于充分履行法庭审判中的举证责任以支持自己的诉讼主张，证据收集的理想标准即法庭审判的证明标准，此为证据收集所要达到的最高标准，在我国为事实清楚、证据确实充分，英美法系国家为排除合理怀疑，大陆法系国家为内心确信；而证据收集阶段毕竟只是诉讼的开始阶段，人们对案件事实的认识正处于不断更新的渐进认知状态，在取证过程中虽然也可能侵犯公

---

① 樊崇义. 证据法学 [M]. 北京：法律出版社，2001：215.

② 陈光中，徐静村. 刑事诉讼法学 [M]. 北京：中国政法大学出版社，2000：174.

民的人身权利与财产权利，但相比定罪判决对被告人人身权利与财产权利的剥夺与强制存在显著的区别，在证据收集阶段有必要突出自身特点，强调证据收集的现实可能性，确立一个现实标准。

侦查取证的证明标准既包括理想标准又包括现实标准。从程序角度出发，侦查被区分为启动、实施与终结三大阶段，其证明标准也有所不同。侦查启动与侦查实施的证明标准都是现实标准，但在内容上有所不同。侦查的启动，在国外只要存在怀疑即可开始侦查，我国现行法规定需"认为有犯罪事实存在，需要追究刑事责任"；侦查实施的证明标准即具体强制侦查行为的条件，在国外有"合理根据"即可逮捕、搜查和扣押，"有理由的相信"即可拦截和搜身，而我国现行法对各种强制侦查行为与强制措施进行了具体规定，如只有在"有证据证明犯罪事实的发生、可能判处徒刑以上刑罚、采取取保候审、监视居住等方法尚不足以防止社会危害性的"情况下才能进行逮捕。由于侦查终结即意味着侦查的结束，在很大程度上决定着能否成功公诉，在我国甚至决定着最终的审判结果，因此，侦查终结的证明标准必须为理想标准，即达到定罪的证明标准——事实清楚、证据确实充分，同时应排除其他合理怀疑。

三、规范取证行为的基本原则

（一）职能原则

保障侦查机关正确、有效地履行诉讼职能应为规范取证行为的基本目的之一。侦查机关的诉讼职能应包含两个方面的内容：一是从刑事诉讼整体来看所承担的为公诉做准备的外部职能；二是从侦查行为个体来看查明案情、收集证据的内在职能。在侦查取证活动中强调职能原则是为了在新的刑事诉讼环境中澄清与明确侦查目的观。侦查取证是诉讼活动的中心环节，在此"侦查中心主义"之下，由于无须考虑侦查证据的合法性及其是否能为公诉与审判所接纳与认定，侦查之目的很简单，就是"查明案情、打击犯罪"，由此决定的侦查机关的诉讼职能仅限定于查明案情、收集证据的内在职能。而随着"审判中心主义"在刑事诉讼立法、司法、理论研究中的确立，我国刑事诉讼以审判为中心被划分为审判程序与审前程序，侦查活动也由先前的中心地位下降为审前程序的一部分，附属于公诉，"公诉之准备"是其目的与职能的准确概括与揭示。侦查取证规则的确立，应在明确侦查活动的内在职能的基础之上重点突出其"做公诉之准备"的外部职能。

（二）人权保障原则

刑事诉讼中的人权保障对象既包括被告人，也包括被害人、证人等其他诉讼参与人，其中被告人自然是保护重点。尽管现代刑事诉讼法通过适用无罪推定原则、建立三角诉讼结构试图提高犯罪嫌疑人的法律地位，力图使之与公诉方处于平行当事人的地位，但这种平等地位更多地体现在庭审活动中，而在侦查、起诉阶段犯罪嫌疑人实际上完全处于一种被追诉的地位。面对代表国家并适用国家强制力的侦查机关，犯罪嫌疑人无疑是处于一种受摆布的境地，其所谓权利始终处于侦查追诉的阴影之下，随时随地都会受到践踏。在整个刑事诉讼中，犯罪嫌疑人权利被侵犯的主要危险都发生在侦查阶段，因而侦查活动在保证惩罚犯罪的前提下应特别突出对犯罪嫌疑人的人权保护，在两者出现冲突的情况下，应优先考虑人权保障，侦查取证规则的主要目的之一便是通过对侦查取证活动施加种种限制，规范侦查权的行使，以确实、有效地保护犯罪嫌疑人的人权。

（三）制约原则

在我国刑事诉讼中，侦查权过于强大而缺乏制约一直是侦查机关长期为人所诟病的主要弊端之一，也是侦查活动中屡屡出现刑讯逼供、滥用职权等违法行为的主要原因之一。我国侦查权与检察权、审判权成鼎足之势，三分司法权。但侦查权并非完全意义的司法权，而是具有较强单方追究色彩的行政调查权。虽然从侦查活动内容来看，作为刑事诉讼的始动程序无疑具有司法性质，但究其实质，侦查活动缺乏外部制约，仅存在形式上的内部监控，单方启动、展开、终结程序，不受外部中立第三方的审查是典型的行政程序。要有效实现侦查活动惩罚犯罪、保障人权的双重目的，必须对侦查权进行必要的限制，除引入司法令状主义施加外部制约之外，确立系统的侦查取证规则是对侦查权的内部规范，也是目前最为切实可行的选择。

（四）不轻信口供原则

重证据，重调查研究，不轻信口供原则是指司法人员在认定事实和处理案件时，必须根据确实、充分的证据。证据的收集和认定，要调查研究，要重视被告人口供以外的各种证据，对被告人口供应十分慎重，不可轻易相信。《刑事诉讼法》规定：对一切案件的判处都要重证据，重调查研究，不轻信口供。只有被告人供述，没有其他证据的，不能认定被告人有罪和处以刑罚；没有被告人供述，证据充分确实的，可以认定被告人有罪和处以刑罚。这是我国《刑事诉讼法》证据运用的基本指导性原则。

对待被告人口供的态度是历史上不同证据制度的重要分水岭之一。在封建社会的法定证据制度下，被告人口供被视作完全证据，在诉讼理论上把被告人口供叫作"证据之王"，因此，逼取被告人口供就成了封建社会刑事诉讼的中心环节。我国社会主义的刑事诉讼具有不同于一切剥削阶级刑事诉讼的特点，重证据，重调查研究，不轻信口供，是我国司法机关办理刑事案件的重要经验总结，也是我国长期的刑事政策。司法实践证明，这是一项完全正确的政策，充分体现了我国刑事诉讼的科学性和民主性，因而新、旧《刑事诉讼法》都通过法律形式，对这一原则给予了充分的肯定。坚持重证据，重调查研究，不轻信口供原则是由刑事被告人的诉讼地位决定的。由于被告人被指控犯有某种罪行，大多数被羁押，失去了人身自由，有的要成为科刑对象，这就决定了被告人与刑事案件的处理结果有直接的利害关系，其口供很有可能存在虚假的成分。

因此，对被告人有罪的供认或无罪的辩解，都不可轻易作出认定，必须综合全案证据予以判断。实践证明，轻信被告人口供，仅依被告人口供定案，是经不起实践检验的，案件质量难以保证。因为被告人供述如未经其他证据证实，不辨别其真假，一旦被告人翻供，判决的基础就彻底动摇，失去任何依据，而又因时过境迁，再收集其他证据就更加困难了。

要坚持这一原则，首先必须肃清"口供主义"的影响，司法人员在办理刑事案件的过程中，必须将被告人口供置于全案证据的整体中分析研究，被告人口供可信不可信，必须依靠其他证据进行检验；其次，必须深入实际，实行专门机关和依靠群众相结合，收集一切与案件有关的证据，办案人员只有详细占有大量的证据材料，了解与案件有关的各方面的情况，才能对案件事实作出正确的判断；最后，要突出强调不要轻信被告人的有罪供述这一方面，从实际情况来看，一般来讲，司法人员对被告人的无罪辩解往往都是不会轻信的，但对被告人的有罪供述却往往容易轻信，因此，强调不轻信被告人的有罪供述这一点，更具针对性，更有实际意义[①]。

（五）非法方法收集证据禁止原则

这一原则主要指的是司法人员在刑事诉讼过程中，要用合法而不能用非法的方法收集证据，尤其是不能用刑讯逼供、威胁、欺骗、引诱等方法收集证据，因为这种野蛮落后的审讯方式同我国社会主义民主、文明的诉讼形式是违背的，同时也使已取得的口供失去了采信价值。古人云："棰楚之下，何求不得"，问题是取得的口供到底是被讯问人的如实陈述，还是迫于上述各种非法方法所作的违心选择，常令人真假难辨。此外，在实践中，通过上述非法方法取得的口供经常伴以时供时翻的特点，更给刑事诉讼带来了危害。实践证明，刑讯逼供和以威胁、引诱、欺骗等非法方法收集证据，是造成冤假错案的一个重要根源，而且严重侵犯了当事人的诉讼权利，破坏了刑事诉讼的公正原则。

要坚持非法方法收集证据禁止原则，首先必须从思想观念上入手。中国历来反对刑讯逼供，法律也有明文规定，但为什么都是禁而不绝呢？这有深刻的

---

① 谢佑平，万毅. 论程序法定原则：兼论公、检、法的司法解释权［M］// 诉讼法学研究：第1卷. 北京：中国检察出版社，2002：190-214.

社会、思想根源，中国的封建社会有几千年的历史，在社会上还残留着很多封建司法制度的影响，如有罪推定、漠视人权等，并在一些司法人员的头脑中反映出来，加上思想作风上的主观主义、特权思想，也是使它不能得到有效制止的一个原因。其次，必须提高司法人员的业务素质。采用刑讯逼供和以威胁、引诱、欺骗等非法方法收集证据实际上是一种无能的表现，高水平的办案人员是不会求助于这种野蛮方法的，只有那些业务水平低下、政治素质差的办案人员才会舍科学、取无知，远文明、近野蛮，疏公正、亲偏斜。因此，必须花大力气，提高司法人员尤其是侦查人员的业务素质，使他们掌握各种科学收集证据的基本方法，只有这样，刑讯逼供等非法方法才会没有存在的市场。最后，必须加强对非法收集证据的司法人员的纪律惩戒措施，同时严格执行刑法的有关规定。

（六）证据确实充分原则

获取和运用刑事证据是刑事侦查阶段的重要手段，其目的是为了实事求是地认定罪与非罪，以防止冤假错案的发生。要注意以下几个方面。

第一，证据必须确实。即所取得的证据应当是与案件事实具有关联性的客观存在的事实，包括以下几个方面。① 客观性。一切诉讼证据不以当事人的主观意志为转移，都是不依赖于办案人员的主观意志为转移的客观事实。② 关联性。一切用以证明诉讼争议的证据必须同诉讼案件有客观联系，证明被告人有罪的证据，必须同案件中的犯罪事实存在内在的必然联系。③ 合法性。指证据必须是法定人经法定程序所取得，并具有法律规定的特定表现形式，它是诉讼证据的必要属性，是区别于一般证据的最显著标志。

第二，证据必须充分。即要证明案件的全部事实就必须要有足以证明全案的每一个具体的事实依据，这要求证据不但要有一定的数量，更重要的是要有质量，即证据的证明力。① 每个证据应足以得出所认定的结论，也足以排除其他结论的可能性。对于需要区分此罪与彼罪的案件，由于区分的界限不清，更需要强有力的能从正面肯定或从侧面否定的证据。② 在实际的案件中，虽然事实有主要的也有非主要的，但是这两方面都是需要证据去证明的，一个都不可忽视。③ 对间接证据的运用：首先，必须有一系列间接证据组成一个完整的、不能间断的证明体系；其次，各个间接证据之间必须互相一致，不允许存在无法解释的矛盾现象，如果发现证据之间存在矛盾，就必须求得合理的解释；最后，运用间接证据定案时必须排除掉其他各种可能性，以确认这个结论是唯一的、无可辩驳的事实。

四、规范取证行为的基本要求

公安机关在侦查过程中，一切活动都应该是由法律明确授权的。刑事证据收集活动的主体，收集证据的证明对象和证明要求都应该由法律明确规定。

（一）证据收集的主体

《刑事诉讼法》规定，审判人员、检察人员、侦查人员必须依照法定程序，收集能够证实犯罪嫌疑人、被告人有罪或者无罪、犯罪情节轻重的各种证据；人民法院、人民检察院和公安机关有权向有关单位和个人收集、调取证据。据此，在我国收集证据的主体主要是公安司法机关，具体收集证据的主体是公安司法机关的审判人员、检察人员、侦查人员[1]。应当说明的是，根据《刑事诉讼法》的规定，在刑事诉讼中被委托为辩护人或者诉讼代理人的律师，经证人或者其他有关单位和个人同意，可以向他们收集与本案有关的材料；经人民检察院或者人民法院许可，并经被害人、被告人或者其近亲属及有关证人的同意，可以向他们收集与本案有关的材料。因此，可以说在刑事诉讼中担任辩护人、诉讼代理人的律师，也有收集证据的权利，也属于收集证据的主体。这里关于收集证据的讨论，是针对公安机关侦查人员办案而言的，不包括律师收集证据的有关问题。

（二）证据收集的证明对象和证明要求

1. 证明对象

证明对象，又称为待证事实或要证事实，是公安司法机关在刑事诉讼中需要运用证据加以证明的问题，包括实体法事实和程序法事实两个方面。收集证据工作要根据不同案件的证明要求确定收集证据的范围，运用证据加以证明[2]。

2. 证明要求

《刑事诉讼法》等法律对收集证据工作在侦查的不同阶段有不同的证明要求。立案阶段要求证明有犯罪事实发生，应当追究犯罪嫌疑人的刑事责任；拘留犯罪嫌疑人要求有证据证明有犯罪的重大行为嫌疑；逮捕犯罪嫌疑人要求有证据证明有犯罪事实；侦查终结要求犯罪事实清楚，证据确实充分。收集到确实、充分的证据，是对收集证据工作的最高证明要求，是正确认定案件事实的前提。只有取得确实充分的证据，认定案件事实才有基础，才能保证犯罪分子受到应有的法律制裁，保证无辜的人不受刑事追究。如果收集到的证据没有达到法律规定的证明要求，就会影响刑事诉讼任务的完成。

3. 其他客观要求

---

① 杨宗辉. 侦查学［M］. 北京：群众出版社，2002：235.
② 樊崇义. 证据法学［M］. 北京：法律出版社，2004：67.

收集证据工作作为刑事诉讼的一项重要内容，主体必须是公安司法机关的工作人员，收集证据的方法、手段和过程也必须符合《刑事诉讼法》的规定。

（1）及时

由于证据会随着时间的推移或者自然条件的变化而变化。比如，某些证据会随着时间的推移而自然灭失或者腐烂、变质。除了这种不可抗拒的自然规律，某些人为的因素也有可能会使证据发生变化而导致丧失证据力，难以收集或者根本无法收集。比如，犯罪嫌疑人为了逃避法律责任，作案后往往会想方设法破坏现场、销毁罪证、转移赃物等。另外，被害人是否如实陈述、证人是否如实作证等心理状况也可能发生变化。这可能有本人自身的因素，也有可能是来自外界的引诱、胁迫或欺骗等。考虑到上述情况，收集证据，就必须"以快制快"。发生刑事案件后，如果相关人员迅速赶赴现场，认真进行勘验、检查，就能提取到较多的犯罪痕迹和其他证据。刑事侦查的实践证明，往往在案发的头几个小时是最重要的，失去了时间就等于"蒸发"了证据[①]。

（2）全面、细致

在收集证据时要尊重客观事实，全面、客观、细致地收集所有证据。主观上不应带有任何的偏见，反对先入为主、片面取证。不仅要收集有罪或罪重的证据，还应注意收集能够证明犯罪嫌疑人无罪或者罪轻的证据。做好这项工作是使收集到的证据真实、可靠的必然要求。收集证据时要亲自进行，不能单凭他人提供的材料和转述的情况就进行认定，必要时还要进行多次勘验。另外，对被害人和知情人要耐心启发他们说出真相。办案人员在侦查或者调查中务必认真、仔细。在收集证据时切忌粗枝大叶、浅尝辄止，这样很容易与重要证据失之交臂，造成以后难以认定案件事实的后果。

（3）充分运用科学技术手段

科学技术的迅速发展使得犯罪的手段也不断发展，许多"智能型"犯罪就是利用高科技来实施。刑事照相、痕迹鉴定等技术在侦查过程中发挥了越来越大的作用。事实证明，无论犯罪嫌疑人采用什么高科技的手段，总会留下蛛丝马迹，只要学会了利用先进科学技术侦查的方法，就可以收集到更多有用证据，大大提高侦查破案的成功率。

（4）收集人证要注意把握人的心理状态

由于同案件的利害关系不同，在诉讼过程中提供证词的各人的心理状态也不同。有些人积极与司法人员配合，提供真实证据，有些人则出于各种动机不愿提供证据。所以，在收集人证时，应注意分析和掌握他们不同的心理状态，"对症下药"，有针对性地进行思想教育和法律宣传，耐心说服动员，消除其疑虑，以收集到更多真实证言。

---

① 陈永生. 侦查程序原理 [M]. 北京：中国政法大学出版社，2003：237.

五、规范取证行为的制度构想

我国目前没有刑事证据法典，刑事证据收集规则零碎地分布在《刑事诉讼法》和其他相关的司法解释中，这种状况极不符合证据在诉讼中的灵魂地位。证据是诉讼的关键内容，诉讼过程实际上就是围绕证据的证明过程加快，这在理论界和实务界都已达成共识，完善的证据制度是实现司法公正的基本条件之一。我国的法治进程加快、人们日益提高的法律意识及诉讼实践的发展，使得我国刑事证据立法的完善成为当务之急。

为了防止侦查权的滥用，保障人权，实现程序正义，针对我国公安机关刑事证据收集规则存在的问题和缺陷，我国应当修正刑事证据收集规则的程序规范。国内外的司法实践已经充分表明，为了使诸如非法证据排除规则等刑事证据规则得到贯彻落实，不仅需要对什么是证据排除规则、排除证据的范围、排除证据的法律后果等实体性规则作出明确的规定，而且需要对如何申请排除、裁判者如何受理与审查、如何分配证明责任等程序性规则加以规范。否则，证据排除规则就有可能成为一纸空文。为了避免我国在确立证据排除规则之后，出现与现行非法证据排除规则相类似的命运，应当对证据排除规则的适用程序作出明确的规定。

应当完善刑事证据收集规则的制度环境，提高行政执法主体培训的强度，切实加强证据收集工作的培训，提高整体执法水平。这里指的培训不是一般意义的培训，主要是加强有针对性的专业上的系统培训。如抢劫案件如何调查取证，强奸案件如何调查取证，合同诈骗案件如何调查取证等。这些取证中应当注意哪些问题，罪与非罪关键区别在哪里，如何注意划清此罪与彼罪界线。如何正确对待人证和物证、有利于嫌疑人的证据和不利于嫌疑人的证据、原始证据和传来证据、直接证据和间接证据等之间的关系，如何进行讯问笔录和询问笔录的制作、在制作笔录中应注意的问题等。培训应注重实用和实效。

还应改善刑事侦查的硬件条件，注重加强基层办案警力，并且在财力、物力上给予大力支持。改善执法办案环境和条件，尽量减少各种不必要的形式工作，多为实战工作需要腾出一些宝贵的时间和精力。同时各级领导也要学会"十指弹琴"的工作法，合理调配警力、统筹兼顾、科学安排。如把案件取证工作的难易程度结合起来，把一般案件和重大案件结合起来，把办案中的新同志和有经验的老同志结合起来，把能力强和能力弱的结合起来，充分发挥各人的优势和特长，人尽其才，各尽所能，使人力、财力的成本投入有最大的效率产出。不要形成干得好的忙不过来，干不好的闲着没事着的局面，以致把有限的人力资源白白浪费掉。

同时建立刑事侦查工作证据运用的检查评估机制，不断完善和细化执法办案考评体系。奖勤罚懒优化执法环境，对证据收集的每一个环节都要进行考评。对办人情案、关系案并在主观上又存在故意致使取证不到位的，日后发生冤假错案的，对有关责任人进行认真严肃查处。对因工作责任心不强应付了事的，使证据灭失造成案件无法进一步处理下去的，对责任人也应作出相应的处理并取消各种先进评选资格。对确实属于因工作水平能力问题的，建议加强培训限期整改提高。另外，加强首问责任制落实，把第一个接警报案单位的问责制落实好；加强督察力度避免扯皮推诿、责任不落实的事件发生。总而言之，要把年终立功受奖、责任追究、干部任用等手段有机结合起来，充分发挥考核评议机制的激励和制约作用。

六、规范取证行为的重点举措

（一）严禁刑讯逼供

2012年《刑事诉讼法》第五十条明确规定："严禁刑讯逼供和以威胁、引诱、欺骗以及其他非法方法收集证据，不得强迫任何人证实自己有罪。"该法仅仅原则上规定了不得刑讯逼供，但是对于刑讯逼供的具体含义没有作出进一步解释。对于刑讯逼供的具体界定，2012年《刑事诉讼法》相关解释作出了一些说明。2012年《人民检察院刑事诉讼规则（试行）》第六十五条规定："刑讯逼供是指使用肉刑或者变相使用肉刑，使犯罪嫌疑人在肉体或者精神上遭受剧烈疼痛或者痛苦以逼取供述的行为。其他非法方法是指违法程度和对犯罪嫌疑人的强迫程度与刑讯逼供或者暴力、威胁相当而迫使其违背意愿供述的方法。"2012年《最高人民法院关于适用〈中华人民共和国刑事诉讼法〉的解释》第九十五条规定："使用肉刑或者变相肉刑，或者采用其他使被告人在肉体上或者精神上遭受剧烈疼痛或者痛苦的方法，迫使被告人违背意愿供述的，应当认定为《刑事诉讼法》第五十四条规定的刑讯逼供等非法方法。"

2012年公安部《公安机关办理刑事案件程序规定》对刑讯逼供的具体含义没有作出明确界定。探寻域外司法，不难发现，刑讯逼供一词纯系我国立法上之用语，国际上更为通用的是"酷刑"表述。目前，对"酷刑"最权威的定义，来自联合国《禁止酷刑和其他残忍、不人道或有辱人格的待遇或处罚公约》（以下简称《反酷刑公约》）。《反酷刑公约》第一条第一款明确规定："酷刑"是指为了向某人或第三者取得情报或供状，为了他或第三者所作或涉嫌的行为对他加以处罚，或为了恐吓或威胁他或第三者，或为了基于任何一种歧视的任何理由，蓄意使某人在肉体或精神上遭受剧烈疼痛或痛苦的任何行为，而这种疼痛或痛苦是由公职人员或以官方身份行使职权的其他人所造成或在其唆使、同意或默许下造成的。纯因法律制度制裁而引起或法律制裁所固有或附带的疼痛或痛苦不包括在内。可见，《反酷刑公约》对"酷刑"一语的核心定位为"蓄意使某人在肉体或精神上遭受剧烈疼痛或痛苦的任何行为",现行《刑事诉讼法》几大司法解释基本上明确了"使犯罪嫌疑人或被告人在肉体上或者精神上遭受剧烈疼痛或者痛苦的方法"这一关键事实,与《反酷刑公约》具有一致性。

2013年10月9日最高人民法院印发《关于建立健全防范刑事冤假错案工作机制的意见》第八条规定:"采用刑讯逼供或者冻、饿、晒、烤、疲劳审讯等非法方法收集的被告人供述,应当排除。"该条根据司法实践中的实际情况,进一步细化了刑讯逼供的各种其他方法,是对刑讯逼供不同方式的新限制。

1. 刑讯逼供与刑事错案的关系

刑讯逼供更容易导致错案已经成为大多数人的共识。"每一起刑事错案背后,基本上都有刑讯逼供的黑影。可以说,尽管刑讯逼供并非百分之百地导致错判,但几乎百分之百的错案,都是刑讯逼供所致。因此,杜绝刑讯逼供是避免刑事错案的首要措施"[1]。无数的冤假错案用生动和血腥的事实告诉世界,"棰楚之下,何求不得?"刑讯逼供已经成为酿铸一切错案的根源,成为对被追诉人的巨大伤害。在刑讯逼供的阴霾下,无数无辜和善良的公民被屈打成招,不得不扭曲事实、违心供述,作出不利于自己的陈述,最终面临被送上断头台的危险。反过来,当每一件冤假错案平反昭雪的时候,无不发现刑讯逼供正是造成刑事错案的罪魁祸首。从2000年云南杜某武被判死缓,服刑2年后再审改判无罪;2005年湖北佘某林被判有期徒刑15年,服刑9年后被再审宣告无罪;2010年河南赵某海被判死缓,已服刑11年后被宣告无罪;2013年浙江张某平叔侄在被蒙冤羁押10年后,再审宣判无罪;杭州萧山因17年前一起抢劫杀人案真凶伏法,而已服刑17年的陈某阳等5人被改判抢劫杀人罪不成立;等等,桩桩冤案都是因为刑讯逼供所致。尽管刑讯逼供不是导致这些错案发生的唯一原因,但是刑讯逼供在误导这些案件的根本走向、误认犯罪嫌疑人、被告人有犯罪行为等关键性问题上造成了重大影响,甚至导致了致命的方向性错误,直接酿成了冤假错案的发生。

2. 2012年《刑事诉讼法》在遏制刑讯逼供方面的进步

2012年《刑事诉讼法》在遏制刑讯逼供上实现了重大突破,集中体现为"一个原则(不得强迫自证其罪原则)、一个规则(非法证据排除规则)、一套制度(全程录音录像制度)",具体体现在以下方面。

(1)初步确立了不得强迫自证其罪原则

2012年《刑事诉讼法》第五十条规定:"审判人员、检察人员、侦查人员必须依照法定程序,收集能够证实犯罪嫌疑人、被告人有罪或者无罪、犯罪情

---

① 陈兴良.错案何以形成 [J].浙江公安高等专科学校学报,2005年(C5):12-13.

节轻重的各种证据。严禁刑讯逼供和以威胁、引诱、欺骗以及其他非法方法收集证据，不得强迫任何人证实自己有罪。"

（2）初步确立了"非法证据排除"规则

2012年《刑事诉讼法》第五十四条明确了非法证据排除的范围和阶段："采用刑讯逼供等非法方法收集的犯罪嫌疑人、被告人供述和采用暴力、威胁等非法方法收集的证人证言、被害人陈述，应当予以排除。收集物证、书证不符合法定程序，可能严重影响司法公正的，应当予以补正或者作出合理解释；不能补正或者作出合理解释的，对该证据应当予以排除。""在侦查、审查起诉、审判时发现有应当排除的证据的，应当依法予以排除，不得作为起诉意见、起诉决定和判决的依据。"

2012年《刑事诉讼法》第五十五条还对人民检察院在非法证据排除中的职责作出了明确规定："人民检察院接到报案、控告、举报或者发现侦查人员以非法方法收集证据的，应当进行调查核实。"第五十六条明确了人民法院在非法证据排除程序中的职责："法庭审理过程中，审判人员认为可能存在本法第五十四条规定的以非法方法收集证据情形的，应当对证据收集的合法性进行法庭调查。"在非法证据排除的证明责任上，2012年《刑事诉讼法》明确了人民检察院的证明责任，"在对证据收集的合法性进行法庭调查的过程中，人民检察院应当对证据收集的合法性加以证明"。在对非法证据的启动与法庭调查程序上，"当事人及其辩护人、诉讼代理人有权申请人民法院对以非法方法收集的证据依法予以排除"。"现有证据材料不能证明证据收集的合法性的，人民检察院可以提请人民法院通知有关侦查人员或者其他人员出庭说明情况；人民法院可以通知有关侦查人员或者其他人员出庭说明情况"。2012年《刑事诉讼法》第五十八条还明确规定："对于经过法庭审理，确认或者不能排除存在本法第五十四条规定的以非法方法收集证据情形的，对有关证据应当予以排除。"

（3）建立了全程录音录像制度

2012年《刑事诉讼法》第一百二十一条明确规定："侦查人员在讯问犯罪嫌疑人的时候，可以对讯问过程进行录音或者录像；对于可能判处无期徒刑、死刑的案件或者其他重大犯罪案件，应当对讯问过程进行录音或者录像。录音或者录像应当全程进行，保持完整性。"为进一步防止侦查机关刑讯逼供行为的发生，2012年《刑事诉讼法》还确立了拘留、逮捕犯罪嫌疑人后立即移送看守所的规则。第八十三条和第九十一条分别规定："拘留后，应当立即将被拘留人送看守所羁押，至迟不得超过二十四小时。""逮捕后，应当立即将被逮捕人送看守所羁押。"《刑事诉讼法》还确立了侦查讯问地点应该限于看守所内的规则。第一百一十六条第二款规定："犯罪嫌疑人被送交看守所羁押以后，侦查人员对其进行讯问，应当在看守所内进行。"

3. 遏制刑讯逼供、切实防范刑事错案

总体而言，2012年《刑事诉讼法》在遏制刑讯逼供方面实现了很多创新，很多方面与西方法治国家基本一致，在保障犯罪嫌疑人基本权利方面有重大进步。在新的形势下，为了更彻底地杜绝刑讯逼供行为的发生，尚需要在理念与体制上对以下几个方面进行努力。

（1）牢固树立人本主义理念

人本主义是指"人"是法律之本，如果没有人，任何法律都无存在的必要，也无存在的可能。而在英文中，"人本"又称"人文"，有三个基本的含义：人道或仁慈，人性，人类。一般来说，刑讯逼供行为之所以发生，侦查人员之所以敢对犯罪嫌疑人动用酷刑，不断实施残酷的讯问手段，其主要动因之一就是缺乏最基本的人权保障观念，尤其是对犯罪嫌疑人的基本人权更不会引起足够的重视，直接将他们当作被讯问的客体来对待。在这种完全漠视犯罪嫌疑人基本人权的思维下，侦查人员自然敢于使用一切恶毒和丧失人性的侦查手段，敢于对犯罪嫌疑人使用一切惨无人道的讯问方法。在人权入宪和"尊重和保障人权"写进刑事诉讼法典的今天，侦查人员必须洗刷过去陈旧的专政思维，摒弃对犯罪嫌疑人严刑拷打式的阶级斗争思想，将犯罪嫌疑人当作最基本的"人"来对待，在侦查讯问期间应该使用文明的方式进行讯问，多使用一些有人性的讯问方法，尊重其最基本的生命权、健康权和生存的权利。

（2）牢固确立无罪推定思维

尽管1996年《刑事诉讼法》就明确宣告"未经人民法院依法判决，对任何人不得确定有罪"。但在实际的司法实践中，侦查机关往往在潜意识里先入为主地将犯罪嫌疑人视为确定意义上的犯罪分子，往往把获取犯罪嫌疑人的有罪供述作为一切工作的核心任务，通过严刑拷打来获取犯罪嫌疑人的口供，然后通过口供来获得其他证据，通过其他证据来印证口供，形成一个典型的"由供到证"的侦查模式，这种侦查模式具有极大的风险性，证据基础很不扎实，一旦翻供，就形成了刑事错案冤案，成为社会关注的焦点。要从根本上杜绝刑事错案在社会上带来的重大负面影响，必须牢固树立"无罪推定"和"疑罪从无"思想。正如最高人民法院常务副院长沈德咏大法官所言："要像防范洪水猛兽一样来防范冤假错案，宁可错放，也不可错判。错放一个真正的罪犯，天塌不下来，错判一个无辜的公民，特别是错杀了一个人，天就塌下来了。"①这段话恰恰是对坚持"无罪推定"和"疑罪从无"思想的最佳概括和行动指南。

（3）构建"以客观性证据为中心"的侦查模式

最新的学术观点将证据在学理上分为"主观性证据"和"客观性证据"。前者是指以人为证据内容载体的证据，需要通过对人的调查来获取其所掌握的证据信息，由于人的认知会随着外部环境和内在动机的变化而发生改变，因此"主观性证据"的特点表现为变动有余而稳定不足。与之相对应的则是"客观性证据"，是指以人以外之物为内容载体的证据，这些证据内容的载体通常是客观之物，虽然也会受到自然之影响，但是在有限的诉讼时限内，在没有人为

---

① 沈德咏.我们应当如何防范冤假错案［N］.人民法院报，2013-05-06日（2）。

因素介入的情况下，其外部特征、形状及内容等基本稳定，所包含的证据内容受人的主观意志影响较小，因而客观性较强。

与"主观性证据"比较而言，"客观性证据"的稳定性和可靠性更高，对于准确认定案件事实的证明价值更高。长期以来，侦查机关的讯问过程主要是依赖职务犯罪嫌疑人、被告人的"口供"定案，因此，这种证据形式极不稳定，很容易存在"翻供"和"翻案"的可能性，也给案件侦破和结案工作带来隐患。"以客观性证据为中心"的思维模式要求在侦查过程中必须改变过去盛行的"口供为王"的证据地位，改变过去"白天攻、晚上攻"的纠问式侦查模式，牢固树立和坚持"客观性证据"为主导的思维模式，牢固树立实物证据为本的新思维。通过物证，书证，鉴定意见，勘验、检查、辨认、侦查实验等笔录，视听资料、电子数据等"客观性证据"，来巩固、强化和印证职务犯罪嫌疑人、被告人供述和辩解这一"主观性证据"。牢固树立"以客观性证据为中心"的侦查模式观，能有效消减侦查人员对口供的过度依赖心理，在心理动机上遏制利益驱动，彻底实现侦查模式的转型，减少刑讯逼供行为的发生。

（4）合理控制侦查权

侦查权作为国家权力机关的一种公权力，天生具有扩张性和侵犯性，失去适当的控制和约束必然导致对公民权利的侵犯和伤害。刑讯逼供就是侦查权过于庞大失去规制前提下出现的司法痼疾。因此，要减少刑讯逼供行为的发生，还必须在控制侦查权上做文章，必须在体制机制上有所作为。

要合理控制侦查权，需要在两方面进行制度创新。一是引入司法审查机制。当前侦查程序中强制措施的采取和适用，基本上都是一种缺乏第三方审查和监督的类似行政追罪方式，超然的、中立的、消极的司法机关缺失，由此自然导致侦查权的膨胀与扩张，极易形成对犯罪嫌疑人被告人基本人权的侵犯。在司法实践中，则集中表现为对被追诉人的刑讯逼供、缺乏有效的监督和司法救济渠道。尽管2012年《刑事诉讼法》第一百一十五条对被追诉人赋予了一些司法救济的范围和渠道，但仅仅是对人民检察院的申诉，尚不是真正意义上的司法审查机制。二是切实实现看守所与公安机关的分离管理体制。关于侦查与羁押的分离机制，学界也是提倡了很多年，但是相关部门鲜有动静。这种侦查与羁押体制上的分离，意义是非常明显的：侦查机关只负责侦查，提讯犯罪嫌疑人必须到不属于自己直接管辖的看守所内进行讯问，这种权限的分割与空间的分离无疑能对刑讯逼供起到有效的制约作用，某些侦查机关、侦查人员一直以来的野蛮、肆无忌惮、挑战文明底线的讯问方式势必有所收敛，随着时间的推移和法治的进步，自然会慢慢消失，犯罪嫌疑人的人权保障水平自然会在这种分离体制中得到张扬与提升。通过以上两项制度，将在体制机制上扼杀刑讯逼供产生的土壤，在结构功能上动摇和消灭刑讯逼供产生的环境，需要引起相关部门的切实重视。

（二）探索建立侦羁分离机制

在我国现行的侦查机关和看守所一体的机制下，即使实施讯问过程全程同步录音录像，其公正性难免仍然遭到质疑。这种管理体制上的同一性、组织机构上的亲近性、侦查讯问程序的封闭性，很难让外部监督因素进入侦查讯问程序，从而让侦查讯问过程失去一定的制约，侦查权也难以得到有效控制，侦查讯问过程的合法性包括录音录像资料的真实性和全程性等也容易遭到怀疑。如在杜某武案中，虽然控方在提交给法庭的审讯录像中一切程序合法，没有发现刑讯逼供行为，11名刑侦技术人员出庭作证表示没有刑讯逼供行为，但该案最终仍因杜某武遭遇事实上的刑讯逼供行为而蒙羞。

西方大多数国家都区分了对犯罪嫌疑人讯问与羁押的场所。一般情况下，在司法官员就羁押问题举行司法审查之前，嫌疑人被羁押在警察控制下的拘留所里；而在法官经过审查作出羁押决定之后，被告人则通常被羁押在监狱或其他不由警察、检察官控制的监禁场所里[1]。在英国、日本和我国香港地区早已不同程度存在类似于看守所中立的制度，以便于对侦查活动的合法性进行有效监督，减少侦查讯问机关对犯罪嫌疑人的控制时间，切实防范非法讯问行为的发生。英国1984年《警察与刑事证据法》建立了羁押警察（看守官）制度。羁押警察不受当地警察的制约，直接由内政部管辖，在警衔上高于侦查警察。责任是维护犯罪嫌疑人的权利，为其行使权利提供便利，并有权对侦查警察送押的犯罪嫌疑人进行必要的人身检查，有权要求侦查警察说明逮捕嫌疑人的原因和对是否需要关押作出决定并制订书面记录等。而根据我国的相关规定，羁押犯罪嫌疑人的看守所隶属于公安机关管辖。在看守所隶属于公安机关及检察机关对看守所享有法律监督权的情况下，很难指望看守所会在是否全程同步录音录像问题上与侦查机关进行一些实质性的对抗。

显然，如果将侦查机关和羁押场所相互分离，势必打破羁押场所对侦查机关的依附关系，在实质上摆脱侦查机关对羁押场所的干预和影响，彻底保持自身的中立性，实现对侦查讯问全程（录音录像）的监督，有利于确保侦查讯问全程录音录像制度实施的效果和质量。为此，既要限制侦查机关在将犯罪嫌疑人送交羁押场所之前对犯罪嫌疑人的控制时间，原则上还应该禁止侦查机关将已经被羁押的犯罪嫌疑人带到侦查机关自己内设的审讯室内进行讯问，以保证侦查讯问全程在录音录像的环境下进行。

---

[1] 陈瑞华.比较刑事诉讼法［M］.北京：中国人民大学出版社，2012：307.

第六章　口供收集规范

>>>> 第一节　讯问的法律规范

基于讯问犯罪嫌疑人这种侦查行为实体和程序性功能的特殊性，以及讯问活动的复杂性，我国《刑事诉讼法》中对讯问犯罪嫌疑人的主体、讯问时限、地点、讯问程序和规则等问题均作出了明确的规定，目的在于保障其调查功能实现的同时，防止侦查权的滥用侵害犯罪嫌疑人诉讼中的合法权利。具体应把握好以下几个方面的内容。

一、传唤犯罪嫌疑人

（一）传唤的条件

需要对下列犯罪嫌疑人进行讯问的，可以适用传唤：

① 被立案侦查但未拘留、逮捕、取保候审、监视居住的；

② 在现场发现的；

③ 自动投案或者群众扭送到公安机关的。

（二）传唤的批准

需要对立案侦查但未拘留、逮捕、取保候审、监视居住的犯罪嫌疑人传唤讯问的，办案部门制作《呈请传唤报告书》，并附有关材料，报办案部门负责人批准，制作传唤证。《呈请传唤报告书》内容包括：简要案情及立案情况，犯罪嫌疑人基本情况及其涉嫌犯罪的情况，拟执行传唤的时间、地点，执行传唤的法律依据等。

对在现场发现，以及自动投案或者群众扭送到公安机关的犯罪嫌疑人，侦查人员经出示工作证件，可以口头传唤。

（三）传唤的执行

执行传唤的侦查人员不得少于二人。传唤犯罪嫌疑人时，应当出示传唤证和侦查人员的工作证件，将传唤证送达犯罪嫌疑人，并责令其在传唤证副本上签名、捺指印。

命案口供治理与错案预防的证据学对策研究

犯罪嫌疑人到达讯问地点后，应当由其在传唤证副本上填写到案时间。传唤结束时，应当由其在传唤证副本上填写传唤结束时间。拒绝填写的，侦查人员应当在传唤证副本上注明。侦查终结时，存入诉讼卷。

口头传唤的，应当将传唤的原因和依据告知被传唤人，在讯问笔录中，应当注明犯罪嫌疑人到案方式，并由犯罪嫌疑人注明到案时间和传唤结束时间。

不得以派人押解或者使用警械等强制方法进行传唤。禁止对被传唤人游街示众或者变相游街示众，或者采取其他方式侮辱被传唤人的人格尊严。

（四）传唤的备案

办案部门应当在传唤实施后一小时以内，通过电话、传真、网上督察系统，以及直接送达法律文书复印件等形式，将被传唤人的姓名、年龄、性别、涉嫌犯罪的行为、实施时间、实施传唤后涉案人员所在的地点及办案部门和主办民警等情况，报本级公安机关警务督察部门备案。

二、讯问的时间

传唤、拘传犯罪嫌疑人的，每次传唤、拘传持续的时间不得超过十二小时。案情特别重大、复杂，需要采取拘留、逮捕措施的，传唤经办案部门负责人批准，拘传经县级以上公安机关负责人批准，传唤、拘传持续的时间不得超过二十四小时。

不得以连续传唤、拘传的形式变相拘禁犯罪嫌疑人。传唤、拘传期限届满，未作出采取其他强制措施决定的，应当立即结束传唤、拘传。传唤、拘传、讯问犯罪嫌疑人，应当保证犯罪嫌疑人的饮食和必要的休息时间，并记录在案。

《刑事诉讼法》第八十四条、第九十二条规定，公安机关对于被拘留、被逮捕的人，应当在拘留或逮捕后的二十四小时以内进行讯问。根据这两条规定，侦查讯问人员受理案件后，对被拘留、逮捕的犯罪嫌疑人必须在法律规定的时间内进行讯问，不得拖延，否则就是违法。

三、讯问的地点

（一）讯问未被羁押的犯罪嫌疑人

讯问未被羁押的犯罪嫌疑人，应当在办案区讯问室、询问室进行。讯问时，应当选择适宜的房间或者地点，将被讯问人安排在远离门窗的位置，并采取相应的安全防范措施。经县级以上公安机关负责人批准，下列情形可不在办案区进行讯问：

① 紧急情况下必须在现场进行讯问、询问的；

② 对有严重伤病或者残疾、行动不便的，以及正在怀孕的违法犯罪嫌

人，在其住处或者医院等地点进行讯问、询问的；

③对已送交看守所羁押的犯罪嫌疑人进行讯问的。

（二）讯问已被羁押的犯罪嫌疑人

讯问已被羁押的犯罪嫌疑人，应当在看守所讯问室进行。

（三）讯问异地犯罪嫌疑人

讯问异地与案件有关联的犯罪嫌疑人的，可以由办案地公安机关通过远程网络视频等方式进行讯问并制作笔录。

远程讯问的，应当由协作地公安机关事先核实被讯问人的身份。讯问后，办案地公安机关应当将讯问笔录传输至协作地公安机关，经被讯问人确认并逐页签名、捺指印后，由协作地公安机关协作人员签名或者盖章，并将原件提供给办案地公安机关。讯问人员收到笔录后，应当在首页右上方写明"于某年某月某日收到"，并签名或者盖章。

远程讯问的，应当对讯问过程进行录音、录像，并随案移送。

四、讯问的程序

（一）表明身份

讯问犯罪嫌疑人，应当由两名以上侦查人员进行。讯问开始时，应当表明执法身份。

（二）问明犯罪嫌疑人基本情况

第一次讯问时，应当问明犯罪嫌疑人的姓名、别名、曾用名、绰号、性别、出生年月日、户籍所在地、现住地、籍贯、出生地、民族、职业、文化程度、家庭情况、社会经历，是否受过刑事处罚、行政处罚或者其他行政处理，是否为人大代表、政协委员等情况。犯罪嫌疑人为外国人或少数民族的，应当问明其是否有中文（汉语）姓名。

（三）告知权利义务

第一次讯问时，应当向犯罪嫌疑人宣读《犯罪嫌疑人诉讼权利义务告知书》或者交其阅读，告知其享有的权利和承担的义务、如实供述自己罪行可以从轻或者减轻处罚的法律规定，问明其是否申请回避、委托辩护律师、申请法律援助，并在讯问笔录中注明。

（四）讯问案件情况

讯问犯罪嫌疑人时，应当首先讯问犯罪嫌疑人是否有犯罪行为，让其陈述有罪的情节或者无罪的辩解，然后向其提出问题。对犯罪嫌疑人的犯罪事实、动机、目的、手段，与犯罪有关的时间、地点，涉及的人、事、物，都应当讯问清楚。

（五）听取犯罪嫌疑人的供述和辩解

讯问的时候，应当认真听取犯罪嫌疑人的供述和辩解。对犯罪嫌疑人供述的犯罪事实、无罪或者罪轻的事实、申辩和反证，以及犯罪嫌疑人提供的证明自己无罪、罪轻的证据，公安机关都应当认真核查。对有关证据，无论是否采信，都应当如实记录、妥善保管，并连同核查情况附卷。

（六）讯问未成年犯罪嫌疑人

应当采取适合未成年人的方式，耐心细致地听取其供述或者辩解，认真审核、查证与案件有关的证据和线索，并针对其思想顾虑、恐惧心理、抵触情绪进行疏导和教育。

（七）分别讯问

讯问同案的犯罪嫌疑人，应当个别进行。

（八）严禁刑讯逼供

严禁刑讯逼供和以威胁、引诱、欺骗及其他非法的方法收集证据，不得强迫任何人证实自己有罪。以非法方法获取的供述应当予以排除。

使用肉刑或者变相肉刑，或者采用其他使犯罪嫌疑人在肉体上或者精神上遭受剧烈疼痛或者痛苦的方法，迫使犯罪嫌疑人违背意愿供述的，属于刑讯逼供等非法方法。

（九）保密工作

在讯问中，需要运用证据证实犯罪嫌疑人的罪行时，应当防止泄露侦查工作秘密。对涉及的国家秘密、商业秘密、个人隐私，应当保密，并在讯问笔录中注明。

（十）制作讯问笔录

讯问犯罪嫌疑人，应当制作讯问笔录。讯问笔录应当交犯罪嫌疑人核对或者向其宣读。如记录有差错或者遗漏，应当允许犯罪嫌疑人更正或者补充，并捺指印。笔录经犯罪嫌疑人核对无误后，应当由其在笔录上逐页签名、捺指印，并在末页紧接讯问内容的地方写明："以上笔录我看过（或向我宣读过），和我说的相符。"拒绝签名、捺指印的，侦查人员应当在笔录末尾注明。

讯问未成年犯罪嫌疑人的，讯问笔录应当交未成年犯罪嫌疑人、到场的法定代理人或者其他人员阅读或者向其宣读；对笔录内容有异议的，应当核实清楚，确有错误或者遗漏的，应当准予更正或者补充。

在场的翻译人员要注明工作单位和职业；未成年犯罪嫌疑人法定代理人或者监护人要注明与被讯问未成年人的关系，同时注明讯问时全程在场。

（十一）接受书面供词

犯罪嫌疑人请求自行书写供述的，应当准许；必要时，侦查人员也可以要求犯罪嫌疑人亲笔书写供词。犯罪嫌疑人应当在亲笔供词的末页注明书写供述的时间并逐页签名、捺指印。侦查人员收到后，应当在首页右上方写明"于某年某月某日收到，共×页"并签名，侦查终结时，存入诉讼卷。

五、讯问全程同步录音、录像

（一）基本要求

公安机关讯问犯罪嫌疑人，在文字记录的同时，可以利用录音、录像设备对讯问过程进行全程音视频同步记录。对讯问过程进行录音、录像，应当对每一次讯问全程不间断进行，保持完整性，不得选择性地录制，不得剪接、删改。

对讯问全程进行录音、录像，既包括在执法办案场所进行的讯问，也包括对不需要拘留、逮捕的犯罪嫌疑人在指定地点或者其住处进行的讯问，以及紧急情况下在现场进行的讯问。

（二）适用范围

① 对下列重大犯罪案件，应当对讯问过程进行录音、录像。

可能判处无期徒刑、死刑的案件，即应当适用的法定刑或者量刑档次包含无期徒刑、死刑的案件；致人重伤、死亡的严重危害公共安全犯罪、严重侵犯公民人身权利犯罪案件；黑社会性质组织犯罪案件，包括组织、领导黑社会性质组织，入境发展黑社会组织，包庇、纵容黑社会性质组织等犯罪案件；严重毒品犯罪案件，包括走私、贩卖、运输、制造毒品，非法持有毒品数量大的，包庇走私、贩卖、运输、制造毒品的犯罪分子情节严重的，走私、非法买卖制毒物品数量大的犯罪案件；其他故意犯罪案件，可能判处十年以上有期徒刑的，即应当适用的法定刑或者量刑档次包含十年以上有期徒刑的案件。

② 在办理刑事案件过程中，在看守所讯问或者通过网络视频等方式远程讯问犯罪嫌疑人的，应当对讯问过程进行录音、录像。

③ 对具有下列情形之一的案件，应当对讯问过程进行录音、录像。

犯罪嫌疑人是盲、聋、哑人，未成年人或者尚未完全丧失辨认或者控制自己行为能力的精神病人，以及不通晓当地通用的语言文字的；犯罪嫌疑人反侦查能力较强或者供述不稳定，翻供可能性较大的；犯罪嫌疑人作无罪辩解和辩护人可能作无罪辩护的；犯罪嫌疑人、被害人、证人对案件事实、证据存在较大分歧的；共同犯罪中难以区分犯罪嫌疑人相关责任的；引发信访、舆论炒作风险较大的；社会影响重大、舆论关注度高的；其他重大、疑难、复杂情形。

（三）录制要求

① 对讯问过程进行录音、录像，可以使用专门的录制设备，也可以通过声像监控系统进行。讯问开始前，应当做好录音、录像的准备工作，对讯问场所及录音、录像设备进行检查和调试，确保设备运行正常、时间显示准确。

② 录音、录像应当自讯问开始时开始，至犯罪嫌疑人核对讯问笔录、签字、捺指印后结束。讯问笔录记载的起止时间应当与讯问录音、录像资料反映的起止时间一致。

对讯问过程进行录音、录像，应当对侦查人员、犯罪嫌疑人、其他在场人员、讯问场景和计时装置、温度计显示的信息进行全面摄录，图像应当显示犯罪嫌疑人正面中景。有条件的地方，可以通过画中画技术同步显示侦查人员正面画面。

讯问过程中出示证据和犯罪嫌疑人辨认证据、核对笔录、签字、捺指印的过程应当在画面中予以反映。

③ 讯问录音、录像的图像应当清晰稳定，话音应当清楚可辨，能够真实反映讯问现场的原貌，全面记录讯问过程，并同步显示日期和二十四小时制时间信息。

④ 在制作讯问笔录时，侦查人员可以对犯罪嫌疑人的供述进行概括，但涉及犯罪的时间、地点、作案手段、作案工具、被害人情况、主观心态等案件关键事实的，讯问笔录记载的内容应当与讯问录音、录像资料记录的犯罪嫌疑人供述一致。

⑤ 在讯问过程中，由于存储介质空间不足、技术故障等客观原因导致不能录音、录像的，应当中止讯问，并视情况及时采取更换存储介质、排除故障、调换讯问室、更换移动录音录像设备等措施。

对非重大犯罪案件，由于案情紧急、排除中止情形所需时间过长等原因不宜中止讯问的，可以继续讯问。有关情况应当在讯问笔录中载明，并由犯罪嫌疑人签字确认。

中止讯问的情形消失后继续讯问的，应当同时进行录音、录像。侦查人员应当在录音、录像开始后，口头说明中断的原因、起止时间等情况，在讯问笔录中载明并由犯罪嫌疑人签字确认。

（四）音像资料的管理和使用

1. 保管

办案部门应当指定办案人员以外的人员保管讯问录音、录像资料，不得由办案人员自行保管。讯问录音、录像资料的保管条件应当符合公安声像档案管理有关规定，保密要求应当与本案讯问笔录一致。

有条件的地方，可以对讯问录音、录像资料实行信息化管理，并与执法办案信息系统关联。案件侦查终结后，应当将讯问录音、录像资料和案件卷宗一并移交档案管理部门保管。

2. 存储

讯问录音、录像资料应当刻录光盘保存或者利用磁盘等存储设备存储。刻录光盘保存的，应当一式二份，在光盘标签或者封套上标明制作单位、制作人、制作时间、被讯问人、案件名称及案件编号，一份装袋密封作为正本，一份作为副本。对一起案件中的犯罪嫌疑人多次讯问的，可以将多次讯问的录音、录像资料刻录在同一张光盘内。刻录完成后，办案人员应当在二十四小时内将光盘移交保管人员，保管人员应当登记入册，并与办案人员共同签名。

利用磁盘等存储设备存储的，应当在讯问结束后，立即上传到专门的存储设备中，并制作数据备份；必要时，可以转录为光盘。

3. 使用

刑事诉讼过程中，除因副本光盘损坏、灭失需要重新复制，或者对副本光盘的真实性存在疑问需要查阅外，不得启封正本光盘。确需调取正本光盘的，应当经办案部门负责人批准，使用完毕后，应当及时重新封存。

公安机关办案和案件审核、执法监督、核查信访投诉等工作需要使用讯问录音、录像资料的，可以调取副本光盘或者通过信息系统调阅。

人民法院、人民检察院依法调取讯问录音、录像资料的，办案部门应当在三日内将副本光盘移交人民法院、人民检察院。利用磁盘等存储设备存储的，应当转录为光盘后移交。

调取光盘时，保管人员应当在专门的登记册上登记调取人员、时间、事由、预计使用时间、审批人等事项，并由调取人员和保管人员共同签字。对调取、使用的光盘，有关单位应当妥善保管，并在使用完毕后，及时交还保管人员。调取人归还光盘时，保管人员应当进行检查、核对，有损毁、调换、灭失等情况的，应当如实记录，并报告办案部门负责人。

通过信息系统调阅讯问录音、录像资料的，应当综合考虑部门职责、岗位性质、工作职权等因素，严格限定使用权限，严格落实管理制度。

❯❯❯❯ 第二节　讯问前的准备工作

讯问犯罪嫌疑人，是一场十分尖锐、复杂的面对面的侦查活动。因此，在讯问前，必须做好准备。有了准备，就可以掌握讯问的主动权，及时有力地揭露犯罪，使讯问活动能区分轻重缓急、有条不紊地进行。做好讯问前的准备，是保证讯问犯罪嫌疑人取得成功的重要条件，必须予以高度重视，通常包括以下几个方面。

一、妥善组织讯问力量

讯问力量的选配，除了按照法律的要求之外，还要考虑以下因素。

（一）案件的性质和复杂程度

每个侦查人员由于办案经历和兴趣的不同，审理不同类型案件的优势也不同。因此，在指派讯问人员时，对那些复杂案件，要由有经验的侦查人员办理。这样，才能收到事半功倍的效果。

（二）犯罪嫌疑人的个性特点

讯问是一种特殊的人与人之间的交往，如果讯问人员与犯罪嫌疑人在气质、性格和能力等主要个性特点上相距较大，则不易在审讯中实现与对手的心理沟通。这就要求本着"兵对兵、将对将"的原则选派讯问人员，并使其在个性特点上既能符合犯罪嫌疑人的特点，又能在总体上超过和战胜对手，以控制讯问的节奏、把握讯问的进程。

（三）犯罪嫌疑人的语言、籍贯、年龄、职业、受教育程度

如果犯罪嫌疑人使用某地域的方言，最好选派能使用这种方言或同一籍贯的讯问人员。这样有利于增强犯罪嫌疑人对讯问人员的信任感。

（四）犯罪嫌疑人的性别

讯问女性犯罪嫌疑人，最好由女侦查人员进行，不允许男性侦查人员单独讯问女性犯罪嫌疑人。

（五）凡是《刑事诉讼法》第二十八、第二十九和第三十条规定应当回避的侦查人员都应当回避

在审讯中出现上述几条规定的情形时，侦查人员应自动提出回避。在县以上公安机关负责人作出有关回避的决定前，不能停止对案件的审理。

二、全面熟悉和研究案件材料

前期侦查阶段所获取的证据材料是讯问犯罪嫌疑人的基础。因此，侦查人员在讯问前应通过审阅案卷和必要的调查，全面熟悉和研究案件材料，弄清案件的现状和存在的问题，明确讯问和调查的方向，为确定讯问策略和方法提供依据。熟悉和研究案件材料的要点如下。

（一）熟悉犯罪嫌疑人的个人情况

犯罪嫌疑人的个人情况包括：姓名、别名、化名、绰号、年龄、籍贯、住址、民族、文化程度、家庭情况、社会关系、社会经历、有无前科及与案件中其他人的相互关系等。熟悉这些情况，不单是审查有无错拘、错捕的问题，往往也能影响讯问的效果。

（二）掌握犯罪嫌疑人被拘捕的根据

拘捕的根据，是侦查部门指控犯罪嫌疑人的犯罪事实。要掌握犯罪嫌疑人被拘捕的根据，先要熟悉案件从案发到破案的基本情况，通过对案件的宏观认识，分析案件的来源、侦查过程、破案及拘捕经过是否自然、合乎实际；然后重点研究拘捕报告，了解犯罪嫌疑人犯了哪些罪行，所犯罪行的具体情节，每条罪行是否都有证据证明。根据犯罪构成要件，分析哪些情节清楚了，哪些还不清楚，拟定出应该查明的问题。

（三）熟悉案件的证据材料

首先，要熟悉前期侦查获得了哪些证据，这些证据都是怎样获得的，是否符合法律的有关规定，并判断其可靠程度。其次，要审查拘捕报告中所列罪行和证据材料是否一致，核对各证据之间是否有矛盾，查明矛盾的原因，需要进一步收集哪些证据，从何处收集。最后，要明确哪些证据可以在讯问中使用，哪些证据不能在讯问中使用。

（四）注意案件可能发展的方向和新的线索

从研究犯罪嫌疑人的作案手段、经济收入、社会关系、一贯表现等材料中，分析犯罪嫌疑人是偶犯还是惯犯，比对发案通报和当地发生的未破案件，看有无需要并案侦查的案件；分析案件是一人犯罪还是共同犯罪，哪些同案犯已经归案，哪些还没有归案，他们在犯罪集团中所处的地位和所起的作用，他们之间有过哪些矛盾；如果是青少年犯罪，还要注意发现教唆犯。

在阅卷和侦查中要特别注意以下问题。

① 对案件的全部材料和实物证据都要认真过目和深入研究。要边审阅边摘记；对复杂和重大的问题，还可以制作单项或综合性的图表，以便于消化理

解、分析研究。

② 力求以第一手材料作出判断。应尽量到犯罪现场实地观察。对有疑问的问题，凡能通过侦查实验解决的，最好都要做侦查实验。对需要鉴定、辨认的物品，必须经过鉴定或辨认；对重要的数据，要亲自验证，以免因"人云亦云"而出现错误的判断。

③ 要明确询问中可能出现的专门性问题。在阅卷过程中，除要弄清楚需要鉴定的问题以外，对讯问中还可能涉及的专门性知识，要研究相应的文献资料，或向有关专家咨询，求得帮助。

三、分析犯罪嫌疑人心理状态

心理状态是指人在一定时间内心理活动的综合表现。对犯罪嫌疑人来说，就是其是否愿意如实供述，原因是什么。掌握犯罪嫌疑人的心理状态，对确定讯问策略和方法有着重要意义。

（一）需要了解和掌握的情况

人的任何一种心理状态都要依存于当时的客观条件，同时受个人的个性特点制约。为了准确地判断犯罪嫌疑人的心理状态，必须了解以下情况。

① 犯罪嫌疑人犯罪的主客观原因。

② 在对犯罪嫌疑人实施拘捕、收押过程中有无特殊的或违法的行为。

③ 犯罪嫌疑人在被拘捕时和收押中的表现。如果在侦查中已接触过，或者在拘捕后讯问过，要弄清供述过什么问题，在什么情况下供述的；如果拒供，其原因是什么？对受过刑事、行政处分的，还要弄清其在审查中的表现，特别是对付讯问的习惯性手法。

④ 犯罪嫌疑人的个性特点。力求对犯罪嫌疑人的气质、性格和能力水平得出初步结论。

（二）了解犯罪嫌疑人情况的途径

对上述的情况，一般是通过下列途径掌握的。

① 审阅犯罪嫌疑人的历史档案和案件材料。

② 向保卫人员、看守人员、管教民警及有关的人进行调查。

③ 通过讯问正面观察。

④ 对犯罪现场和实物进行分析。

⑤ 对通过秘密侦查获得的材料进行分析。

在实践中，往往在讯问之前，由于时间和信息的不足，还不能对犯罪嫌疑人的心理状态作出准确判断。针对这种情况，侦查人员要预先估计几种可能性，制订出相应的方案，并在讯问中充分发挥直觉的作用，及时对方案进行校正。

四、制订讯问计划

（一）讯问计划的内容

讯问计划是在熟悉和研究案件材料和初步分析了犯罪嫌疑人的心理状态的基础上制订的。讯问计划一般包括以下内容。

① 案件的简要情况。犯罪嫌疑人的个人情况，有哪些犯罪事实，有哪些认定的依据，还有哪些有疑问的问题。

② 讯问的目的和要求。要查明哪些犯罪事实，是否需要并案侦查，犯罪嫌疑人应供述到什么程度，如何保护秘密侦查手段和举报人等。

③ 讯问的步骤、重点，采取的策略和方法。步骤是指对犯罪嫌疑人的犯罪事实，先讯问哪些，再讯问哪些，对证据的使用如何选择等。重点是指讯问的主要目标和突破口。策略和方法是指侦查人员解决这些问题的行动方式。

④ 调查取证的要求和讯问与调查的安排。

⑤ 讯问与看守等部门的工作如何协作配合。

⑥ 讯问中紧急情况的处理办法。

（二）讯问计划的要求

对讯问计划的要求，应根据案件和准备时间而定。

① 是否写出书面计划，要视案情和讯问的重要性而定。讯问不复杂的案件，可不制订书面计划；对需要紧急讯问的案件，由于受到时间的限制，只要对需要查明的情况及其顺序有个轮廓的了解就可以了；使用什么证据和使用证据的方法，可以在讯问过程中根据情况酌定。对重大和疑难案件，必须制订出书面计划。

② 制订的讯问计划，不论是口头的，还是书面的，都需要经过领导批准。

③ 讯问计划不是一成不变的，它要在实践中接受检验，根据讯问和调查情况的发展变化，不断修改和调整。每次讯问前还要进行具体安排。

④ 讯问计划制订以后，要全面检查相应的准备情况。

五、通知相关人员到场

1. 通知法定代理人到场

讯问未成年犯罪嫌疑人，应当开具《未成年人法定代理人到场通知书》，通知未成年犯罪嫌疑人的法定代理人到场。《未成年人法定代理人到场通知书》副本由未成年人法定代理人签名，侦查终结时，存入诉讼卷。到场的法定代理人可以代为行使未成年犯罪嫌疑人的诉讼权利。

无法通知、法定代理人不能到场或者法定代理人是共犯的，也可以通知未成年犯罪嫌疑人的其他成年亲属，所在学校、单位、居住地基层组织或者未成年人保护组织的代表到场，并将有关情况记录在案。

无法通知的情形一般有以下几种：未成年犯罪嫌疑人孤身一人，没有其他亲属和监护人的；未成年犯罪嫌疑人不讲真实姓名和家庭情况的；未成年犯罪嫌疑人法定代理人外出未归或去向不明的。

2. 讯问女性未成年犯罪嫌疑人

讯问女性未成年犯罪嫌疑人，应当有女性工作人员在场。

3. 通知翻译人员到场

讯问聋哑人、少数民族人员、外国人及不通晓当地语言、文字的犯罪嫌疑人，应当配备通晓聋、哑手势的人员或者翻译人员。

对通晓当地语言、文字的少数民族人员、外国人，本人请求不需要配备翻译人员的，要在笔录中注明，并由本人写出书面请求材料入卷备查。

对犯罪嫌疑人的聋、哑情况，通晓聋、哑手势人员或者翻译人员的姓名、工作单位和职业，应当在讯问笔录中予以注明。讯问结束时，通晓聋、哑手势人员或者翻译人员应当在笔录上签名。

▶▶▶ 第三节　讯问笔录制作与口供固定

讯问笔录是将侦查人员的提问和犯罪嫌疑人的供述与辩解以及讯问的行为和进程，用文字记录的形式制作的一种诉讼法律文书。

一、讯问笔录的含义及作用

（一）含义

讯问笔录是侦查人员依照法律程序，将讯问过程中侦查人员的提问和犯罪嫌疑人的供述与辩解以及讯问的行为、过程和结果，以问答形式记录的具有法律效能的诉讼法律文书。

（二）作用

《公安机关办理刑事案件程序规定》第二百条明确规定："侦查人员应当将问话和犯罪嫌疑人的供述或者辩解如实地记录清楚……"这说明，公安机关的侦查人员在讯问时必须制作文字记录。讯问笔录的作用主要表现在如下几个方面。

1. 讯问笔录是记录犯罪嫌疑人供述和辩解的主要手段

犯罪嫌疑人的供述和辩解是我国《刑事诉讼法》规定的法定证据种类之

一，记录犯罪嫌疑人供述和辩解的主要手段有：讯问笔录、犯罪嫌疑人亲笔供词和讯问录音、录像。讯问笔录始终是记录犯罪嫌疑人供述和辩解这一刑事证据种类的主要手段，其他的手段起到辅助性作用。犯罪嫌疑人的供述和辩解属于直接证据，能够直接证明案件主要事实，具有间接证据所不可比拟的证明作用。因此，讯问笔录中所记载的犯罪嫌疑人的供述和辩解，对于查明案件事实真相，从而准确适用法律，起着至关重要、甚至是不可替代的作用。

2. 讯问笔录是对犯罪嫌疑人进行依法处理的重要依据

讯问笔录不仅记载了犯罪嫌疑人供述和辩解的内容，而且记录了侦查人员获得犯罪嫌疑人供述和辩解的过程。犯罪嫌疑人供述和辩解的具体内容是否真实，犯罪嫌疑人供述和辩解的获得过程是否曲折，反映出了犯罪嫌疑人的认罪、悔罪态度，能够在一定程度上反映出本人的主观恶性程度。与此同时，有的讯问笔录不仅记载了犯罪嫌疑人本人的犯罪事实，而且记录了犯罪嫌疑人检举、揭发同案犯或者其他人的犯罪事实，这也反映出犯罪嫌疑人的认罪、悔罪态度。因此，讯问笔录中反映出的犯罪嫌疑人对本人及他人犯罪的认罪、悔罪态度，成为公安司法机关依法对其进行从严或者从宽处理的重要依据。

3. 讯问笔录是总结讯问经验教训的重要资料

讯问笔录不仅记载了犯罪嫌疑人的供述和辩解，而且记载了侦查人员的提问和所采取的讯问方法。侦查人员的提问是否合法，是否有策略，是否全面；讯问策略、方法是否有效，能否发挥刑事政策、法律和刑事证据的巨大威力，能否攻破犯罪嫌疑人的拒供防线；侦查人员能否灵活应对侦查讯问中出现的意外情况；等等。讯问笔录所做的这些记录，对于侦查人员加强讯问工作、提高讯问水平，具有重要的资料价值。

4. 讯问笔录是研究犯罪活动规律、特点的重要参考

讯问笔录中关于犯罪嫌疑人犯罪活动的供述，包括犯罪嫌疑人实施犯罪的动机目的，犯罪时间、地点和侵害目标的选择，犯罪方法手段和作案工具的使用，犯罪后逃避侦查的主要手段，等等。这些记录对于公安机关等有关部门研究犯罪活动规律特点、剖析侦查工作经验教训、提高社会公众防范意识、加强社会犯罪整治工作，具有重要的参考价值。

二、讯问笔录的制作要求

讯问笔录是非常重要的侦查法律文书。在制作讯问笔录时，应注意以下方面。

（一）格式规范，要素齐全

讯问笔录首先应当遵循固定的格式，对于法律规定的相关笔录制作要素应当完整、齐全。主要包括以下几点。

① 主体合法。即笔录制作应当由两名以上的侦查人员进行，不得一人制作或者由警辅人员参与制作。尤其侦查人员在笔录签名时，一定要认真核对，避免出现同一侦查人员于相同时间段、在不同地点开展不同工作。

② 时限合法。即讯问笔录的起止时间与强制措施的法律手续、提讯证合法衔接，不能出现超时或者时间记录错误等现象。

③ 地点合法。即讯问必须在法律允许的地点内进行。例如不能将犯罪嫌疑人传唤至其所在市、县或者其住处以外的地点进行讯问。

④ 对象合法。即讯问应当仅针对犯罪嫌疑人进行，在笔录制作时应当问清其个人信息，确保无误。

⑤ 告知到位。即对于法律规定需要向犯罪嫌疑人告知的内容，应当履行相关程序并明确记载。

⑥ 核对准确。即笔录制作完毕后，应当按照规范由犯罪嫌疑人及相关人员核对并签字确认。讯问笔录交犯罪嫌疑人核对或者向其宣读后，如果记录有遗漏或者差错，应当允许补充或者更正并捺指印。笔录经核对无误后，应当由犯罪嫌疑人在笔录上逐页签名、捺指印，并在末页写明"以上笔录我看过，和我说的相符"。如果犯罪嫌疑人系文盲，应当写明"以上笔录向我宣读过，和我说的相符"。对于讯问过程邀请翻译或者未成年人的法定代理人的，相关人员应当在讯问笔录签名、捺指印。对于上述人员如果拒绝签名、捺指印的，应当在笔录上注明。实施讯问的侦查人员也应当在笔录最后签名。

（二）客观翔实，记录全面

1. 全面记录

即讯问笔录应当完整记录犯罪构成的相关要素，对于案件的时间、地点、人员、经过与结果等都应当完整表述。笔录应当客观真实反映讯问过程，将突破口供与供述罪行有机衔接。不仅要记录犯罪供述过程，而且要记录突破口供方法；不仅要记录有罪供述，而且要记录无罪辩解；不仅要记录口头语言陈述，而且要记录肢体语言反应；不仅要记录犯罪嫌疑人的回答与反应，而且要记录侦查人员的提问与表现。同时，笔录记载内容应当与讯问时间长短相吻合，即使在讯问中犯罪嫌疑人未作有罪供述，也应当依法如实记录，以便在后期口供突破时印证其合理性与逻辑性。特别是对于那些缺乏直接证据的案件，制作笔录时一定不要怕麻烦，不该省略的细节和情节，一定不要省略，尽量予以翔实的记录。

当然，全面记录并非有言必录，应当有所取舍、综合概括。除涉及犯罪的时间、地点、作案手段、作案工具、被害人情况、主观心态等案件关键事实应当原话记录，其余口供内容可以进行概括。

2. 重点突出

即讯问笔录应当根据案情实际，对证明犯罪的目的性事实、关键性事实及细节性事实予以突出记录。目的性事实是指结合讯问目的，确定需要查明的事实，如犯罪动机。关键性事实是指与犯罪构成相关的事实，如犯罪方法手段。细节性事实是指对认定案件具有意义的重要细节或者隐秘性情节（内知证据），如投放危险物质案件中投放毒物工具的样式、材质、大小等应当追问清楚。对于案件细节应当尽量穷尽，不要怕麻烦，必要时可以进行重复记录，既可以突出相关事实情节的真实性，也可以堵死犯罪嫌疑人翻供的退路。

讯问笔录还应当记录突破犯罪嫌疑人心理防线的具体方法与犯罪嫌疑人的情绪表现，对于犯罪嫌疑人供述罪行的思想转变过程，特别是犯罪嫌疑人作案前后的心理活动进行细致记录。例如，犯罪嫌疑人作案前后的紧张心态，作案后心里感到后悔、对不起家人等；再如，犯罪嫌疑人所说的侦查人员对其很好、关心其生活、耐心做思想工作等恭维和赞扬语言，都应当在笔录中很好地反映出来。此外，对于犯罪嫌疑人的一些要求，也应当在笔录中适当记录。如其要求吸烟、喝水等情况，这可反映出讯问是在一种较为和谐的气氛中进行。

（三）层次清楚，用语规范

1. 用语规范

即讯问笔录应当符合语言规范，内容符合语言要求，使人阅读后感到内容清晰明确，没有错字、白字、语病或者歧义。对于讯问中出现的黑话、隐语、方言、俗语或者可能产生歧义的内容，首先应当原话记录，反映犯罪嫌疑人本意，然后通过进一步发问用普通话解释清楚。

笔录记载应当符合犯罪嫌疑人的个性特点与文化程度，不应当简单使用其他人的语言替代。否则，可能使阅卷者形成弄虚作假的印象，影响案件诉讼进程。

2. 逻辑严密

即笔录前后语言衔接应当相互照应，能够反映出侦查人员讯问时的清晰思路。笔录所提问题应当前后照应，前一个问题为后一个问题铺垫，后一个问题为前一个问题衔接，使人阅读后感觉自然流畅。实践中，有的笔录内容混乱、重复、冗长，不易理解，需要阅卷人花费精力重新梳理，不仅增加退卷的概率，还可能增加批捕、起诉乃至判决的工作量与难度。

3. 表述准确

讯问笔录的措辞应当表述明确，不能词不达意。笔录内容可以清楚反映案件事实的本来面目。实践中，笔录中经常出现"一字之差，谬以千里"的情况，影响案件质量。

4. 结构合理

即笔录内容设置应当科学，使人读后感觉层次鲜明、说理清楚。合理的结构能使口供与其他证据材料之间相互印证，建立严密的逻辑联系，清楚说明相关证据材料的来龙去脉。实践中，有的笔录问题设置过多，较为琐碎，应当整合；有的笔录问题设置过少，使人感觉阅读乏味吃力，应当采用必要的过渡语增加问题设置，例如："你接着讲下去。"

（四）特殊情况，处理得当

1. 沉默不语

犯罪嫌疑人保持沉默、闭口不答是讯问中一种比较疑难的情况。侦查人员首先应在笔录上将其沉默不语的状态记明："（不语）。"同时应当把犯罪嫌疑人在讯问中的非语言反应记入笔录。对于案件证据较为充分的，应当以相关证据材料尤其是对犯罪嫌疑人明显不利的材料为依据，围绕犯罪构成对犯罪嫌疑人进行提问，同时将其沉默不语及相关非语言反应记录在案。侦查人员应当根据案件实际情况，有针对性地采取相应的策略方法，调动影响犯罪嫌疑人的心理过程，同时细致记录相关内容及犯罪嫌疑人反应，作为日后认定其实施犯罪或者揭穿其谎言的依据。

2. 公开对抗

在讯问中，除犯罪嫌疑人没有听清楚或没有理解侦查人员的提问外，应将犯罪嫌疑人答非所问或公开对抗的内容概括记入笔录。与处理沉默不语情况类似，应当根据案件实际，围绕对犯罪嫌疑人不利的相关事实重点讯问，并记录相关回答内容及反应，作为日后突破口供的依据。

3. 翻供反复

对于犯罪嫌疑人推翻此前有罪供述的，应当首先做犯罪嫌疑人思想工作，查明翻供原因。同时特别注意做好如下四项工作：一是对犯罪嫌疑人前后供述不一致或者部分翻供的，要注意问明原因，查明相关情况，合理排除前后供述不一致的矛盾；二是对犯罪嫌疑人开始不供述，后来供述的，要注意问明原因；三是对犯罪嫌疑人作有罪供述后又翻供的，而后又再次作有罪供述的，要注意问明原因；四是对于犯罪嫌疑人进行有罪供述后又翻供的，后来一直不供述的，要问明为什么翻供，认真听取其辩解的理由，同时注意及时查明翻供的真实原因。

4. 刑事责任能力

实际工作中，一些案件在法庭审判阶段，犯罪嫌疑人提出自己案发时没有行为能力，相关出生证明系出生时由于各种原因伪造，给案件诉讼带来重大隐患，甚至使案件久拖不决。因此，对这种情况应当高度重视。在初次讯问中，如果发现犯罪嫌疑人系农村户籍，且年龄在涉嫌罪行刑事责任能力上下时，应当采取迂回策略，在犯罪嫌疑人对抗态度不强烈时追问其出生日期、家庭情况，包括其最近一次庆祝生日的时间、参加人员等。防止犯罪嫌疑人日后辩解而查无对证。

制作良好的讯问笔录，应当使阅读人看过之后有一种客观、真实的感觉，同时反映出犯罪嫌疑人是在正常、自然的心态下作出的供述。这样也就在一定程度上起到了证明讯问合法性和口供真实性的作用。

（五）讯问笔录的记录方法要恰当

如实记录不是有言必录，有言必录既是不可能的，也是不必要的。而且往往容易让记录员的记录工作陷入被动，混乱之中更容易遗漏记录的重点。因此，这就要求记录人员在记载侦查人员与犯罪嫌疑人就案件事实所进行的对话中，应当根据不同的讯问对话内容选择合适的记录方法。记录方法主要有三种：不予记录、概括记录和原话记录。

不予记录方法主要适用于两种情况：其一，与案情无关的内容；其二，省略后不影响原意的内容。它具体包括意思重复的内容，填补停顿的内容，补充说明的内容，不必要的连词、助词、叹词等。

概括记录的方法主要适用于与案情相关、需要简要记录的内容。

原话记录主要适用于案件中关键性事实、细节性事实的情况。所谓关键性事实，主要涉及定罪量刑的重要事实，特别在涉及罪与非罪、此罪与彼罪的事实方面，如故意杀人案件，其犯罪的动机目的就是关键事实等。所谓细节性事实，主要涉及认定犯罪嫌疑人是否系作案人的一些事实或者是只有犯罪嫌疑人本人才知道的犯罪细节。例如，入室盗窃案中作案现场的具体位置、犯罪嫌疑人出入现场的来去路线、作案现场的物品摆放情况等。在此情况下，记录人员应尽量记录下犯罪嫌疑人的原话。

三、讯问笔录的制作方法

讯问笔录分为首部、正文、尾部三部分。

（一）首部

依次填写讯问次数，讯问起止时间，讯问地点，侦查人员和记录员姓名、单位，犯罪嫌疑人的姓名。根据讯问的实际情况填写或者打印。

（二）正文

在第一次讯问时，应当记录侦查人员亮明身份的情况。根据办案实际，在讯问开始时，侦查人员首先应当介绍自己的身份情况或者是向犯罪嫌疑人出示工作证件。记录人员应当将其记录在案。

在第一次讯问时，还应当记录侦查人员告知犯罪嫌疑人诉讼权利义务的有关情况。在讯问过程中，应当记录侦查人员将《犯罪嫌疑人诉讼权利义务告知书》送交犯罪嫌疑人或向其宣读的情况，还应当记录侦查员问明犯罪嫌疑人是否看清或听清告知书的内容，有无具体要求等有关情况。

在第一次讯问时，还应当记录犯罪嫌疑人的基本情况。具体包括犯罪嫌疑人的姓名、别名、曾用名、出生年月日、户籍所在地、现住地、籍贯、出生地、民族、职业、文化程度、家庭情况、社会经历、前科、劣迹等内容。姓名栏应当记录犯罪嫌疑人合法身份证件上的姓名；没有合法身份证件的，记录犯罪嫌疑人在户籍登记中使用的姓名；如果无法查清犯罪嫌疑人的真实姓名，也可以填写其自报的姓名。如果犯罪嫌疑人是外国人，还应当问明国籍、出入境证件的种类及号码、签证种类、入境时间等有关情况，必要时，还应当问明其在华关系人的情况等。在第一次讯问时，应当记录侦查人员讯问犯罪嫌疑人是否有犯罪行为，并告知犯罪嫌疑人如实陈述自己罪行可以从轻或者减轻处罚的法律规定，让犯罪嫌疑人陈述有罪供述或者无罪辩解的情况，然后向其提出问题。根据案件的实际情况，有针对性地记录与犯罪事实有关的时间、地点，涉及的人、事、物等，如果犯罪嫌疑人进行辩解，要准确完整地记录其陈述的理由。在以后的讯问过程中，根据以前的讯问情况和查证情况，对案件有关情况进行有针对性的讯问。

（三）尾部

讯问结束时，讯问笔录应当交给犯罪嫌疑人核对或向其宣读。如果记录有差错或者遗漏，应当允许犯罪嫌疑人更正或者补充，并在改正或者补充的文字上捺指印。核对无误后，犯罪嫌疑人应当逐页签名、捺指印，并在讯问笔录末页正文下面（不能空行）写明："以上笔录我看过（或向我宣读过），和我说的相符。"然后签名、捺指印。犯罪嫌疑人拒绝签名、捺指印的，侦查人员应当在笔录上注明。侦查人员在核对笔录无误后，分别在讯问笔录的末尾处签名。

四、几种常见情况的处理

（一）讯问聋哑人、外国人或者不通晓当地语言文字的犯罪嫌疑人

① 在讯问笔录开头记录犯罪嫌疑人为聋哑人，外国人不懂中文或者不通晓当地语言文字的情况。

② 记录侦查人员向犯罪嫌疑人介绍翻译的姓名、工作单位和职业及其有关情况（如是否申请翻译回避等）。

③ 记录侦查人员向翻译告知如实翻译的诉讼义务和不如实翻译的法律责任。

④ 讯问的相关内容根据翻译的结果如实记录。

⑤ 笔录制作完成后，记录翻译向犯罪嫌疑人宣读讯问笔录或者犯罪嫌疑人本人核对讯问笔录的情况。

⑥ 核对无误后，由犯罪嫌疑人本人逐页签名、捺指印，并在笔录末页正文处下面写明："以上笔录用某种语言向我宣读过（或我已看过），和我说的相符。"然后，犯罪嫌疑人签名、捺指印。需要翻译参与的讯问，讯问结束后，翻译应当在笔录末页写明"此笔录由某种语言翻译成汉语"，并签名。最后，由参加讯问的侦查人员分别签名。

（二）未成年犯罪嫌疑人的法定代理人参加讯问

① 记录侦查员告知犯罪嫌疑人其代理人到场旁听讯问和询问其法定代理人基本情况的内容。

② 记录侦查员告知法定代理人旁听讯问的诉讼义务情况。

③ 讯问结束后，除犯罪嫌疑人和侦查人员外，法定代理人也应当核对笔录，并对在旁听讯问过程中侦查员有无非法讯问的情形进行确认。

（三）侦查人员使用讯问方法

记录员应当将侦查人员进行说服教育的主要内容，以及使用证据的名称、方法记录下来，同时将运用讯问策略方法后犯罪嫌疑人的具体反应（包括非语言反应）概括记录下来。

（四）犯罪嫌疑人在讯问中有特殊表现

犯罪嫌疑人答非所问或者公开对抗的，除犯罪嫌疑人没有听清或者没有理解侦查员的提问之外，应当将其答非所问或者公开对抗的具体做法概括记录下来。如果犯罪嫌疑人闭口不谈，应当在笔录上写明："（不语）。"同时，把犯罪嫌疑人反常的非语言反应概括记录下来。

（五）犯罪嫌疑人使用隐语、黑话

此时，应当首先将隐语、黑话的内容记录下来，同时通过再次提问的方式，让犯罪嫌疑人解释出隐语、黑话的具体含义并做好记录。

五、固定口供基本方法

犯罪嫌疑人供述罪行后，如何采取科学方法将口供固定好是侦查人员必须面临的问题。在讯问策略方法运用效果明显、犯罪嫌疑人认罪态度良好时，应当针对案情与犯罪嫌疑人特点，采用相应的方法将有罪供述予以固定，增强口供真实性，防止犯罪嫌疑人翻供可能给案件带来的影响。特别是对于案情较为疑难、证据条件不利的案件，更要注意口供固定的及时性与有效性。

（一）反复讯问

反复讯问，是指侦查人员在犯罪嫌疑人作有罪供述的情况下，针对案件需要从不同的角度与侧重点反复多次讯问，最终问清全案犯罪事实的方法。

简单而言，反复讯问就是要多做讯问笔录，同时各笔录之间内容侧重点各有不同。例如有的讯问以追问作案过程为主，有的以追问作案动机为主，有的以犯罪预谋过程为主，有的以追问证据之间的疑点与矛盾为主。这样做的目的，一方面可以增加强犯罪嫌疑人供述的可信度，另一方面还可以防止犯罪嫌疑人翻供后以受到引诱、欺骗、指名指事问供为理由推卸责任。

在实际工作中，一起普通案件一般要有三份讯问笔录，传唤、拘传后讯问一次；刑拘后24小时内讯问一次；逮捕后24小时内或者被取保候审、监视居住后讯问一次，复杂案件次数相应增多。在采用反复讯问法时，并非说讯问笔录制作得越多越好，针对案情只要问清全案犯罪事实，并实现固定口供的目的即可。应特别注意，在多次讯问之后，侦查人员一定要认真比较，核对各份笔录的内容，尤其是由不同侦查人员制作的笔录，防止因记录失误出现的人为矛盾，发现矛盾应当及时予以合理排除。同时，切莫为追求数量而使用电脑简单复制粘贴笔录，此种方法制成的笔录严重违反法律规定，一旦被律师、检察官、法官发现，不仅不能起到固定口供的作用，相反还会降低口供的可信度，导致案件不能顺利进入诉讼程序，甚至为犯罪嫌疑人翻供留下口实。

（二）深追细问

深追细问，是指侦查人员在犯罪嫌疑人作有罪供述的情况下，深入追查案件细节与犯罪过程、只有犯罪嫌疑人通过实施犯罪才知道的隐秘性情节，最终问清全案犯罪事实的方法。

细节决定成败，这在讯问工作中体现得十分明显。在讯问中，犯罪嫌疑人仅简单供述罪行是不够的，对于口供固定而言是不到位的。衡量口供固定是否到位的标准，要看讯问是不是问出了案件的细节或隐秘性情节。这些情节一旦查证属实，即可证明犯罪嫌疑人为作案人，并固定全案证据体系。

对于案件的细节，内容涵盖广泛，大到案发环境、时间、方位、天气，小到物品的颜色、大小、长短、附着物等，再到犯罪嫌疑人作案前后的心理状态。侦查人员在讯问前应当通过查阅现场勘查资料、法医学尸体解剖检验结论、证人证言、被害人陈述、鉴定意见等进行细致了解。当犯罪嫌疑人供述罪行后，应当围绕这些影响案件犯罪事实构成的核心细节进行有针对性追问，直至犯罪嫌疑人供述与关键性证据材料吻合。如果出现矛盾，应当通过进一步追问辨明矛盾产生的原因，给予合理解释并予以记录。

对于案件的隐秘性情节，主要是犯罪嫌疑人不实施犯罪就无法知晓的事实。这些情节侦查人员在讯问前往往并不知情，多数系犯罪嫌疑人在讯问中自然供述而来。侦查人员一旦发现此类情节，应当不动声色，自然流畅地详细追问，待记录完整后及时外围查证。如果发现犯罪嫌疑人对于这些关键性情节的供述仍然有不完善之处，应当再次讯问，直至将相关证据固定到位。

在追问案件细节过程中，注意以下三个问题。

一是深追细问不仅是方法，而且是对所有刑事案件讯问均需履行的职责，侦查人员应当不厌其烦，重在实践并注重积累经验。

二是注意讯问的方式方法，杜绝引供、诱供与指名指事问供，确保这些案件细节由犯罪嫌疑人自然供述而来。

三是对案件细节讯问前后，一定考虑犯罪嫌疑人可能产生翻供的原因及理由，通过外围迂回堵死犯罪嫌疑人一切可能翻供的退路，避免犯罪嫌疑人日后以从其他正常渠道了解案件细节为借口而翻供。

（三）亲笔供词

亲笔供词，是指在犯罪嫌疑人作有罪供述的情况下，侦查人员根据其自行要求或者责令其亲自书写犯罪事实的书面供述。

在犯罪嫌疑人已经作有罪供述，并且已经制作讯问笔录的情况下，侦查人员可以抓住犯罪嫌疑人认罪态度较好的有利时机，责令其以悔罪的形式亲笔书写犯罪原因、经过及对其犯罪的认识。由于是自行书写，不仅可以使犯罪嫌疑人不敢轻易翻供，而且可以证明讯问工作的合法性与口供内容的真实性。

遇有下列情形可以要求犯罪嫌疑人亲笔书写供词：

① 犯罪嫌疑人虽然供述罪行，但其供述态度不够稳定时；

② 犯罪嫌疑人供述的问题侦查人员并不掌握或者内容涉及专业问题，深入追问可能暴露证据或者侦查人员专业底细，引发侥幸心理时；

③ 犯罪嫌疑人难以用口头表达清楚相关问题时，如聋哑、口吃或者需要犯罪嫌疑人勾画犯罪现场的；

④ 犯罪嫌疑人供述的问题难以启齿或不便记录时，如检举揭发领导或者涉及个人隐私；

⑤ 重大、疑难案件；

⑥ 犯罪嫌疑人自行要求书写亲笔供词时。

在犯罪嫌疑人亲笔书写供词之前，侦查人员可以向其提出要求，书写内容应当实事求是，自然客观，不随意夸大、缩小犯罪事实，同时将案件事实经过与其所知道的一切相关情况书写清楚。对于案件现场位置和作案工具、涉案物品形状等难以用文字说明的,可以根据犯罪嫌疑人记忆与绘画能力,绘制示意图和形状图。

亲笔供词书写完毕后,侦查人员应当认真检查,对于犯罪嫌疑人改变原供述或者翻供的,应当重新讯问,并责令犯罪嫌疑人说明理由。收到亲笔供词后,侦查人员应当在首页右上方写明"于某年某月某日收到,共几页",并签名。

(四)同步录音录像

同步录音录像,是指从讯问开始,在文字记录的同时对讯问的全过程进行不间断的音视频同步记录。

同步录音录像具有客观性、动态性、直接性的特点,增强讯问过程透明性,既有利于保障犯罪嫌疑人的权利,也有利于保全证据。在侦查阶段,犯罪嫌疑人即使供述罪行,口供仍存在多变性和不稳定性。通过同步录音录像固定讯问结果,对于那些试图通过翻供来进行狡辩的犯罪嫌疑人具有十分重要的作用。近年来,各地公安机关大力加强执法规范化建设,执法办案场所改造基本完成,为做好讯问同步录音录像工作提供了硬件条件。

对于重大案件的讯问,特别是那些缺乏直接证据、主要依赖犯罪嫌疑人口供认定犯罪事实的案件,讯问过程中一定要做好同步录音录像工作,客观地反映犯罪嫌疑人由不供述到供述的全过程,以此证明犯罪嫌疑人供述的真实性和可靠性,以及讯问工作的合法性。特别是抓捕过程中,在犯罪嫌疑人的身边或者住所发现了犯罪证据,当场突审时,侦查人员应当善于利用手机等工具将犯罪嫌疑人当时供述的内容、赃证物所在位置、相关物证与犯罪嫌疑人的关系等予以录音录像,既固定了口供,防止犯罪嫌疑人翻供,又固定了相关实物证据及其与案件的关联性。

除《刑事诉讼法》规定应当进行同步录音录像的案件外,下列案件也应当注意讯问同步录音录像的运用:一是犯罪嫌疑人是盲、聋、哑人,未成年人或者尚未完全丧失辨认或者控制自己行为能力的精神病人,以及不通晓当地通用的语言文字的;二是犯罪嫌疑人反侦查能力较强或者供述不稳定、翻供可能性较大的;三是犯罪嫌疑人作无罪辩解和辩护人可能作无罪辩护的;四是犯罪嫌疑人、被害人、证人对案件事实、证据存在较大分歧的;五是共同犯罪中难以区分犯罪嫌疑人相关责任的;六是事关重大、引起社会广泛议论和媒体关注的;七是案情重大、疑难、复杂的;八是引发涉案信访、舆论炒作的案件。

同步录音录像应当严格按照《刑事诉讼法》《公安机关讯问犯罪嫌疑人录音录像工作规定》进行,同时应当注意以下四个问题。

一是讯问录音录像的图像应当清晰稳定,话音应当清晰可辨,能够真实反映讯问现场的原貌，全面记录讯问过程，并同步显示日期和二十四小时制时间信息。

二是讯问过程中出示证据和犯罪嫌疑人辨认证据、核对笔录、签字画押的过程应当在画面中予以反映。

三是在制作讯问笔录时，侦查人员可以对犯罪嫌疑人的供述进行概括，但涉及犯罪的时间、地点、作案手段、作案工具、被害人情况、主观心态等案件关键事实的，讯问笔录记载的内容应当与讯问录音录像资料记录的犯罪嫌疑人供述一致。

四是讯问过程中，因客观原因导致不能录音录像的，应当中止讯问，并及时排除故障、调换设备与讯问室。对于案情紧急、排除中止情形所需时间过长等原因不宜中止讯问的，可以继续讯问。有关情况应当在讯问笔录中载明，并由犯罪嫌疑人签字确认。中止讯问的情形消失后继续讯问的，应当同时进行录音录像。侦查人员应当在录音录像开始后，口头说明中断的原因、起止时间等情况，在讯问笔录中载明并由犯罪嫌疑人签字确认。

（五）第三人旁听见证

第三人旁听见证，是指在讯问中，按照法律要求或者案情需要，邀请相关人员到场对讯问活动的合法性与真实性进行见证。

第三人旁听见证不仅是固定口供的方法，而且是法律对诸如未成年人犯罪案件讯问的基本要求。邀请第三人到场旁听讯问，一方面可以保障讯问过程的合法性，另一方面也可以证明讯问过程的真实性，同时可以震慑犯罪嫌疑人不敢轻易翻供。实际工作中，对重大案件和缺乏直接证据的案件，特别是犯罪嫌疑人翻供风险较大的案件，应当注意邀请合适的第三人旁听见证。

拟邀请的第三人可以是检察官、律师及执法监督员。对于未成年人犯罪案件的讯问应当邀请其法定代理人，其他成年亲属，所在学校、单位、居住地基层组织或者未成年人保护组织工作人员，并记录第三人自然情况。

邀请第三人旁听见证应当注意以下三个问题。

一是具体邀请何人进行见证，应当考虑法律要求与具体案情需要。见证人最好对犯罪嫌疑人有一定的感召或者说服能力，在见证工作过程时还有助于讯问工作有序进行。

二是对于犯罪嫌疑人可能判处无期徒刑以上刑罚的，如果邀请检察机关工作人员见证，应当注意案件审查起诉时检察机关的级别管辖，必要时应当通过同级检察机关邀请上级检察机关工作人员进行见证，保证见证过程的有效性。

三是对于有见证人参与讯问的案件，应当将相关见证情况记录在案，并由相关人员签名、捺指印。

（六）旁证固定

旁证固定，是指对于犯罪嫌疑人翻供风险较大或者存在较大诉讼隐患的案件，通过调取与案件没有直接关系的相关材料，证明讯问过程合法性与犯罪嫌疑人口供真实性。

"旁证"材料主要包括以下三方面。

一是犯罪嫌疑人进出看守所健康检查记录。这些材料在一定程度上可以证明讯问过程合法性，防止犯罪嫌疑人以刑讯逼供为由进行诬告。

二是看守所管教人员相关谈话记录。看守所管教人员在日常对犯罪嫌疑人的教育过程中关于其所犯何罪、讯问情况、供述情况及健康状况等内容，可以从侧面证明口供真实性与讯问过程合法性。必要时可以邀请看守所管教人员对犯罪嫌疑人进行专题谈话，并将记录调取入卷。

三是同监室其他在押人员证言。犯罪嫌疑人回到监室后就案件情况、讯问情况、健康状况等与同监其他在押犯罪嫌疑人进行交流的内容，必要时可以通过制作讯问笔录入卷，以佐证讯问活动的合法性与口供真实性。

在旁证固定过程中应当注意三个问题。

一是进行旁证固定应当视具体案情而异，一般针对犯罪嫌疑人具备较强反侦查经验、案件证据条件薄弱、犯罪嫌疑人翻供风险较大或者案件存在较大诉讼隐患的可以有针对性地进行。

二是旁证固定时应当注意相关材料制作的规范性，严格按照相关规定收集旁证材料。

三是注意收集相关旁证材料的"反证"，尤其是同监在押犯罪嫌疑人的证词，发现问题及时调查，避免节外生枝。

附　录

张某军涉嫌故意杀人案

一、简要案情

某年8月18日13时30分，某市居民刘某报案称：多日未见居住在其出租屋的李某然。其居住的房内散发难闻的臭味，怀疑有问题，要求公安机关前往查看。侦查人员立即赶赴现场，发现房内床上有一死尸，尸体已高度腐败，经检验认定为他杀，于当日立案侦查。

现场勘查发现，案发房屋室内各门锁未见异常，防盗门的三个锁舌完全进入门框上的锁盒（只有从外部反锁才能实现这种状态）；室内靠西墙、南墙放有一床垫，床垫上有一具尸体，头西脚东呈仰卧状；尸体表面自左肩经右胸达腋下覆盖着橙、黄、白、绿、蓝竖条相间的床单，床单一角压于尸体右脚处，床单面上可见擦拭血迹和腐败液体浸染；尸体头部包有同床单布料、颜色、花纹一致的被套，被套已被腐败液体浸染；揭开床单、被套，可见尸体系女性，长发，上身穿蓝底红色图案短袖衬衣，衬衣上有人像；尸体下身赤裸，已高度腐败，呈巨人状；尸体左下肢膝关节以下、右下肢大腿下段以下悬空，双脚放于地上；地面双脚处有腐败液体，右脚穿黑色女式皮鞋，在腐败液体中有卫生纸、塑料袋、吸管。

尸体右腕下压有一塑料柄水果刀，刀长17.5厘米，刃长7.5厘米，刃宽2.0厘米。乳白色刀柄上可见血迹黏附；在床尾的毛毯顶部放有一黑色男士夹包，包正面左上角贴有一标签，标签上有"周科长，2216×××"字样；包拉链呈打开状，内有三层，正中层拉链呈闭合状，内有现金人民币310元，另两层有圆珠笔一支和十字形钥匙三枚，钥匙均不能从防盗门锁孔插入；房内电风扇处于运转状态；房内地上散乱，有倒扣的碗、电饭煲、电饭煲蒸格、盘子、电饭煲盖和碗打翻后洒下的剩菜和汤渍；衣柜有翻动的现象；墙上和电风扇上有多处擦拭血迹；尸体所在床上有菜刀一把，从刀把和刀身接合部提取完整汗液指纹一枚。

现场勘查中提取：床上的菜刀一把；床上的水果刀一把；床上、地上、锅上、枕头上、床单上、水果刀上等处的血迹多枚；夹包中的现金310元、农业银行存折三张、银行卡一张；菜刀上的手印一枚。

经法医检验证明：尸体已经高度腐败，全身腐败气泡形成、破裂，有大量蛆生长。死者右下颌角处有1.8cm×1.2厘米裂创，创深达皮下；左颈部平甲状软骨上缘有3.8厘米×4.2厘米裂创，创深达皮下；右侧舌骨大角处有2.5厘米×0.5厘米范围肌肉出血，颈部深层肌肉在脊柱前可见有5厘米×1.5厘米范围肌肉出血。左侧第3、4、5、6肋和右侧第3、4、5、6、7肋肋软骨与肋骨交界处，右侧第3、4、5肋肋软骨与胸骨交界处均可见有广泛肌肉出血。

死者系机械性窒息死亡，结合现场及环境情况，推测死亡时间6天左右。根据胃内容物消化情况，推测死亡时间距最后一餐约5小时。

经查，被害人李某然，20岁，系卖淫女。

办案人员经调查认为，被害人生前与他人没有重大矛盾，故排除仇杀动机；而现场遗留现金、银行卡及被害人身份证，故排除侵财杀人动机；同时，根据现场门锁情况，确定应系熟人作案。

案发当日，通过查询被害人生前通讯资料，办案人员发现其与一名叫张某军的男子联系频繁。因此，认定张某军有重大作案嫌疑，便立即开展缉捕工作，于案发当晚将张某军抓获。经提取手印比对，确定现场菜刀上的指纹系张某军所留。

犯罪嫌疑人张某军，男，22岁，汉族，初中文化，农民，曾因盗窃被两次劳教1年。平时在当地火车站以扒窃为生。

8月18—21日，办案机关先后对张某军进行了4次讯问。张某军均否认自己实施过犯罪，其供述称8月13—18日这段时间，自己每天的活动情况都是白天在朋友牛某家睡觉，晚上到火车站扒窃，除此之外没有去过其他的地方。

在对张某军进行初步讯问后，办案人员对其活动情况进行查证。经过调查，对于张某军所供述的有关其在案发前后时间段内晚间的活动情况并没有人能够证明。至此，办案人员认为，张某军涉嫌杀害李某然的犯罪嫌疑不能排除。侦查人员继续调查取证的同时，加大了讯问力度，重点突破犯罪嫌疑人口供。

8月21日下午，张某军开始交代罪行。其承认自己于8月14日凌晨3时将被害人李某然杀害，并供述了作案的详细经过。在8月22日的讯问中，张某军对其杀人罪行仍然作有罪供述。

8月22日，公安分局依法将张某军刑事拘留。8月25日，公安分局宣布李某然被害一案成功告破。

8月27日，张某军开始翻供，否认自己杀人，同时对自己在8月11—18日之间的活动情况再次作了详细说明。随后，办案人员对张某军在辩解中所提及的在案发前后与其在火车站共同扒窃的人员作了调查。证人李某、李某奇等人均证明张某军在8月11—18日这段时间的晚上基本都在火车站进行扒窃活动。

8月31日，办案人员再次提审张某军，审问初期，张某军否认杀害李某然，但是在讯问后期又作了有罪陈述。

9月3日，经区人民检察院批准，张某军被执行逮捕。

二、公安机关认定犯罪的主要依据

公安机关认定，犯罪嫌疑人张某军于8月14日凌晨3时在花园三队处发现自己女友李某然与一男人搂抱，遂产生置李某然于死地的念头，待该男子离开后，二人一起回到李某然的租住房内。在房内二人发生争吵、抓扯，张某军持菜刀向李某然颈部划去，并用右膝朝李某然胸部进行猛压，用脚猛踢李某然阴部。又对尚未断气的李某然实施了奸淫。后从李某然挎包中抢走两部手机（其中一个为小灵通）逃离现场。公安机关认定张某军实施杀人犯罪的证据如下。

1. 口供

犯罪嫌疑人张某军口供与其对作案工具、案发地等相关地点的辨认笔录，证明犯罪嫌疑人张某军供述与公安机关指控事实一致。

2. 证人证言

（1）刘某（出租房主）证言：被害人李某然于8月12日凌晨回到其出租屋后一直未见出来，直到8月18日闻到出租房中的臭味，遂向公安机关报案。同时证明曾见到李某然带不同的男人回过出租房。

（2）张某强（张某军的朋友）证言：犯罪嫌疑人张某军同被害人李某然认识，系恋爱关系。

（3）蒋某丽（李某然的朋友）证言：犯罪嫌疑人张某军同被害人李某然有往来，且有李某然租住房的钥匙。

（4）吴某迪（张某军的朋友）证言：犯罪嫌疑人张某军平时没有戴手套的习惯，但是在8月12日之前的某一天看见张某军戴过一副手套。

（5）吴某迪、李某奇、李某（张某军的朋友）证言：他们经常和张某军在火车站附近盗窃。同时证明张某军平时经常随身携带一把银色折叠弹簧刀，十四五厘米长（后查明该刀具与案件无关）。而且他们在盗窃时都没有戴手套的习惯。

（6）李某阁、牛某（张某军的朋友）证言：8月12日看见犯罪嫌疑人张某军拿了一部红色"熊猫"手机，并听张勇军说，该手机是他用偷来的"天时达"手机与李某然换的。两人同时证明，在8月12—17日这段时间里没有发现张某军有异常举动。

（7）张某春（某手机店销售人员）证言及辨认笔录：8月13日，被害人李某然到其店里将"天时达T11"手机的银色外壳换成红色外壳，并用店里的座机（2396×××）与她的手机（1311819××××）互打电话，以确认手机性能。

（8）钱某青（二手手机收购人员）证言及辨认笔录：其在8月15日上午从一小伙子处收购一部"熊猫958型"红色手机。

（9）唐某军（张某军的朋友）证言：8月18日之前的某一个晚上（具体时间记不清楚）犯罪嫌疑人张某军称"刑警在抓人"，就跑到其经营的"遂宁饭店"睡觉。

（10）赵某利（某洗衣店老板）证言：犯罪嫌疑人张某军于8月13—18日这段时间在其洗衣店洗过衣服，未发现其有异常举动。

（11）吴某、李某、孙某强（均系本案公安侦查人员）证言：公安机关在讯问犯罪嫌疑人张某军时，没有引供、诱供、刑讯逼供行为，且公安机关未向张某军泄露现场勘查笔录、尸检报告及手机壳颜色变化等内容。

（12）证人李某（李某然的朋友）证言及辨认笔录：证明从李某然租住房现场提取的黑色女提包系李某然平时所用，银白色项链系李某然所有，尸体上身衣服中的某件为李某然所有。

3. 书证

（1）该市电信、联通公司通话记录单：证明被害人李某然的手机和小灵通的通话记录以及张某军手机最后通话时间均为8月，该小灵通最后通话时间为8月13日凌晨。

（2）公安机关出具的《入所健康检查表》：证明张某军入看守所时右上肢中指有刀伤，感觉疼痛，其余正常。

（3）刑警大队的两份《情况说明》：证明法医检验报告中送检的一双沾有血迹的皮鞋系从牛某家中提取，该皮鞋为张某军所有。从现场床垫上的不锈钢菜刀刀柄处提取汗液指纹一枚。

4. 勘验、检查笔录

现场勘验笔录、现场图、现场刑事照片，证明案发现场的方位及状况。

5. 鉴定意见

（1）该市公安局刑事科学技术鉴定书：证明从案发现场遗留菜刀上提取的指纹系犯罪嫌疑人张某军右手拇指所留。

（2）分局刑事科学技术鉴定书：证明被害人系机械性窒息死亡。

（3）四川华西法医学鉴定中心36号法医学鉴定报告书：证明现场遗留内裤、床单、卫生纸上均未查见人的精斑；枕头上、水果刀上、卫生纸上、床东侧电视上的血痕的DNA遗传标记均与被害人李某然的DNA遗传标记一致。

（4）四川华西法医学鉴定中心39号法医学鉴定报告书：证明犯罪嫌疑人

张某军的DNA遗传标记物与在牛某家提取皮鞋上血痕的DNA遗传标记一致。

（5）四川华西法医学鉴定中心20号法医学鉴定报告书：证明李某然之母蒋某丽能提供死者必需的遗传基因，母权相对机会为97.11%，不能排除姜某丽是死者的亲生母亲。

6. 公安机关讯问犯罪嫌疑人张某军的录像

证明公安机关在讯问犯罪嫌疑人张某军时没有引供、诱供、刑讯逼供行为，且公安机关未向张某军泄露现场勘查笔录、尸检报告及手机壳颜色变化等内容。

三、诉讼经过

11月1日，张某军涉嫌故意杀人一案侦查终结移，送检察机关审查起诉。

案发后第二年1月10日、3月21日，检察机关两次将案件退回公安机关补充侦查。

5月26日，经过补充侦查，检察机关对该案提起公诉。

该市中级人民法院受理该案后经两次延期审理，于10月12日开庭审理了此案。法院认为，在居民刘某出租房内所发现的被害女性虽然佩戴了李某然的项链，同时在现场发现了李某然所用的皮包、衣物等物品，但是法医DNA鉴定结论并不能完全确定被害人就是李某然。同时，被告人在起诉前所做的有关杀害李某然的供述没有其他证据印证，并存在尚不能排除的矛盾。因此，指控被告人张某军实施杀人犯罪证据不足，不能认定被告人张某军有罪。同日，张某军被释放，检察机关没有提起抗诉。

【述评】

取证工作存在问题

本案诉讼失败的主要原因是指控犯罪嫌疑人实施杀人犯罪的事实不清，证据不足，除张某军本人口供外，没有其他任何证据证明其实施了犯罪。案发之初，办案机关行动迅速，现场勘查认真细致。然而，由于办案机关重口供、忽视收集其他证据，带着浓重的"有罪推定"思想，主观、片面开展工作，最终留下徒劳侦查的教训。

一、误以指纹定论

本案确定张某军实施故意杀人最为重要的材料之一便是现场提取的完整汗液指纹。张某军从被抓获后到开始交代杀害李某然之前，曾多次向侦查人员说明，其于8月12日晚上到李某然租住房与李发生性关系后听见有人敲门，即到厨房拿来菜刀到门口观察是什么人敲门。在发现无人后又把菜刀放回厨房。张某军的交代实际上已对现场菜刀上的汗液指纹来源作了说明。另据法医检验，被害人李某然的尸体根本没有锐器伤。张某军在交代杀害李某然过程中说先是打了李某然两下，戴上手套跑到厨房拿来菜刀朝李某然颈部砍去，然后从背后抽出弹簧刀朝李某然胸部捅了两下。众所周知，戴手套后再拿菜刀杀人，菜刀上不可能留下汗液指纹，如果把这几个相关问题串联起来分析，现场菜刀上提取的汗液指纹不可能是张某军杀人作案时所留。但是办案机关始终坚持认定从菜刀上提取的汗液是张某军杀害李某然过程中所留，并作为证据提交起诉。

二、供证明显矛盾

张某军杀害李某然过程的供述与现场勘查的主要特征明显不符。例如，法医检验鉴定证明，死者右下颌角处有1.8厘米×1.2厘米裂创，右颈部有3.8厘米×4.2厘米裂创，死亡原因为机械性窒息死亡。裂创并不是由锐器所形成的，尸体其他部位也没有发现锐器伤。而张某军交代其杀害李某然时是先用菜刀砍了李某然的颈部，又用匕首捅了李某然胸部两下。其供述用菜刀、匕首杀害李某然的过程与尸检报告反映的尸体上没有锐器伤的结论明显不符。

三、草率宣告破案

本案立案之后，办案机关立即想到了被害人的通讯信息，并以此入手开展侦查破案工作，这本是一条较好的工作思路。但是，仅凭与被害人手机通话的频率，确定犯罪嫌疑人且排除其他线索，在没有调查取证的情况下，便对张某军实施抓捕的做法实为不妥。张某军与被害人为男女恋人，通话频繁本在情理之中。如果认为其可能涉案需要调查，应通过询问或者一些外围调查，此时便对其采取强制措施未免过于草率。究其根源，犯罪嫌疑人的多次前科劣迹成为办案人员形成"心证"的重要依据。

本案被害人是"三陪女"，社会关系复杂，客观上已给案件侦破带来不利因素。侦查伊始，在没有任何证据证明实施犯罪的情况下，办案机关便将所有的工作重点聚集在张某军身上。对于现场遗留的大量物证信息没有进行全面分析和运用，也没有采取有效措施认真查找被害人遗失的手机等物品，更没有围绕被害人生前的社会关系进行深入细致排查，不仅造成了错误追诉，而且可能使真凶逍遥法外。

四、死者身份不明

本案现有证据不能证实案发现场遗留女尸就是被害人李某然。为了确证被害人的身份，办案机关向被害人出生地村委会调取了相关材料，证明李某然是姜某丽亲生女儿，现场女尸为李某然。然而，四川华西法医学鉴定中心于案发后第二年8月23日出具的亲子鉴定意见为：不排除姜某丽是死者亲生母亲。由于被害人父亲已经死亡，且无其他兄弟姐妹，DNA检测无法做出同一认定，根据现有材料不能证明死者就是李某然。

五、涉嫌违法审讯

在侦查过程中，办案人员始终坚信张某军就是杀人凶手，对张某军所提出的无罪辩解不予理睬。在多次讯问中，张某军在有罪供述或无罪辩解中均详细说明其8月11—18日晚上在火车站进行扒窃，14日3时至8时在火车站"遂宁饭店"睡觉，并提供了相关证人。这一情况事关犯罪嫌疑人有无作案时间，是其能否实施犯罪的首要问题，也是调查核实的重点。然而，办案人员对张某军所提供的证人进行调查询问时，材料简单粗糙，应当核实的问题没有审查清楚。

犯罪嫌疑人张某军于8月18日被公安机关抓获，8月22日17时才被刑事拘留。此间，张某军一直在派出所及刑警队接受讯问，所用强制措施为刑事传唤与拘传，没有送看守所羁押。在这四天中，公安机关对张某军所进行的讯问几乎都是连续不间断的。第一次讯问在8月18日23时19分至8月19日9时7分，第二次讯问在8月19日10时55分至18时20分，第三次讯问在8月20日23时7分至8月21日5时30分，第四次讯问在8月21日6时38分至7时17分。仅从讯问采取的"疲劳"战术，无法令人相信讯问是依法进行的。

【案例二】

桂某江涉嫌故意杀人案

一、简要案情

某年10月21日，某县公安局接看守所转来狱内在押犯泉某勇的检举信，信中称，8月的一天，泉某勇在高禹镇与团结村村民桂某江一起喝酒时，桂某江自称自己失踪的老婆连某花永远也回不来了，泉某勇结合自己对桂某江为人的分析，怀疑连某花有可能已被桂某江杀害。

二、侦查情况

经外围调查，桂某江称其妻连某花已于两年前农历四月十六（5月16日）返沪打工，此后便杳无音信。虽然连某花父母等亲属也很着急，认为其可能被害，但由于没有证据而一直没有向公安机关报案。

桂某江，男，41岁，汉族，高中文化，下岗工人，现在家务农，住在高禹镇团结村。无前科劣迹，但平时与一些社会闲散人员交往甚密，具有一定"社会背景"。与当地诸多违法事端关系甚密，在该镇是一个有名的"混子"。

另据调查，失踪人连某花与桂某江原为同厂职工，连某花容貌美丽，性格外向，作风泼辣，人际关系好。而桂某江则性格内向，自尊心强，喜好饮酒，酒后脾气暴躁。因为怀疑妻子连某花有生活作风问题，所以夫妻经常发生争执，桂在下岗之后更为如此。

综合所有信息，公安机关分析认为，根据桂某江的个人品性及连某花失踪的具体情形，桂某江有杀害连某花的重大嫌疑，遂于10月30日对桂某江涉嫌故意杀人一案立案侦查。同日，公安机关依法传唤桂某江。

桂某江在被传唤到案2个小时后便顺利作出有罪供述，认罪态度"极佳"。桂某江供称，两年前的农历四月初，妻子连某花从上海打工回家，桂某江因怀疑连某花有外遇而不同意其继续到上海打工，二人为此多次争吵。5月16日（农历四月十六）8时许，连某花坚持要当天返回上海，桂某江在劝阻无效的情况下，突然产生将连某花杀害的念头，趁连某花准备外出时，用洗衣服的棒槌击打和掐颈等手段将连某花杀死。杀人后又于当日将尸体移至自家猪圈，用菜刀将尸体从脖子和腰处分解成三部分，并于当晚用踏板摩托车将尸体上身躯干用石块捆绑后抛于本县泗安镇一河中；将头颅和下身尸块分别捆绑石头后抛于安城大桥下河中；作案用的工具——洗衣棒槌——被其母亲烧毁；分尸用的菜刀被自己扔到本县良朋镇石冲水库中。犯罪嫌疑人供述稳定，始终没有翻供。

三、查证情况

为获取证明桂某江杀人抛尸的证据，办案公安机关做了如下工作。

（1）根据桂某江交代的情况，侦查人员对相关作案地点进行了反复勘查，尤其是犯罪嫌疑人供述的杀人与分尸的地点成为工作的重中之重。然而，由于距离案发时间过于久远（已两年有余），且第一案发现场在桂某江家院子内的露天水泥场地上，分尸地点在其家猪圈内，受现场客观环境等因素影响，勘查未能收集到任何被害人血迹、人体组织等有价值的物证。

（2）据桂某江交代，其在杀死被害人后将尸体分成三截分别抛在泗安河和安城大桥河中，抛尸的两条河流都经西苕溪最终流入太湖。其中安城大桥所在河流是西苕溪主干流，河中常年有大量大型挖沙机械作业，河中沉积物变化很大；而泗安河抛尸地点上游不远处为一水库，每年汛期水流量较大。侦查机关通过邀请专业打捞人员到上述地点打捞，同时对河流两岸住户、渔民、采沙人员、船民走访，张贴悬赏公告等方式寻找尸体，但终因时间过久，未能发现被害人尸骨、遗留物及其他证据材料。

（3）桂某江供述，作案所用分尸菜刀事后被自己扔到本县良朋镇石冲水库中。经犯罪嫌疑人指认，其丢弃作案工具的位置距离水库的泄洪闸较近，该水库每年雨季两次泄洪时产生巨大的涡轮。因此，虽经认真打捞，该菜刀也未能找到。

（4）对于犯罪嫌疑人搬运石块的踏板摩托车，技术人员进行了细致的勘查。但由于被害人经常对之进行冲洗，也未能提取到任何有价值的物证。

（5）经反复讯问犯罪嫌疑人桂某江，其作案工具——洗衣棒槌——被其母烧掉。对此，办案人员对犯罪嫌疑人的母亲进行深入询问，其母亲证明两年前其家中常用的一把菜刀忽然不见了。同时案发前后的一天，桂某江把自家洗衣经常用的棒槌交给自己，要求在做饭时烧掉，自己不敢多问，便依照儿子的要求行事。后经细致搜查，也未发现该棒槌。

（6）办案人员对犯罪嫌疑人的邻居及朋友张某良、李某兵、张某等人进行了细致询问。虽然这些证人证言对桂某江供述的部分内容能起到相关印证作用，但均无法直接证明连某花已经死亡，且不能直接证明桂某江杀害了连某花。

四、诉讼经过

12月6日，犯罪嫌疑人桂某江被检察机关批准逮捕。

次年2月6日，案件侦查终结，移送检察院审查起诉。

检察机关认为证据不足，将案件退回补充侦查；次年8月12日，侦查机关补充侦查完毕，再次将案件移送检察机关。

次年11月11日，市检察院以犯罪事实不清、证据不足，不符合起诉条件为由决定对桂某江作不起诉处理，桂某江被释放。

桂某江在审查起诉期间一直供述稳定，没有翻供。

【述评】

取证工作存在问题

该案犯罪嫌疑人桂某江的供述及其母的证词虽存在一定的矛盾，但犯罪嫌疑人最终在实施杀人的问题上并未翻供，而导致检察院作出不起诉决定的主要原因是未能找到被害人的尸体或相关尸块。因此，检察院认定案件犯罪事实不清、证据不足，决定不起诉在法理之中。

这是一起以人员失踪作为线索的案件，在犯罪嫌疑人到案之前没有任何能够证明犯罪行为发生的证据材料，工作的重点完全聚集于犯罪嫌疑人口供之上。桂某江在被传唤到案后，供述罪行异常顺利，可能使得侦查人员神情振奋，认为只要认真查证，对口供细节进行落实，案件即可成功诉讼。至于口供的真实性如何，是否存在疑点，考虑得不够充分。

疑点之一：据桂某江供述，其分尸时将尸体分为三段，对被害人的躯干与下肢是从死者腰部进行分割的，而这一分割过程可能要割断被害人的肠子等内脏，因此一定会出现粪便等溢流物。针对这一重要情节，桂某江开始供述时讲得很简单，只说有血流出，并未提到其他情况。后来在侦查人员的反复追问下，只讲到被害人有肠子流出的情形，也未能讲到肠子被割断后是否有粪便等溢流物的情况。对于使用分尸手段杀害自己妻子的情形应当是刻骨铭心的，对于如此重要的情节不应当忘记。

疑点之二：桂某江供述抛尸时"用了三块石头，其中一块是圆形的石墩，是那种老式房子的柱脚石，另两块是石头，都是我从西面小铁门外强某智奶奶坟墓的坟脚处搬来的，当时还有一些石头（六七块）"。桂某江供述其抛尸所用的石头每块六七十斤。

经石头所有人强某智证实，其家修坟后剩下的石头是"不成形的，就放在坟东边，也就是桂某江家大门边上"，"每块石头有百八十斤样子，长长高高的"。

另据在该处修坟的王某证实："当时坟修好后，还剩下四五块石头，都是一些搞不动的石头才剩下来的，每块石头有一百来斤。"

在对沉尸所用石头情况的陈述上，证人证言与桂某江供述存在明显矛盾，而"一百来斤"与"六七十斤"之间的差距确实很大，对于"机敏"的犯罪嫌疑人而言，在感觉上的差异不应当如此悬殊。

疑点之三：桂某江供述的两处抛尸地点距离其家最近的四公里有余。其用微型踏板摩托车带上百余斤重的石头和五十余斤的尸块，从家中行至抛尸地点应当花费很大力气。而从现场勘查笔录、现场照片上看，其家所处环境较为偏僻，房子三面有茂密竹林围绕，一面是广袤的稻田，房子的后面便是村民的祖坟所在地，平时很少有人经过。自己家四周及其院内均有掩埋尸体的条件，为什么要甘冒被人发现的危险和分尸的麻烦而舍近求远，不符合正常思维逻辑。

从讯问犯罪嫌疑人桂某江的笔录特别是其亲笔供词中可以明显地反映出，其对死亡非常惧怕，或者说是非常不愿意面对死刑。其亲笔供词中曾记载"我不想死，至少是现在我不能死，因为我是母亲和儿子唯一的精神支柱"。迫于亲情的压力，特别是面对自己母亲被关押的情况桂某江作出了供述，其清楚自己生命的结束将给母亲和儿子带来什么。在这种情况下，结合其个人社会阅历，联系上述几个疑点，其在被害人尸体下落方面作出伪供的可能性很大。

案源来自在押人员举报。受案后，能否派重点人员进行贴靠，在被害人尸体有一定着落的时候再实施抓捕；再如，有证人证明犯罪嫌疑人相信迷信，能否在实施抓捕之前采取算卦或者发动群众寻找等多种措施"敲山震虎"，促其自行暴露尸体藏匿地点；或者在案件陷入僵局时，借助刑事特情，发现尸体线索。

当然，即使上述工作已经穷尽，受客观因素制约案件仍然无法顺利诉讼，但相对处理结果造成社会的负面影响也许会更小一些。该案犯罪嫌疑人被释放后，如何面对其岳父、岳母等被害人的家属，笔者不得而知。联系此类案件曾经引发的社会矛盾，出于提高案件侦查效能考虑，增强侦查取证谋略意识十分必要。

阎某慧涉嫌故意杀人案

一、案件来源

某年7月12日16时05分，某县公安局接到泉口镇路口村村民阎某森报案称：发现其女儿阎某花被人杀死在其儿子阎某武的房内。接到报案后，刑警大队立即赶赴现场调查。

经查，被害人阎某花，女，19岁，小学文化，汉族，务农，家住泉口镇路口村六组；父亲阎某森，51岁，务农；哥哥阎某武，28岁，务农；嫂子阎某香，27岁，务农。（母亲赵某芝已死亡）

二、现场勘查简要情况

勘查人员对中心现场进行了勘查，死者阎某花头西南方向、脚东北方向，俯卧于客厅瓷砖地面上，上身穿绿色短袖汗衫，下身穿红色五分裤，衣着完整无异常，死者身体周围地面上有大量的血泊。死者头部盖有一件黑色短袖汗衫，该汗衫被血液浸染，死者身着衣物大部分被血迹浸染。死者左手边上是一只红漆木制长方形茶几，该茶几上有较大血泊和一把旧木柄菜刀（被害人家所有），菜刀上沾有大量血迹和毛发，茶几和地面上有大量头发，东墙墙壁及东墙门背有大量血迹，西墙和北墙有少量血迹。

现场提取菜刀一把、绿色短袖汗衫一件、足迹两枚、血样若干。

三、尸体解剖

经法医鉴定，被害人阎某花系被他人用锐器砍伤头部、颈部、背部等部位十余刀，致大出血，颈椎损伤，失血性休克死亡。案发时间为当天14—16时。被害人处女膜完好，阴道口无充血，体内未检测出精子。

四、侦破过程

根据现场勘查、尸体检验、物证检验及对死者生前的社会关系、交往情况和死者家属、当地群众调查情况的综合分析，办案机关得出以下结论。

1. 案情分析

（1）被害人生前为人老实，没有与人谈过恋爱，不存在情感纠葛。因此，可以排除因情感因素而引发的杀人行为。

（2）被害人平时性情温和，遇害前没有发现与他人发生重大矛盾冲突。因此，可以排除因仇恨因素而引发的杀人行为。

（3）案发是在白天，现场位于村中央，且没有明显搏斗迹象，被害人可能是在猝不及防情况下被杀，很可能是熟人作案，结合案发当天没有发现外来人员进村、该村平时流动人员较少等情况，推断系本地成年男子作案的可能性极大。

（4）综合所有情况，基本排除情杀、仇杀和外来人作案的可能性，认定此案应当是一起以盗窃金钱为目的的盗窃后杀人案（抢劫杀人），犯罪嫌疑人应当是从被害人家厨房中拿菜刀后直接进入中心现场，结合现场没有翻动痕迹及被害人死亡时的状况，双方体力悬殊较大，被害人可能是在没有提防的情况下被人杀害的。

2. 办案机关主要侦查措施

（1）对现场周围进行大范围搜索，寻找带有血迹的衣裤。

（2）对案发现场附近群众进行走访，确定在案发时段是否看见有人到被害人家中或在附近活动。

（3）对本组14—60周岁的男子进行全面排查，要求村不漏户、户不漏人，定人、定时、定位，寻找具有作案时间的可疑人员。

（4）在全乡范围内排查曾有盗窃、抢劫、强奸等前科且具有作案时间的可疑人员。

（5）对死者生前的社会关系、经济状况及活动情况进行深入排查。

（6）对死者家庭成员的社会关系、经济状况及相关情况进行调查。

（7）查找视频监控录像，发现可疑人员。

7月13日上午，侦查人员在排查本组村民阎某慧（被害人邻居，住所距离被害人家不到20米）时，发现他家门前晾晒的阎某慧衣服上有点状的暗红色斑点，与血迹相似，遂将其传唤，并提取该衣服送省公安厅检验。经检测，其斑迹系由当地植物"葛藤麻"的浆汁形成。于是于7月14日上午将其释放。

摸排工作一直持续到7月17日，共有4名男子具有作案时间，其中阎某慧性格孤僻，有盗窃、伤害的劣迹，曾对本村4名妇女实施流氓调戏行为（摸排时分别发现，均未报案）。

17日10时许，村民阎某芳在儿媳的陪同下来到专案组，证明自己12日13时左右，在自家三楼北侧阳台上无意看到犯罪嫌疑人正向被害人家里走去。经查，阎某芳，女，62岁，系犯罪嫌疑人阎某慧妻子的姑姑，与犯罪嫌疑人从无矛盾，身体健康，在此地居住四十余年。案发时段她正站在自家三楼北侧阳台上，居高临下，与中心现场直线距离约有160米。当时天气晴朗，光线很好。虽然并没有看清楚人的相貌，但凭着对阎某慧体形、外貌特征的熟悉，断定该人就是阎某慧。阎某芳在案发后将此事讲给其儿媳妇，在其儿媳的鼓励和良心道德等因素的驱使下，才下了决心向公安机关提供了此份证言，办案人员认为这种条件下的证言具有真实性和说服力。同时，为了查明阎某芳的判断能力，办案人员结合案情，根据阎某芳的证词，组织十名村民进行了侦查实验。

结果，阎某芳在与案发当时类似的环境下，准确判断出十名村民的身份。

至此，办案人员认为阎某慧具有重大作案嫌疑。由于缺乏认定故意杀人的直接证据，7月18日，办案机关以涉嫌盗窃将阎某慧治安拘留，在被拘留后不到一个小时，其便交代了因盗窃不成而实施杀人的全部犯罪事实。

犯罪嫌疑人阎某慧，绰号翘嘴，男，汉族，36周岁，务农兼当木工，初中文化，家住泉口镇路口村六组，曾因殴打他人及盗窃两次被公安机关治安拘留。犯罪嫌疑人妻子阎某美，34岁，务农；儿子，14岁；女儿，12岁。

五、公安机关认定犯罪的主要依据

犯罪嫌疑人阎某慧供述，7月12日14时左右，自己从岳父家回来在家休息看电视剧《男才女貌》，一时间起到了阎某武（被害人哥哥）家偷钱的念头（此前已经知道阎某武夫妇从广东打工赚钱回来，准备买汽车，案发前一周一直在阎某武家附近"踩点"，发现阎某武一家四口在午饭后均外出，家中无人看管）。于是，来到阎某武家，在屋外确定无动静，判断屋内无人后，先从厨房内拿了把菜刀准备撬箱子。当推开阎某武的房门时，突然发现阎某花正躺在沙发上。想到自己已经暴露，担心日后难以在当地做人，别无选择，随即产生杀人灭口的想法。其走上前去靠近阎某花，阎某花立即站了起来并喊叫，阎某慧顺手从被害人身边的沙发上抓起一件黑色内衣捂住阎某花面部不让其喊叫，用自己左手夹住她的腰部用力按在茶几上，右手举刀朝其后颈部猛剁十几刀，致其当场死亡。逃离现场后了回到自家厨房用铝瓢打水洗手并对自己的衣物进行全面检查，未发现有明显的血迹（后阎供述，杀人时，血像泉水似地涌了出来，而并未喷射）。

为了印证犯罪嫌疑人口供的客观性与真实性，以利于固定犯罪嫌疑人口供，侦查人员从第二次讯问起对讯问进行全程录像，制作光盘。同时，在7月20日，办案机关请求县人民检察院提前介入，参加对阎某慧的第二次讯问（记录在案）。在侦查阶段，犯罪嫌疑人阎某慧供述稳定，没有翻供。

公安机关认定阎某慧涉嫌故意杀人的主要依据如下。

1. 关于作案动机的证据材料

阎某慧供称，听说阎某武夫妇在外地打工赚到了一些钱，案发前正在学习驾驶，准备买一辆微型车搞营运，本村的人全都知道此事，其断定阎某武一定有钱，早就产生去他家偷钱的念头，并做了"踩点"工作，对被害人家人的活动规律掌握较为清楚，上述事实经查证属实。入室盗窃转化为抢劫杀人在日常案例中并不少见，一些犯罪分子遇到陌生人便杀人灭口，况且阎某慧作案时遇到了自己的邻居。因此，其在当时状态下实施杀人的理由是充分的。

2. 关于作案条件的证据材料

阎某慧家位于被害人家边上，两家为邻居，白天作案有优越的地理条件。

据阎某慧交代，他掌握了被害人全家的活动规律：在案发前很长一段时间里，阎某武夫妇、阎某花经常到镇里去打牌，早出晚归。父亲阎某森午饭后经常到本村大屋场人家里去聊天，午饭后家中便空无一人。阎某慧认为，案发时段是去被害人家偷钱的最佳时机。

3. 关于作案时间的证据材料

从阎某慧家到被害人家步行不到一分钟，案发时天气炎热，村民很少外出，阎某慧家当时只有小女儿，具备充分的作案时间。

目击证人阎某芳在案发时间段内看到犯罪嫌疑人正向被害人家里走去。

阎某慧的供述、阎某芳、阎某（犯罪嫌疑人女儿）的陈述与省广播电视报对案发当日当时该部电视剧的节目预报时间四者完全吻合，基本确定被害人遇害时间是7月12日14—16时（7月12日14时左右，阎某森同被害人一起吃午饭，16时05分报警）。阎某陈述了当天15时左右，父亲阎某慧看完省卫视的某部电视剧后就出去了；阎某芳则是在当天15时左右看到阎某慧到被害人家里去；省广播电视报和省卫视的节目单又均证实《男才女貌》当天播放的时间是12时50分至14时54分。阎某慧交代其是在看完该电视剧后，即15时左右到被害人家实施犯罪的，六方面证据材料具有同一性，完全一致。

4. 关于证明犯罪过程的证据材料

犯罪嫌疑人阎某慧供述了"不为人知秘密情节"的证据材料，属于典型的内知证据。刑侦专家对现场墙壁上和门壁上的血迹形成分析意见与阎某慧的供述情况完全吻合。侦查人员赶到现场时，中心现场房门处于完全打开状态（事后知道是变动现场）。在现场勘查至两个小时左右时，省厅刑科所两名刑侦专家前来帮助勘查现场，专家对血迹进行分析认为：这些血迹形成时房门在半开启状态下，是犯罪嫌疑人杀人时抛甩上去的，而不是动脉血管断裂时喷上去的，这与阎某慧的交代完全吻合。阎某慧供称："现场房门是半开的，墙壁、门壁上的血迹是抛甩而不是喷射上去的。"杀人过程中，中心现场房门是半开的，被害人父亲阎某森进入现场时将门完全推开，致使现场发生变动。这点属于除作案凶手外无人知道的不可知信息，不仅群众不知道，就连现场勘查的侦查人员也不知道，具有很强的说服力。

案发后，侦查人员针对这一情况作了侦查实验，将现场沾染血迹的部位用白纸覆盖，用一把与作案工具相似的菜刀蘸上红墨水，以犯罪嫌疑人供述的方式挥舞。提取相关红墨水斑迹，经省厅刑科所鉴定，与案发现场相同部位血迹形态一致。

阎某慧交代的作案现场情况与现场勘查完全一致。阎某慧与阎某武关系不好，极少往来，村民众所周知。5月份，阎某武夫妇打工回来将房间的家具摆设重新调整，从此以后，阎某慧从未到过阎某武家。案发后，到过现场的只有阎某森一人。而且现场当时已经被有经验的路口村原村长阎某众（第三个到达现场）封锁。现场情况除了见证人阎某文泄露一句（自言自语）"是剁得厉害，头部都快要剁断了"之外，全部是保密的。侦查人员对围观群众进行了调查，没有一个知道现场情况。阎某慧交代的案发时的沙发、茶几等物品的摆放位置，被害人被砍部位和被杀后的尸体位置，凶器的存放位置及房门的开启状态等与现场勘查情况完全相符。

阎某慧到案后，辨认出其杀人凶器——菜刀。10月23日，办案人员将事先准备好的9把菜刀排成一排，责令阎某慧辨认，其准确辨认出了杀人凶器。

5. 关于证明犯罪嫌疑人案发后活动的证据材料

在阎某慧家提取的铝瓢经鉴定有人血。阎某慧供述，其作案后回家用自家厨房的铝瓢舀水洗手。办案人员依法提取该铝瓢送检，鉴定意见证实该物证上有人血。但由于时间较长，量较少，未能作出 DNA 鉴定意见。经深入调查，案发前后阎某慧家既无人有出血情况，其铝瓢也没有借人用过。这一鉴定意见虽然不能独立作为证明犯罪事实的证据，但结合整个案情过程与其他证据材料之间存在着的必然联系，仍然可以强化证据锁链。

6. 关于犯罪嫌疑人口供真实性的证据材料

该案的讯问工作是在县检察院监督参与下进行的，除第一次讯问外，其余讯问全程录像，阎某慧在公安机关的供述一直是稳定的。

阎某慧曾在县看守所陈所长、姚副所长面前多次交代了自己的犯罪事实。7月20日晚，阎某慧曾在拘留所割腕自杀。21日转入县看守所后，为了看守安全，及时了解犯罪嫌疑人的心理变化，看守所陈所长多次对其进行思想教育工作。陈所长与阎某慧既是同乡，又是小学同学。阎某慧在陈所长面前多次承认实施杀人的犯罪事实。说过"是我干的，碰到了鬼，被鬼寻到了"之类的话。并且在其比较信任的姚副所长面前也讲了同样的话。这些在没有压力的情况下讲出的话具有很强的说服性。

阎某慧曾将犯罪事实讲给同监在押的其他犯罪嫌疑人。在刑事拘留期间，阎某慧对同监在押的袁某和强某讲述了自己杀人的行为，还对他们说"完了，我要吃炮子了（指被枪毙）"等绝望的语言。后来，犯罪嫌疑人还向同监在押犯罪嫌疑人刘某才（为监管需要，犯罪嫌疑人的监舍需要经常调换）说，自己因为行窃被人发现，杀的那个女的当时是睡在房里。上述人员均证明，阎某慧在押期间心理压力很大，有时一连几天吃不下饭，晚上经常做噩梦，有一次同监号其他人员叫他吃饭，他自言自语道："吃一天，活一天。"

结合整个案件全过程，侦查人员认为该案证据材料之间形成严密的证据锁链，真实有效，案件事实清楚，证据确实充分，足以认定此案系阎某慧所为。

六、诉讼过程

犯罪嫌疑人阎某慧因涉嫌故意杀人罪于7月21日被县公安局刑事拘留。由于阎某慧所供作案过程与现场勘查情况基本一致，县公安局刑警大队宣布该案告破，提请批准逮捕。同年8月14日，经县人民检察院批准被执行逮捕。10月14日检察院将案件退回补充侦查，11月13日补充侦查完毕再行移送起诉；次年6月，市中级人民法院以故意杀人罪判处阎某慧死刑，缓期二年执行；当事人不服，提出上诉。经省高级人民法院二审认为证据不足，发回市中级人民法院重审；次年12月，市中级人民法院对此案作出二审判决，认为案件事实不清，证据不足，判决被告人阎某慧无罪，当庭释放。

七、法院作无罪判决的依据

法院认为，被告人阎某慧在检察机关审查起诉时开始翻供，庭审时称没有杀人，其本人所作的有罪供述均系公安机关刑讯逼供所致。公诉机关在法庭调查中没有能够对被告人阎某慧在质证中提出的问题进行说明，现有的证据也不能对此作出合理的解释。该案公诉机关指控阎某慧犯有故意杀人罪的证据只有其本人的供述，而没有其他直接证据，在诸多的间接证据之间又未能形成证据链。因此，指控罪名不能成立，被告人和辩护律师的意见成立，应当予以采纳，最终法院决定对阎某慧无罪释放。主要理由如下。

（1）阎某慧的供述虽有数十次之多，但前后不一致，其有罪供述无其他证据印证，仅凭被告人阎某慧的有罪供述，不能认定阎某花被害系被告人阎某慧所为。

（2）公诉机关提供的证人阎某芳的证言只能证明被告人阎某慧在案发当天下午具有作案时间，但不能证明被告人阎某慧一定进入被害人家，而且阎某芳仅是凭感觉作出的判断，证据力较低。

（3）公诉机关提供的看守所所长、副所长、同监号人员的证言属传来证据，不具有直接证明力。

（4）对于公安机关提取的有斑点的衣、裤，经法医鉴定，没有检出人血，所以不能证明是被告人阎某慧作案时所穿的衣、裤。

（5）侦查人员组织阎某慧辨认过程中有诱导行为。

（6）犯罪嫌疑人家中提取的铝瓢经鉴定，虽检出人血，但因量少没有确定基因，因此不能确定是被告人"作案回家，用铝瓢洗手的事实"。

（7）虽然笔录中被告人承认使用菜刀作案，但后来，被告人否认了使用此刀，依据"菜刀上的检材与死者的检材基因相同"来认定此刀是被告人使用不能成立。

【述评】

取证工作存在问题

本案存在的关键问题是过分注重犯罪嫌疑人口供而忽略了其他证据材料，导致证据材料尤其是实物证据收集不全，证明犯罪的证据没有形成锁链。在犯罪现场没有发现有关犯罪嫌疑人的任何犯罪证据，而在犯罪嫌疑人的家里、身边又未收集到有关犯罪嫌疑人到过犯罪现场的任何证据（除犯罪嫌疑人供述之外），主要表现在以下几个方面。

一、重要物证未能收集到案

（1）犯罪嫌疑人在现场停留时间较长，且与被害人发生厮打，极有可能在现场遗留毛发等生物性检材。而遗留在现场的作案工具——菜刀——上沾染了大量的血迹和毛发，现场茶几和地面上有大量被害人被砍的头发。勘查人员认为数量太多，对这些毛发没有进行深入细致的甄别、分析及检验。如果其中有犯罪嫌疑人的相关遗留物，案件的最终结果将会截然不同。

（2）现场烟灰缸里有烟头和瓜子皮。现场访问中，被害人家属称这些烟头和瓜子皮为他们所留，与案件无关。对此，没作相关检测。这项工作的疏漏使得案件不能穷尽一切可能、排除"合理怀疑"，导致检察机关及审判机关多次退回补充侦查。

（3）现场菜刀上的指纹没有提取，据后来县公安局补充侦查报告书中解释，是因为菜刀的木柄粗糙且凹凸不平，无法取到完好的指纹。对于"非完好"指纹的形态，卷宗内并无描述，没有相关鉴定意见。而这一"非完好"指纹与犯罪嫌疑人是否存在联系及存在何种联系更是不得而知。

（4）对于被害人指甲中的遗留物没有进行提取。根据犯罪嫌疑人的供述，其一只手按住被害人，另一只手挥刀行凶。而被害人的两只手，至少有一只处于"自由"状态，其在垂死前也必然拼命挣扎，而手必然与犯罪嫌疑人的身体接触。如果能够提取被害人指甲中的微量物证并与犯罪嫌疑人作案衣物纤维相比对，不仅可以有效弥补无法从作案衣物上提取到被害人血迹的缺憾，而且案件事实也不会如此真假难辨。

二、现有证据没有被充分利用

现场提取的菜刀是本案中的关键性物证之一，而办案机关利用并不充分。从市公安局法医物证鉴定书看出，县公安局只要求鉴定"菜刀上是否有人血，如有人血是否为死者血"。县公安局在补充侦查报告书中解释，"由于当时气温较高，菜刀上的指纹不能长时间保留，因而送往权威部门也无法检验"，言外之意是没有送检。对于如此重大的案件，即使在对作案凶器上提取指纹不成的情况下，也应当及时向上级公安机关技术部门求助，确定凶器上是否可能提取到汗液、皮屑等生物性检材，而这些物证形成的可能性大，对于证明案件更是具有关键性意义。即使上述物证材料都没有取得，侦查人员也应当及时组织犯罪嫌疑人对作案工具进行辨认，而本案的辨认工作是在10月23日检察机关退回补充侦查的要求下才实施。侦查人员缺少对物证"关联性"的审查判断能力，给本案的顺利诉讼造成难以弥补的损失。

阎某慧作案后用来洗手的铝瓢是本案中另一关键性物证，如果能检验出上面的血迹是否为死者的，对于查明阎某慧是否杀人关系重大。犯罪嫌疑人阎某慧在第一次有罪供述时就提到"因为我手上有血就直接走到厨房用勺端着水在白色脸盆里冲洗"。讯问人员本应追问"什么样的勺？""现在在哪里？"然后立即通知技术部门提取。遗憾的是，讯问人员没有这样做，直至7月25日讯问中，才问到铝瓢（勺）的情况，而且没有立即提取，直到7月28日才提取送检。间隔多天，犯罪嫌疑人家中一直有人居住，铝瓢天天在用，上面的血迹也在逐渐减少。如果早一些发现该证据，也许就不会错过检验的最佳时机。

三、讯问运用存在疑问

（1）讯问地点不当。法律规定犯罪嫌疑人被刑事拘留、逮捕后应当立即送看守所羁押，相关的讯问工作原则上也应当在看守所进行。而本案前期讯问的几次笔录反映出讯问地点均在派出所，一直到犯罪嫌疑人作出有罪供述后才送到看守所。

（2）讯问时间存疑。公安机关在7月18日抓捕犯罪嫌疑人后进行了两次讯问。据笔录记载，第一次讯问时间是7月18日5时00分至8时00分。第二次讯问时间从7月18日8时开始，结束时间没有记录。其他讯问时间经常在21—24时，有些笔录关于讯问时间的记录没有具体到分钟。表面看这些笔录是记录不规范，而实际上很可能是办案人员昼夜讯问，实施"车轮战"。

（3）涉嫌刑讯逼供。犯罪嫌疑人从无罪辩解转为有罪供述缺乏逻辑性。在7月18日（时间从8时开始，结束时间没有记录）的一次讯问中，犯罪嫌疑人拒不承认自己杀人。而在7月19日的讯问中，犯罪嫌疑人突然供认自己实施杀人。讯问笔录只记载犯罪嫌疑人对犯罪过程的交代，既没有反映讯问人员采用何种方法、运用何种语言，也没有反映犯罪嫌疑人思想转变情况。犯罪嫌疑人由不认罪到认罪，转变突然，而后又翻供，鸣怨叫屈。如果没有被刑讯逼供，很难想象会出现如此现象。

办案人员在10月23日组织阎某慧对作案凶器——菜刀——实施辨认。其同监在押的其他犯罪嫌疑人袁某和强某都证实，阎某慧辨认后回监便大哭，说公安人员打他的手，并提示他有血迹的刀就是凶器。袁某证实其手背确实有点肿。

【案例四】

吴某民涉嫌故意杀人案

一、简要案情

某年9月13日，护封县公安局西岭派出所接到群众报案称：在西岭峻山水库大青沟（地名）附近发现一个麻袋，内装有一具尸体，半沉半浮在岸边。接报后，公安机关出警巡查，未发现该尸体。

经询问，芒塘村村民吴某云、钱某森、杨某菊、何某等四名证人证实，9月8日上午，他们在划木艇去摘酒饼果经过大青沟时，闻到一股臭味，看见一个麻袋装着一具尸体半沉半浮在岸边，从麻袋一个破洞处露出一只人手，麻袋上用铁丝绑着两块石头。9月11日下午，芒塘村村民张某猛等五人听说此事又划木艇到大青沟看，结果没有发现麻袋尸体。

经过侦查人员进一步走访调查得知，大青沟上游的岛坪村一个叫吴某来的老人已经二十多天没有音讯。鉴于相关证人证言及吴某来的离奇失踪，县公安局认为吴某来很可能已经遇害，于9月15日立案侦查。

调查发现，吴某来与其次子吴某民不和，经常争吵。7月25日，父子二人曾因家庭琐事发生争吵，结果吴某来用斧头将吴某民砍伤。9月18日，侦查人员正在调查走访，有一个自称是吴某来的人在荔升县打电话给岛坪村的郝某浦及卢某光（吴某来的养子），称他在荔升帮人治病，叫郝某浦转告其家人。打电话的人说话很快，未等郝某浦回问，三言两语便挂断电话，十分反常。而吴某来并未与家中联系，仍杳无音讯。

综合上述情况，办案机关认为，吴某来之子吴某民有重大作案嫌疑，于9月20日对其依法传唤。

犯罪嫌疑人吴某民，男，37岁，农民，初中文化，住西岭乡岛坪村29号，系被害人吴某来次子。

犯罪嫌疑人何某青，女，37岁，农民，小学文化，系吴某民妻子。

犯罪嫌疑人吴某民到案后，从刑事侦查（第二次讯问开始）、检察机关审查起诉至法院两次一审开庭审理过程中均作了有罪供述。犯罪嫌疑人何某青从公安侦查、检察院审查起诉至法院第一次一审开庭审理也作有罪供述。

二、公安机关认定犯罪的主要依据

1. 证人证言

（1）证人严某芝（被害人妻子，犯罪嫌疑人吴某民的母亲）证明：儿子吴某民与丈夫吴某来长期有矛盾，有作案动机（该证词与吴某民有罪供述时供述的作案动机吻合）。同时证实，自己最后一次看见吴某来的时间是与其一同到李某力家看电视，具体是哪一天说不清楚，大概是农历七月二十日（8月17日）那段时间的晚上。

（2）证人吴某云、杨某菊、钱某森（芒塘村村民）证明：9月5日、9月8日两次在峻山水库大青沟岸边见到一个麻袋装着尸体。麻袋用铁丝捆好，铁丝上还绑着两块石头。（与吴某民作有罪供述的作案手段、沉尸地点吻合。）

（3）证人李某力、李某燕（被害人同村村民）证明：7月份，吴某民被吴某来用斧头砍伤了手。8月18日晚，吴某来夫妇在其家中看电视，21点多钟离开；次日早上看到村民刘某生在找竹排。此时发现自己家的木艇也不见了，只见到岸边有两个清楚的脚印，一个是赤脚的脚印，一个是穿解放胶鞋（38码左右）的脚印。后来在距原停放处1.5公里处发现自家木艇。（与吴某民、何某青供述的作案时间、运尸工具及方式相吻合。）

（4）证人刘某生（被害人同村村民）证明：8月的一天晚上，其家的竹排不知何故被人往下游移了七八十米。李某力的木艇也是那天晚上丢的。（与吴某民、何某青证明的作案时间、运尸工具及方式相吻合。）

（5）证人郝某浦（被害人同村村民）证明：9月18日接到一个电话、对方自称是吴某来的电话，称自己在给人看病，先不回家，委托郝某浦转告其家人。（与吴某民供述的9月18日曾冒充吴某来打电话给郝某浦以掩人耳目的情况吻合。）

2. 书证

荔升县电信局提供的通话记录证明，9月18日郝某浦家所属电话（2356×××）于11时14分与荔升县一公用电话（3214×××）有过一次通话，通话时间为18秒。（与吴某民供述的9月18日其曾冒充吴某来打电话给郝某浦的时间、地点吻合。）

3. 现场勘查笔录、现场图及照片

吴某来睡房内沙发床南侧边缘中段发现有少量的血迹，现场枕头、被子上也发现有少量血迹。（证明被害人死亡及犯罪嫌疑人关于作案过程供述的真实性。）

4. 鉴定意见

经检测，在现场沙发床、枕头、被子上发现的血迹与吴某民的血样存在亲缘关系，RCP=99.787399%。（证明死者系吴某来。）

5. 物证

根据吴某民供述，在其家提取作案用U形火叉一把。（由于已经清洗，上面未能发现被害人血迹或人体组织及犯罪嫌疑人指纹等。）

6. 犯罪嫌疑人供述与辩解

（1）犯罪嫌疑人吴某民供述：自己与父亲吴某来因家庭矛盾长期不和，两人多次发生争吵。7月24日，严某芝过生日，吴某民设宴为母亲庆祝。吴某来因为吴某民没有请自己去吃饭，次日与吴某民发生争吵，并持斧头砍伤吴某民的手臂。为此，双方的矛盾逐渐加深，吴某民遂生杀父之念。8月18日20时许，吴某民见吴某来洗澡，便携带木柄U形火叉潜入吴某来厨房的楼上守候。23时许，当吴某来回屋睡觉，吴某民下楼进入吴某来的房间，趁其熟睡之机，用火叉叉住吴某来的颈部，吴某来挣扎，吴某民用螺丝刀从吴某来的左耳刺入其大脑，致吴某来当场死亡。吴某民作案后，回屋叫醒妻子何某青，告以实情，要求何某青帮助转移尸体。而后，两人将吴某来的尸体装入麻袋，携带手电筒、铁丝、胶钳等工具，连夜用竹排、木艇将吴某来的尸体运至峻山水库大青沟，用铁丝将麻袋口扎住，并用铁丝把石头捆绑在麻袋上，将尸体沉入水库。9月8日，尸体在峻山水库大青沟浮起被村民发现，吴某民得知后于次日晚再次移尸，将尸体沉入水中。

（2）何某青供述：案发当天半夜，吴某民作案后即对自己说他杀死了吴某来，其协助吴某民将装尸体的麻袋运到水库沉尸。（与吴某民所供述的杀死吴某来的作案时间、地点、作案手段及经过相吻合。）

7. 现场指认笔录及照片

（1）吴某民指认出杀人现场、抛尸时登上竹排地点、抛尸时登上木艇地点、第一次沉尸地点、第二次沉尸地点。（指认结果与相关证人证言相吻合。）

（2）何某青指认出抛尸时登上竹排和木艇地点及抛尸后回家时上岸地点。指认结果与吴某民指认相吻合。指认过程中，在犯罪嫌疑人住宅东面峻山水库上游干枯区淤泥中发现并提取一双陈旧的解放军胶鞋。经何某青指认是吴某民抛尸时所留。（与吴某民作有罪供述所说其在杀人及抛尸时所穿的解放军胶鞋陷入水库淤泥中的情况相符。）

三、诉讼经过

1. 诉讼过程

（1）案发第二年3月2日，市中级人民法院对吴某民犯故意杀人罪、何某青帮助毁灭证据罪案一审开庭审理。庭审中，吴某民并未否认实施犯罪，但辩称是在与其父发生争吵时，失手打死父亲；同时，自己没有第二次去移尸，也没有冒充吴某来打电话的事实。

吴某民的辩护律师辩称：① 证人严某芝证实吴某来的失踪时间与作案时间不一致。严证实，其最后见到吴某来是在村民李某力家看电视，但是记不清具体的日期。② 证人杨某菊证实看到的铁丝与被告人供述不一致。杨某菊证实自己看到装尸体的麻袋是用绿色胶线捆着的，并吊有石头。而在场的另一证人吴某云证实是用铁丝而非绿色胶线捆住麻袋。③ 何某青供述装尸体的过程与被告人吴某民的供述不一致，在关于先装头还是先装脚的情节上两人陈述有明显差异。④ 被害人尸体没有找到，证明被害人死亡证据不充分。

法院经审理认为，吴某民的法庭辩解与其在公安机关和检察机关的供述不符，也与何某青供述当时听其讲述的情况不符。其原供述第二次移尸和冒充吴某来打电话的情况有证人证言及电信局通话记录相佐证，故对吴某民的辩解不予采信。① 关于被害人失踪的时间问题。法院认为，证人严某芝证实最后一次看见吴某来的时间是与其一同到村民李某力家看电视，但不能确定是哪一天，大概是农历七月二十日左右那段时间的晚上。而证人李某力证实当晚是 8 月 18 日（农历七月二十一日）。故该案不存在时间不一致的情况。② 对于装尸体麻袋的捆绑用具。证人吴某云证实在水库看见装尸体的麻袋是用铁丝捆住，并吊有石头，与吴某民供述一致。而证人杨某菊证实麻袋是用绿色胶线捆绑。虽然杨某菊与吴某云所说的不一致，但是吴某云的陈述与被告人吴某民的陈述一致，并不影响案件定性。③ 对于何某青与吴某民关于装尸体过程叙述不一致问题。经查，二人只是在先装头还是先装脚方面有差异，对于装尸体的过程、所用物品、移尸过程均相同，不影响该案定性。④ 对于尸体没有找到的问题。鉴于该案犯罪嫌疑人口供、证人证言、现场勘查笔录、鉴定意见及相关物证等十分充分，故不影响对案件的认定。

（2）5 月 8 日，市中级人民法院判决，认定被告人吴某民犯故意杀人罪，鉴于其认罪态度较好，判处死刑缓期二年执行，剥夺政治权利终身；被告人何某青犯帮助毁灭证据罪，判处有期徒刑二年，缓期二年执行。

该案在法定期间没有上诉、抗诉。

（3）9 月 21 日，省高级人民法院经过死刑复核，认为该案原判认定事实不清，证据不足，撤销原判，发回重审。

（4）12 月 9 日，市中级人民法院对该案重新进行了公开审理，判决吴某民犯故意杀人罪，改判处无期徒刑，剥夺政治权利终身。

宣判后，吴某民不服，提出上诉。

（5）案发后第三年 2 月 25 日，省高级人民法院在案发地公开开庭审理该案。庭审中，吴某民突然翻供，辩称一审判决认定其将父亲吴某来刺死，非法剥夺他人生命，构成故意杀人罪的事实不清，证据不足。具体理由如下。

① 其供述杀死父亲吴某来，将尸体装入麻袋后与妻子何某青供述协助共同到水库沉尸没有其他证据佐证。

② 严某芝的证言仅能证明吴某来失踪，而非死亡。

③ 证人吴某云、杨某菊、钱某森所证明在大青沟附近水库看见有麻袋装的尸体，没有物证佐证。

④ 证人李某力、刘某生的证言无法证实案发当晚自己固定停靠岸边的木排和木艇是被谁挪动的。

⑤ 证人郝某浦的证言及荔升县电信局提供的机房记录不能认定就是吴某民打的电话。

⑥ 现场勘查笔录、现场图照、血迹鉴定书不能证实现场提取血样是吴某民还是吴某来或者是其母严某芝的血迹。

⑦ 现场上的"脚印"和"解放军胶鞋印"仅凭其和何某青的供述来认定是错误的。

⑧ 自己被公安机关刑讯逼供。

2. 辩护律师刘某志的观点

（1）该案的作案工具为现场提取的U形火叉，但是因为没有提取到指纹或其他物证，不能证明作案人就是吴某民。同时，被害人的尸体和作案工具没有打捞到，不能确定吴某来死亡即吴某民所为。

（2）该案证人证言不能证明吴某民杀人，原因如下：① 证人吴某云、杨某菊、钱某森证明在大青沟附近水库看见麻袋装的尸体不能证明就是被害人吴某来的尸体；② 证人李某力、刘某生的证言不能证实8月18日晚自己固定停靠岸边的木排和木艇是被谁挪动的，用于做什么；③ 证人郝某浦的证言及荔升县电信局提供的机房记录不能证明从荔升县汽车站旁给郝某浦家打电话的人就是吴某民；④ 证人严某芝证明吴某来是8月20日早上离家的，不能佐证吴某民有罪供述的杀人时间；⑤ 证人赵某君在二审法庭上证明吴某来房间的血迹是吴某民被吴某来砍伤后，吴某民去找吴某来理论时留下的，不是吴某来被害时留下的血迹；⑥ 证人李某国和钱某生在二审法庭上证明吴某民没有杀人、移尸的作案时间。

（3）被告人吴某民供述前后不一，在关于把被害人装入麻袋是先装头还是先装脚的问题上与何某青供述不一致，且二人在二审开庭时均已翻供。

（4）现场无搏斗痕迹，现场勘查笔录及图照不能证明吴某民杀死吴某来的事实；法医DNA鉴定意见并没有证明现场的血迹就是吴某来的，不排除现场血迹是吴某民或者严某芝所留。

（5）该案事实不清，证据不足，存有疑点，矛盾不能排除。

基于以上理由，请求法院作无罪判决。

3. 辩护律师马某然的观点

（1）证人严某芝证实8月19日晚和丈夫吴某来去李某力家看电视，8月20日早上听到丈夫的住房有关门声，现有证据不能确实证明吴某来已死亡。

（2）证人李某国和何某青在二审开庭时证明，2005年8月18日晚，吴某民饭后去李某国家打牌，半夜才回家，说明吴某民没有作案时间，不可能于8月18日晚作案杀人。

（3）何某青穿的解放鞋是36码，吴某民穿的鞋是40码，而水库边淤泥中留下的解放鞋是38码，显然不是何某青或者吴某民所留。

基于以上理由，请求法院作无罪判决。

4. 庭审质证情况

（1）证人刘某朝、唐某鸣、王某、张某强、陈某然（均为本案侦查人员）到庭证实，公安人员在侦破此案中，没有刑讯逼供、诱供等违法办案行为。

（2）证人郝某浦到庭证实，其接到自称是吴某来打来的电话后，托人转告给吴某民家人。

（3）证人赵某君到庭证实，吴某来砍伤吴某民当天，其曾经陪吴某民去上药包扎，后陪吴某民去与吴某来理论时，吴某民在吴某来床上坐过。

（4）证人李某国到庭证实，8月18日，因吴某民被吴某来砍伤，其曾到吴某民家帮其果树打药水，当晚吴某民在其家中与其夫妻二人打牌至次日凌晨，吴某民才回家。

（5）证人钱某丽到庭证实，其丈夫李某国在案发前后帮吴某民家打过药水。

（6）证人钱某生到庭证实，9月9日其帮吴某民修理柴油机嘴，当晚在吴某民家吃晚饭，晚饭后和吴某民到本村廖某生家打了一通宵的牌。

（7）证人严某芝到庭证实，农历七月二十二日晚（8月19日）其和丈夫到李某力家看电视。次日早上听见吴某来屋子有关门声，并见到一个人从果树下走出去，好像是吴某来，从此吴某来就失踪了。

（8）犯罪嫌疑人何某青辩解，称其在公安机关的供述是被公安人员吓唬后乱讲的，是侦查人员带其去指认现场，现场的解放鞋也是其乱指认提取的，其穿36码的鞋子，现场提取的鞋子侦查人员给她看过，是38码的。吴某民穿40码的鞋子。8月18日，李某国曾经来其家帮忙打药水并在其家吃晚饭，饭后吴某民和廖某生到李某国家打牌，半夜才回来。

（9）检察人员向法庭举证，荔升县电信局证明3214×××号码的机主是在荔升县汽车站附近。

5. 检察机关建议

该案可以排除公安机关刑讯逼供的可能，该案的事实、证据有缺陷，但并不能排除吴某民杀人作案的可能，建议二审法院认真审查证据后作出判决。

6. 法院意见

证人严某芝、吴某云、周某梅、钱某森、李某力、郝某浦的证言，荔升县电信局提供的通话记录，现场勘查笔录，现场图照及现场指认照片，提取笔录、刑事科学技术鉴定书等证据及二审庭审时举证的荔升县电信证明，出庭证人刘某朝、唐某鸣、王某、张某强、陈某然、郝某浦、赵某君、李某国、钱某丽、钱某生、严某芝的证言均经过质证、核实，法院予以确认。何某青的辩解与其在公安机关的供述前后矛盾，法院不予采信。上诉人吴某民在二审法庭上未能就其辩称在公安机关的供述是被刑讯逼供的辩解提供相应的证据，且其在两次一审开庭时，均当庭确认其在公安机关的供述属实，公安机关没有对其刑讯逼供的行为。因此，对其称公安机关对其有刑讯逼供的辩解，法院不予采信。

鉴于上诉人吴某民从公安机关侦查、检察机关审查起诉至法院多次开庭审理中均作有罪供述，吴某民之妻何某青从公安机关侦查、检察机关审查起诉至法院一审开庭审理中已作有罪供述，二人的供述在一定程度上有证据佐证。认定吴某民杀死其父吴某来后沉尸灭迹，虽有一定的事实、证据，但仍属于事实不清，证据不足，不能形成完整的证据链条。上诉人吴某民虽然有杀害其父吴某来、并与其妻何某青一起沉尸灭迹的嫌疑，但是由于吴某来的尸体至今未能找到，不能证明吴某来确已死亡，更不能证明吴某来的死亡时间、死亡原因，这是该案事实不清，证据不足的关键所在。

由于前述疑点目前无法排除和解决，据以定案的间接证据不能形成完整的证据链，不具有完全的排他性，该案属事实不清，证据不足，目前不能认定上诉人吴某民有罪（即存疑无罪）。

为贯彻和体现刑事诉讼中"疑罪从无""无罪推定"的理念，依照《中华人民共和国刑事诉讼法》第四十六条、第一百六十二条第（三）项之规定，判决如下：撤销市中级人民法院（某年）某市刑初字第147号刑事判决（即被告人吴某民犯故意杀人罪，判处无期徒刑，剥夺政治权利终身），宣告上诉人（原审被告人）吴某民无罪。

【述评】

"疑罪从无"深思之处

根据法庭调查，本案侦查人员是依照法定程序办理吴某民故意杀人案的，办案期间没有刑讯逼供、诱供等非法取证行为。该案由于客观原因，未能找到尸体和作案工具，导致现有证据无法确定或者否定吴某来已经死亡，最终无法确定或者否定吴某民实施了杀人行为。吴某民被宣判无罪一案，可视为"疑罪从无"的一个范本，并非冤假错案。

虽然该案事实、证据有缺陷，但并不排除吴某民杀人作案的可能。关键是吴某来的尸体至今未找到，间接证据链在此环节脱节，无法证明吴某来确已死亡，更不能证明死亡原因。这也给吴某民、何某青从第二次开庭审理开始翻供留下了余地和理由。主要原因如下。

一、间接证据收集不利

1. 具体表现

随着人们法制意识的不断增强，公安机关在办理刑事案件过程中，通过现场勘查发现证据、提取证据、保全证据显得越来越重要。通过现场勘查得到的物证往往是定案的铁证，与口供相比，其弹性和不确定性较弱。该案未能及时发现第一现场，而是在案发后一个月才进行勘查，并且现场早已被人为地清洗处理过。由于上述原因，侦查人员在现场勘查时思想上存在麻痹大意，认为时间久了发现证据的可能性不大，行动上存在勘查不全面、不细致，提取的物证送检不及时等情况。具体表现在以下几个方面。

（1）提取作案工具——火叉，在没有提取到指纹的情况下，没有进一步进行检验，以确定其上面是否可能附着生物检材。

（2）在抛尸现场提取的一双陈旧解放军胶鞋，没有记录其特征、鞋码。

（3）提取的火叉、解放军胶鞋没有经过有关人员辨认。

（4）现场提取遗留在沙发床及被子上的血迹没有及时送检，直到案发第二年2月10日才送检，3月15日才作出鉴定意见。

（5）没有对抛尸使用铁丝、麻袋原存放处进行勘查，没有对抛尸工具竹排和木艇进行仔细勘查，特别是没有对岸边赤足印和解放军胶鞋印勘查。

（6）第一现场是在床上，床上的蚊帐、床单洗了，毯子丢了，但仍应当对席子、枕头、床板进行深入勘查。

2. 主要问题

在办理该案过程中，侦查人员应当充分认识间接证据具有"客观性强、关联性弱"的特征，发现线索，深入调查，以加强对证据证明力的固定和保全。主要问题如下。

（1）9月18日在第二次询问证人李某力时，反映其于同年8月19日6时30分发现自家在岸边的木艇被盗用，在原拴木艇处的岸边发现两个清楚的鞋印，一个是赤足印，一个是胶鞋印。证人作证后当地一直干旱不雨，河床干涸，鞋印很可能仍然保留。但办案人员没有带证人去寻找这两个脚印。

（2）9月15日，在第一次询问李某力时，其证实吴某来最后一次到他诊所看电视是"农历七月二十一日晚上"（8月18日）。询问严某芝关于吴某来最后一次到李某力诊所看电视的时间，严第一次证明是"农历七月二十二日晚上"（8月19日），第二次又改口称："农历七月二十日左右"。在询问证人时，办案人员不能确定性发问、准确记录证人的意思表示。

（3）应找证人卢某光出证而没找。卢某光的证词可以佐证吴某民在荔升谎称吴某来打电话的事实，卢某光系吴某来的养子，比较熟悉吴某来的口音，应当能够分辨出是否为吴某来本人打的电话。（吴某民称其冒充被害人给卢某光打电话。）

（4）吴某民在案发当天尤其是冒充被害人给卢某光打电话时段内的活动情况没有查证，为日后吴某民翻供留有余地。

（5）关于抛尸时吴某民夫妇把吴某来的一套衣裤、一双皮鞋一同丢下水库，以及抛尸后吴某民将自己的一床毯子换到吴某来床上的事实没有找严某芝查证。

二、诉讼风险意识不强

（1）侦查人员对犯罪嫌疑人与被害人之间的特殊关系认识不足。被害人吴某来已死亡，人死不能复生，在这个大家庭成员之中，为了整体利益，为了孩子成长，不同程度地存在着"为犯罪嫌疑人说话的多，为被害人申冤的少"的现象。这些都给公安机关收集证据增加了难度。

（2）对"疑罪从无"的司法理念认识不足。证据意识匮乏，认为犯罪嫌疑人口供稳定，证据较为充分，案件已顺利移送审查起诉，以致后来在水库枯水季节，没有对尸体、作案工具、被害人衣物再次进行打捞挖掘，错过了打捞的最佳时期。

（3）对律师介入刑事诉讼准备不足。该案两名犯罪嫌疑人在一审庭审时都没有翻供，尤其是吴某民在第二次一审庭审时也没有翻供，甚至没有上诉。但在上诉审（终审）时，却突然翻供。可以断言，这与律师介入不无关系。如何正确处理律师介入刑事诉讼，理顺控辩双方关系，保障诉讼公正，成为摆在司法机关面前的重要课题。

【案例五】

谭某芬涉嫌故意杀人案

一、案情简介

某年10月20日8时许，某市公安局澎湃派出所接到群众李某渊报案称：西大滩居民周某员在所租住的房屋内突然死亡，死因不明。接报后，公安机关立即展开调查工作。

现场勘查确定：中心现场位于澎湃地区西大滩铁道口以东300米、包兰铁路以北38米处的李某渊家院内。房屋坐南朝北，周某员租住房为由西至东第三间，隔壁系魏某阳租住房，东侧为李某渊家，对面为蘑菇棚。房屋大小为4.5米×3米，屋内物品呈门字形陈设。房门朝内敞开，后窗朝内敞开一扇。进入房屋靠西墙距门1米处置一砖垒简易炉，炉火已熄，且炉膛内无烟灰。距炉2米处，房屋西南角置一1.8米×1.5米简易木床，床上被褥堆放凌乱。床北面置一枕头，枕边放置两部手机。尸体位于距床30厘米地面上，呈仰面状平躺，两臂弯曲，头朝北、脚朝南。尸体嘴角有泡沫状异物，左鬓角有三处伤痕。在床对面、房屋东南角置一凤凰牌自行车，房屋东北角向北依次放置大小不一的案板，案板上堆放锅碗瓢盆等物。屋内无其他异味。

经尸体解剖及毒物检验确定：死者尸表未见暴力损伤，排除暴力打击致死；死者胃内容物、肝脏均检出"毒鼠强"成分，结合尸体征象确认，死者系"毒鼠强"中毒死亡，毒物从消化道进入体内。结论：周某员系口服"毒鼠强"中毒死亡。

侦查人员在调查走访中获得一条线索，周某员生前与同住一个院子的谭某芬（女）关系暧昧，案发当天下午，被害人曾在谭某芬家吃饭，案发后，谭某芬见邻居救助被害人却置之不理，表现十分反常，有重大作案嫌疑。侦查人员立即对谭某芬及其丈夫江某祝进行监控，并对二人进行询问。经工作，二人对犯罪事实拒不供认，谭某芬的供述与客观事实明显不符，作案嫌疑不能排除，遂对其采取强制措施并突审。谭某芬供认自己与周某员有不正当的男女关系，周某员以杀害其丈夫和孩子相威胁，让自己与他私奔。由于自己舍不下孩子又害怕遭到周某员的毒害，便产生了将其杀害的念头。10月19日，谭某芬趁周某员在自己家里吃饭之机，将事先准备好的"毒鼠强"投放在周某员的饭盆里。吃完饭，周某员回到自己的出租屋内，于当晚毒发身亡。案件前后过程都是自己一人所为，江某祝并不知晓，只是案发后才告诉他。

二、公安机关认定犯罪的主要依据

1. 证明案件发生的证据材料

（1）李某渊（被害人的邻居，犯罪嫌疑人的房东，最先发现周某员遇害的人）证实：10月20日8点半左右，其回家之后，看见周某员仰躺在租住房子床边的地上，床右侧地面有呕吐物，其感觉周某员已经死了，就用家里电话报警。（证实发现周某员出事、报警及公安人员到达现场的有关情况。）

（2）大历县公安局澎湃扶贫经济开发区分局《接受刑事案件登记表》《立案决定书》证实：10月20日8时许，公安机关接到李某渊电话报案。后经初步侦查，确定周某员系口服毒物中毒死亡。（证实李某渊报案情况及公安机关侦查证实周某员已死亡的情况。）

2. 证明被害人系死于"毒鼠强"中毒的证据材料

省公安厅《刑事技术鉴定书》证实，从死者周某员提取检材1：死者的肝组织；检材2：死者的血液；检材3：死者的胃内容物。经检验，从检材1、2、3中均检出"毒鼠强"且超过中毒致死量，证实死者周某员确实死于"毒鼠强"中毒。

3. 证明被害人死亡时间的证据材料

（1）谭某芳（犯罪嫌疑人的妹妹）证明："案发当晚20点左右她（犯罪嫌疑人谭某芬）女儿端来半碗蜂蜜给我，我和丈夫吃了一点放下。"（证实谭某芬家案发当晚20点前还没有吃晚饭。）

（2）刘某丽（被害人的朋友）证明："周某员案发当晚22点左右用他的手机打来电话，说他吃了些蜜，恶心得很，吐着呢，头晕得很，叫我对他哥说，他没钱了，给他拿几个钱花，让我第二天早上对他哥说。"经查，周某员与刘某丽通话时间是19日22时14分30秒。证实周某员中毒后正在发生反应，死亡时间在22时14分30秒以后。

（3）市公安局法医关于对周某员死亡时间推断结论证明：根据胃内容物消化程度推断，被害人死亡时间在最后一餐后两小时内。

4. 证明犯罪嫌疑人有作案动机的证据材料

（1）丁某（犯罪嫌疑人与被害人的朋友）证明："周某员和谭某芬挺熟的，关系好着呢。"（证实周某员与谭某芬有不正当的男女关系。）

（2）马某明（被害人的朋友）证明："周某员这儿有一个女朋友（指谭某芬）经常到周的租住房来，除了那个女的再没见过他跟谁来往过。"（证实周某员有一个女朋友，即谭某芬。）

（3）魏某阳（犯罪嫌疑人与被害人的邻居）证明："周某员每次到我房子里都讲他跟那个女的（指谭某芬）关系如何，到女的家吃了些啥，到女的家拿了些啥。昨天晚上9点多，周某员还来过我家，我让他吃饭，他说他要去那儿（指谭某芬家），然后就走了。"（证实周某员与谭某芬关系密切，其到谭某芬家吃饭是21点钟以后。）

（4）张某菲（被害人的房东）证明："周某员有一个女朋友（指谭某芬），周某员经常到那个女的家里去，那个女的经常来周某员这儿，他们关系不正常。"（证实周某员与谭某芬有不正当的男女关系。）

（5）被害人的哥哥证明："周某员不可能自杀，一般有啥事都和我说，今年6月周某员对我说，谭某芬说孩子不领也行，他们往远处走，还说谭某芬花了他好多钱。"（证实周某员与谭某芬有私奔的念头。）

（6）江某祝（犯罪嫌疑人的丈夫）证明："我和妻子（谭某芬）关系融洽，处得还好，和周某员关系还可以。"江某祝同时证明，自己因疾病原因已经有一年时间不能与犯罪嫌疑人过正常的夫妻生活，其也知道这期间妻子与被害人之间产生不正当的男女关系，但由于害怕家庭破裂，只得默认。（证明犯罪嫌疑人与被害人产生不正的当男女关系的原因，同时证明三人之间关系平时较为融洽。）

（7）犯罪嫌疑人谭某芬供述："周某员要和我交朋友，我们有空就在一起行乐，我对丈夫的感情好，对周某员感情一般。"犯罪嫌疑人同时供述，其杀死被害人是因为周某员以杀害其丈夫和孩子相威胁，让其私奔。在案发前，被害人对其催促很紧。由于自己舍不下孩子又害怕遭到周某员的毒害，便产生了将其杀害的念头。由于自己势单力孤，于是想到以投毒方式实施犯罪。（证实谭某芬与周某员之间的关系及杀人动机。）

（8）在周某员家提取的其与谭某芬的合影照片证明：谭某芬与周某员已经超出了正常朋友之间的关系。

5. 证明犯罪嫌疑人有作案条件的证据材料

（1）李某渊证明：案发当天晚上周某员没有在家里做晚饭吃。（证实周某员当天没有在家做饭。）

（2）赵某民（犯罪嫌疑人与被害人的邻居，犯罪嫌疑人的妹夫）证明：案发当天下午，自己下班回家，当时天已经黑了。刚进院时，就听见周某员在谭某芬家中说话。（证实周某员在谭某芬家里。）

（3）谭某芳证明：自己与谭某芬在同一院子中居住，案发当晚19点左右，其听见周某员在谭某芬家聊天。（证实周某员在案发当晚曾在谭某芬家里。）

（4）江某祝证明：案发当天下午，周某员帮自己干完活收工回来，提着一瓶子蜂蜜来到其家中。当时，自己一家三口与周某员共同吃了蜂蜜。后来，谭某芬开始做饭，往锅里揪面片，周某员也帮着揪了几下面片。谭某芬将面做好后，先用黄色瓷盆给周某员盛了一盆，周便坐在床边的凳子上吃饭。（证实周某员在谭某芬家吃了蜂蜜和面片，且面片是谭某芬给盛的。）

6. 证明犯罪嫌疑人投毒过程的证据材料

（1）犯罪嫌疑人谭某芬供述：案发当天下午周某员提着一瓶蜂蜜到其家，大家共同吃了蜂蜜。吃后被害人出去了半小时又回来。这时锅里水开了，其便往锅里揪面片，被害人也帮着揪，谭向揪好的面片里调了些炒好的白菜、卷心菜，后来拿起一个黄瓷盆，向盆里舀了几勺面，掏出事先准备好的鼠药向饭盆里挤了半瓶，然后就端给了被害人，被害人坐在床边的凳子上吃饭，吃完饭抽了一支烟出去。（证实周某员在谭某芬家吃蜂蜜、揪面片，谭某芬投毒过程以及周某员吃饭的情况。）

（2）犯罪嫌疑人谭某芬供述：案发第二天早晨，张某菲来到自己家中说周某员出事了，自己便对丈夫江某祝说："我在周某员昨晚在咱家吃的饭里滴了几滴鼠药，周某员说了好几次威胁我的话，他还要害你和咱们的丫头呢，他要和我一起过，我恨他，我就要这样做。"其丈夫回答说："你这是害人呢，还是害我呢？"（证实犯罪嫌疑人谭某芬投毒杀人的动机、作案手段及投毒时的心理状态。）

（3）犯罪嫌疑人谭某芬供述："事后，我给丈夫说了我向周碗里投毒的事，我丈夫骂了我一顿，说我们是一家人。同时我让他不要将周在我家吃饭的事告诉别人。"（证实谭某芬害怕别人知道周在其家吃饭。）

（4）江某祝证明：案发第二天早晨，自己一家三口正在睡觉，张某菲过来喊，说周某员出事了。张走后，谭某芬告诉他："周某员想让我跟他走，不走的话，就要害你，害我娃，我为了保你，保我娃，我就给他下手了。"当时听到这番话后，江很生谭的气。（证实谭某芬得知周某员出事后把其作案的原因对江某祝说过等情况。）

（5）江某祝证明：谭某芬安排自己不让承认周某员10月19日晚在其家吃饭的事情。由于自己担心和谭某芬说的不一致，所以就如实承认了。（证实谭某芬不敢让人知道周某员在其家吃饭后于当夜死亡的事实。）

7. 证明犯罪嫌疑人作案后心态的证据

（1）张某菲证明：自己在发现周某员有反常举动后，便告知江某祝和谭某芬夫妇说："你那个亲戚（周某员）可能喝多了，你们快去看一下。"但当时谭某芬夫妇都说与周某员不认识，始终没去看。（证实谭某芬对周某员可能死亡持有故作镇静的心态。）

（2）江某祝证明：周某员的房东（指张某菲）找到自己说："你和周某员是亲戚吗？他出事了，在地上躺着。"这时，在一旁的谭某芬说："他出事找我干啥呢，我们又不是亲戚。"没有过去看。（证实证人找过谭某芬夫妇及他们对此事"毫不关心"的反常表现。）

（3）犯罪嫌疑人谭某芬供述：早上周某员的房东找到自己说周出事了，不知是喝了酒还是煤气中毒，让自己去看看，自己没有去。由于自己害怕将一瓶鼠药全倒上药性太重，走不出自己的家门就死了，所以只倒了半瓶。（证实犯罪嫌疑人谭某芬实施投毒杀人时所持有的主观故意。）

三、诉讼经过

案发当年10月22日，谭某芬因涉嫌故意杀人被刑事拘留。

11月22日，谭某芬被区人民检察院批准逮捕。

案发次年4月18日，市中级人民法院以故意杀人罪判处谭某芬死刑，缓期二年执行。

7月14日，省高级人民法院作出某刑终字第61号刑事裁定，以"原判事实不清，证据不足"为由，撤销原判，将该案发回重审。

9月27日，市人民法院再次以故意杀人罪判处谭某芬死刑，缓期二年执行。

案发第三年2月16日，省高级人民法院以某刑终字124号刑事判决书，判决撤销市中级人民法院对谭某芬的定罪、量刑及民事赔偿，判决谭某芬无罪。

【述评】

取证工作存在问题

本案是一起十分典型的投毒杀人案件，犯罪嫌疑人实施犯罪的可能性极大，这一点在案件的诉讼过程中体现得十分明显，从侦办过程分析，案件具有很多能够"成功诉讼"的机会，办案机关也做了大量的艰苦工作，但在调查取证及固定完善证据方面均存在一些缺憾。

一、重大矛盾未排除

（1）犯罪嫌疑人谭某芬供述，被害人周某员案发当晚到其家吃饭时带了一瓶蜂蜜。讯问人员在追问蜂蜜瓶的下落时，谭某芬说："第二天早晨，我听见周某员已经死了，我就感觉死人用过的东西不吉利，我就将蜂蜜瓶扔在屋后的女厕所了。"但在本案中，犯罪嫌疑人给被害人周某员下毒并将其毒死所用的黄色瓷盆并没有丢弃，案发后提取在案。同是死人用过的东西，而且是下过毒的，这一物品为什么没有扔掉？这一问题在对犯罪嫌疑人进行讯问时没有问到。如果不给予合理解释，容易令人对犯罪嫌疑人供述的真实性产生质疑。

（2）犯罪嫌疑人谭某芬供述，案发当晚被害人到其家中，吃饭之前周某员说："蘑菇园里的一个老乡给他打了个电话，他出去看一下。"但从案发当天周某员的手机通话记录中并没有发现此情形，对这一供证矛盾在讯问时也没有详细追问。对于周某员是如何接电话的及是什么时间接的电话等问题也没有深入查证。

（3）法医根据被害人胃内容物，推断死亡时间为距离死者最后一餐两小时以内。侦查人员最后确定，被害人当晚吃饭时间在晚8点至9点之间。根据法医检验鉴定意见，被害人死亡的时间应在案发当晚11点以前。在法庭审判过程中，侦查机关又向法庭补充了证人魏某阳证言。该证人证实，在案发当夜12时许，其听见被害人周某员在房子里发出呕吐的声音，这说明被害人在12时左右的时候还没有死。这便与办案机关先前所认定的死亡时间产生明显矛盾，而侦查卷宗内并无解决此矛盾的相关证据。

侦查实践证明，根据死者胃内容物只能大致的推断死亡时间，并不精确，因此只能作为参考。本案办案机关的法医进行过肯定的死亡时间的鉴定，客观上造成了证据之间的矛盾。

二、"传来证据"未追查

犯罪嫌疑人谭某芬供述，第二天早"周某员的房东来我家说了此事后（指周某员出事了），我对丈夫说：'我在周某员昨晚在咱家吃的饭里，滴了几滴鼠药'"。

对于这一情节，谭某芬的丈夫江某祝的相关证明是："周某员的房东走后……我妻子对我说，'周某员想让我跟他走，不走的话，就要害你，害我娃，我为了保你，保我娃，我就给他下手了。'"侦查人员追问："当时你妻子对你说了以上的话，你问她是怎么向周某员下手的？"江某祝回答："我当时没有问她，我想她一个女人，又打不过人，能怎么给周某员下手，我就没有在意，所以没有再追问她。"

投毒杀人案件证据链最容易断裂的就是实施投毒这一关键环节。本案能对这一环节提供有力佐证的正是江某祝的证言。江某祝与犯罪嫌疑人是夫妻关系，如其能证明犯罪嫌疑人谭某芬所供述的情节，对全案证据体系将给予有力的支持，而且是本案能证明犯罪嫌疑人谭某芬实施投毒的关键证据。谭某芬供述："我丈夫朝我头打了两巴掌批评我说：'你这是害人呢，还是害我呢？'"江某祝未证实此情节。面对这一模糊不清的供证对比，侦查人员未能对此深入追查并排除疑点。

三、死因疑点未解释

办案机关在一审开庭后曾向法院补充提供证人柳某琴的证言，其中有案发当天中午柳某琴接到死者周某员一个电话的内容："你对我哥说一声，我要走了，说不定回大历老家，说不定走其他地方，反正我在西大滩不待了，有什么事的话，让我哥去找那个女人（指谭某芬）的男人江某祝，我的什么事他都知道。"上述内容表明，被害人曾流露出要远离当前生活的意思，而且不愿为他人所知道，甚至是自己的哥哥，显得十分消极。那么，死者是否有自杀的可能呢？对这一问题，办案机关没有提供具有说服力的证据予以合理排除。这一问题如果解决得好，这一证据便可以成为证明犯罪嫌疑人实施杀人的重要佐证。

本案被害人周某员是在离开犯罪嫌疑人家两个小时后死于自己的出租房中。要证明周某员不是自杀，首先就要证明在其身上及住所内没有"毒鼠强"。办案单位虽然对死者住处进行了勘查，并制作了勘查笔录，但却并没有对死者住处是否发现"毒鼠强"这一关键点作出明确记载，致使对于死者并非死于自杀这一认证留下瑕疵，特别是在犯罪嫌疑人翻供后，使得这一认证更不具有唯一性和排他性。

四、重要物证未检验

犯罪嫌疑人谭某芬案发两天后（10月22日）供述：在案发当日下毒之前曾经在"毒鼠强"的"瓶口顶部用针扎了一个眼"。所用针"扎完又扎到挂在墙上的皮包外皮上了"。

对于这一能够证明谭某芬是否实施投毒杀人行为的重要情节并没有引起公安机关的充分重视，对于相关物证——针、皮包外皮——没有在第一时间及时提取并进行鉴定。直到10月28日，才在犯罪嫌疑人谭某芬家提取了"挂在墙上的塑料插针的小包，包内放的黑线团和三枚缝衣针"。对此，江某祝证明："包内放的黑线团和三枚针不是我家的，是我'一担挑'赵某民家的。"[①]省公安厅对三根缝衣针进行了鉴定，但未检出"毒鼠强"成分，对插针的包无法进行鉴定。对江某祝所说的包内的黑线团和三枚针是否为"一担挑"赵某民家所有也未进行核实。对此针及插过针的包也没有及时进行提取和鉴定，如果在第一时间就能将此物证提取并检验鉴定，很有可能获取证明犯罪行为的重要证物。

五、鼠药来源未查明

---

① 在我国某些地区的方言俗语中，"一担挑"泛指妻子的姐妹的丈夫。

犯罪嫌疑人谭某芬供述，投毒所用的"毒鼠强"是于案发前20天左右，在"前进农场"场部市场门口从一个30多岁的男人手里用2元钱买的。此人操平罗地区口音。

侦查人员在谭某芬所供述地点及附近调查询问了多名卖过鼠药的人员，均没能找到谭某芬所供述的卖药人，也无人承认近期卖过该种"毒鼠强"。

姑且不论谭某芬的供述真实与否，仅就对卖鼠药人调查的方法而言就非常不妥。"毒鼠强"是国家明令禁止出售的，又发生了这么大的案子，即使有人卖，又怎么敢承认？如果办案机关充分考虑到这个问题，换一种思维方式，装成普通群众佯装买鼠药等"隐蔽"调查手段，取证效果可能会好一些。

六、讯问口供未固定

（1）犯罪嫌疑人谭某芬供述：鼠药"是一个约一寸长的塑料瓶装，上面细，下面粗，就像藿香正气水的瓶子一样，鼠药是液体状的，白色没有气味的液体"。犯罪嫌疑人如何知道该液体"无味"呢？查明这一情节可以增加犯罪嫌疑人供述的可信度，然而这一情节并没有问清楚。

（2）从讯问笔录中看出，谭某芬也曾因念及与被害人周某员的感情而流露恐惧和悔意。这在案发后第二天，周某员的房东上门时其反常举动及其安排丈夫不让说出被害人周某员案发当晚在其家吃饭等过程中，都应该有一定的心理活动及表现。但讯问中，侦查人员对谭某芬作案后的心理活动没有进行深入、细致讯问。

（3）本案犯罪嫌疑人谭某芬并没有前科劣迹，侦查最初一个多月其一直作有罪供述，且口供稳定。这期间，谭某芬在看守所里对同号在押人员讲过什么？对管教人员讲过什么？后来是什么原因导致翻供的？这些问题至少可以通过监所内相关工作予以查清，而侦查人员却无任何作为。

（4）没有对讯问过程有效固定，犯罪嫌疑人翻供后，其有罪供述的证明力受到质疑。本案唯一能证明谭某芬实施投毒杀人的直接证据是其本人口供。而口供这种言词证据的最大弱点是具有不稳定性。综合本案先期侦查的一些情况，应当说犯罪嫌疑人实施犯罪的可能性极大，其有罪供述比较真实。但是，侦查人员没有适时地运用录音录像、提请检察机关提前介入等方法进行固定，又缺乏其他证据材料相印证，在犯罪嫌疑人翻供时就显得毫无办法。

后 记

　　《命案口供治理与错案预防的证据学对策研究》是我从事刑侦教学、科研工作的再一次"斗胆"尝试。难以忘怀的是，本书从立题、选材到定稿、出版，公安部预审办案专家许昆教授给予了精心指导；课题组成员精诚协作，忘我工作。在此，向关心我工作、学习和成长的各界朋友，向让本书面世的东北大学出版社及孙锋编辑表示诚挚的谢意！

　　本书系教育部人文社科青年基金项目"命案口供治理与错案预防的证据学对策研究"（项目编号：15YJC820061）与公安部2015年新公安理论及软科学研究计划项目"公安机关侦办命案取证实证样态与错案防控新机制研究"（项目编号：2015LLYJXJXY028）的成果。

　　书中所举案例涉及地域、单位和人员均用化名，采取纪实手法表述，力求保留原始内容。由于编者涉世不深、经验不足，文中内容浅薄、评析乏力之处，万望读者理解并赐教。

命案口供治理与错案预防的证据学对策研究